감정 이해는 행복한 삶의 열쇠

번아웃, 스트레스, 감정 노동, 외상후 스트레스장애 등 심리적 문제가 주요 이슈가 되고 있는 요즘, 사람은 '생각하는 존재'가 아니라 '느끼고 감각하는 존재'라는 명제가 더 적합하지 않을까 하는 생각이 든다. 감정으로 인한 갈등이나 심리적 장애가 많아지면서 인간에게 감정이 얼마나 중요한지, 어떻게 다루고 조절해야 하는지에 대한 관심이 더욱 높아지고 있다.

그럼에도 불구하고 "오늘 기분 어떠세요?"라고 물었을 때, 자신의 감정을 정확하게 표현할 수 있는 사람이 몇이나 될까. 대부분 머뭇거리면서 '좋다'거나 '그냥 괜찮다' 정도로 대답한다. 특별한 일에 대해서도 '너무 좋다', '완전 짜증 난다' 정도로 기분을 표현한다. 마치 감정이란 좋다, 나쁘다, 두 가지뿐이고, 그 두 감정을 '좀, 많이, 아주'라는 말로 측정하는 것처럼.

하지만 조금만 들여다보면 우리가 표현하는 것보다 훨씬 많은 감정이 우리 안에서 움직이고 있다는 것을 알 수 있다. 그리고 그 감정을 이해하고 알아차리는 데서 우리가 가진 문제나 갈등을 많은 부분 해결할 수 있다는 것도 알게 된다. 『아들러의 감정수업』의 저자는 인간의 모든 문제는 결국 감정의 문제라고까지 말한다. 그러므로 감정을 잘 이해하고 살피는 것이 결국은 삶을 잘 살아가기 위한 열쇠가 될 수 있는 것이다.

이 책에서는 불안, 두려움과 공포, 상실과 애도, 질투와 시기, 열등감, 죄책감과 수치심, 분노와 격분 등 내면의 수많은 갈등을 유발하는 부정적 감정과 그 감정에 대한 대안으로 자존감의 중요성을 다룬다. 심리 이론을 기반으로 일곱 가지 감정이 어떤 배경에서 유래했는지, 어떠한 기제로 움직이는지를 살펴보았다. 각 감정이 다른 감정과 어떤 관련성이 있고 어떻게 영향을 주고받는지도 알아보고, 감정을 억압하는 경우 어떤 심리적 장애가 발생하는지도 자세하게 다루었다. 그리고 감정으로 인한 심리적 문제를 어떻게 극복하고 치유해 나가는지에 대해서도 각 장의 마지막에 처방전처럼 배치했다.

감정에 대해서는 두꺼운 이론서나 백 번의 강의보다 한 권의 그림책이 더 큰 지혜와 위로를 줄 때가 많다. 통찰이 압축된 아름다운 그림 한 장면과 단순한 이야기로 많은 것을 직관적으로 설명하는 그림책의 마력. 그림책심리성장연구소에서는 그러한 그림책의 효능을 알기에 이 책을 기획하게 되었다.

지금까지 심리 테라피나 치유에 관한 그림책 에세이가 많이 나왔지만, 심리 이론에 근거하여 감정에 대한 정확한 이해를 돕는 그림책 소개서는 없었다. 이 책은 각 감정의 배경과 원인, 다양한 양상과 부적응적 장애, 그리고 극복하는 팁까지 다루고 있어 감정에 대한 심리적이고 전문적인 정보를 제공해준다. 동시에 600여 권의 다양한 그림책 큐레이션으로 든든한 자료집이 된다. 그림책을 활용한 상담에서나 그림책 수업 현장에서 감정에 대한 심리 이론과 큐레이션 모두를 갖춘 훌륭한 안내서이자 자료집이 될 수 있으리라고 믿는다.

2024년 7월
그림책심리성장연구소 저자 일동

✦ 프롤로그 _ 감정 이해는 행복한 삶의 열쇠 _ 5

01 ✦ **감정 조절과 치유를 위한 그림책 처방전** _ 11

02 ✦ **불안** _ 21
  - 불안의 정체 _ 23
  - 불안은 언제 어디서 왜 오는가 _ 28
  - 다양한 불안 _ 32
  - 불안의 증상 _ 40
  - 불안은 영혼을 잠식한다·불안장애 _ 44
  - 불안 다루기 _ 51
  - 불안의 다른 이름 _ 55

03 ✦ **두려움과 공포** _ 59
  - 우리는 왜 두려움과 공포를 느끼는가 _ 61
  - 우리는 무엇을 두려워하는가 _ 66
  - 공포가 된 두려움 _ 79
  - 두려움을 대하는 자세 _ 84
  - 두려움의 다른 이름 _ 89
  - 두려움 길들이기 _ 91

04 ✦ **상실과 애도** _ 95
  - 우리는 매일 무언가를 상실하며 살고 있다 _ 97
  - 상실의 복잡한 감정 _ 102
  - 상실을 받아들이는 단계 _ 109
  - 슬픔을 깊이 느끼다, 애도 _ 116
  - 상실이 주고 간 선물 _ 125

05 ✦ **질투와 시기** _ 135
  - 사랑의 그림자, 질투 _ 137
  - 욕망의 그림자, 시기 _ 145
  - 부러우면 지는 건가요? _ 157
  - 창조적 에너지로 승화하기 _ 161
  - 사촌이 땅을 사면 축하해주기 _ 166

06 ✦ 열등감 _ 169

- 내가 만든 철창에 갇히다 _ 171
- 열등감은 어디에서 오는가 _ 173
- 열등감의 세 가지 유형 _ 179
- 이건 내 콤플렉스야 _ 186
- 나답게 살아갈 용기 _ 193
- '나'를 믿는 마음 _ 200

07 ✦ 죄책감과 수치심 _ 209

- 최초의 인류가 느낀 감정 _ 211
- 태어나는 순간부터 함께하는 감정 _ 217
- 죄책감과 수치심의 유형 _ 222
- 죄책감과 수치심은 다르다 _ 226
- 죄책감과 수치심이 드러나는 방식 _ 233
- 죄책감과 수치심을 성장의 기회로 만들려면 _ 237

08 ✦ 분노와 격분 _ 243

- 분노에 대한 몇 가지 오해 _ 245
- 분노와 격분은 어떻게 다른가 _ 251
- 분노의 유형 _ 260
- 분노의 원인 _ 276
- 분노 표현 방식 _ 280
- 내 마음을 화(火)병이 아닌 화(花)병으로 가꾸는 방법 _ 284

09 ✦ 자존감 _ 293

- 나를 지켜주는 내면의 힘 _ 295
- 자존감과 비슷한 감정들 _ 298
- 자존감의 시작 _ 302
- 자존감은 무엇으로 이루어지는가 _ 307
- 부모의 자존감, 아이의 자존감 _ 312
- 자존감과 의사소통의 관계 _ 316
- 자존감 회복하기 _ 319

✦ 부록: 8가지 감정을 위한 그림책 큐레이션 616권 _ 325
✦ 참고도서 _ 353

1
감정 조절과 치유를 위한 그림책 처방전

김영아

"기분이 어떤가요?"

이 단순한 질문은 한 사람의 인생을 바꿀 정도로 강력한 힘을 갖고 있다. 이 질문을 처음 던진 사람은 『감정의 발견』의 저자 마크 브래킷이다. 이 질문을 통해 그는 처음으로 자신의 감정을 들여다보기 시작했고, 자신의 감정을 알아차리자 혼란스러웠던 문제가 풀려나가기 시작했다고 고백한다. 그는 자신의 감정을 들여다봄으로써 인생이 바뀌는 경험을 했노라고 말한다.

누군가 감정에 대해 물으면 사람들은 대개 대답을 못 하고 머뭇거린다. '감정 과학자'라고 불리는 마크 브래킷은 우리가 자신의 감정에 대해 잘 모르거나 감정 표현에 대해 불편해하는 것은 당연하다고 설명한다. 특히 부정적 감정일 경우, 그 감정을 드러내는 일은 자신의 약점과 연결되므로 감정을 노출하지 않는 것은 자신을 보호하기 위한 본능이기도 한 것이다. 게 다가 동서양을 막론하고 감정을 내색하지 않는 것을 더 신중하고 절제력 있는 사람으로 보고, 감정을 자유롭게 표현하는 것을 경솔하거나 가볍게 여기는 문화도 감정 표현을 불편해하는 데 영향을 미친다고 볼 수 있다.

하지만 감정을 차단하고 억압하는 것은 오히려 많은 문제점을 야기한다. 감정이 왜곡되고 억압되면 대인관계나 사회생활이 힘들어지고 나아가 신체적 질병이나 스트레스, 신경증까지 나타나기도 한다.

마크 브래킷은 감성지능의 중요성을 강조한다. 감성지능이란 '감정을 정확히 인지하고 분석하고 표현하는 능력, 특정한 생각을 일으키는 감정을 만들어내는 능력, 감정과 감정에 대한 지식을 이해하는 능력, 정서적이고 지적인 성장을 촉진하는 감정을 조절하는 능력'이다.

많은 연구에서 감성지능이 높을수록, 말하자면 감정을 잘 다루고 조절할수록 학습능력, 의사결정, 건강, 대인관계, 창의성에 훨씬 더 긍정적이고 효과적인 영향을 미친다는 결과를 보여준다. 결국, 감정의 문제가 인간의 모든 문제의 열쇠를 쥐고 있다고 볼 수 있다.

일차 감정과 이차 감정

최근 청소년부터 20, 30대 젊은 세대의 불안과 우울, 자살률이 증가하는 이유 역시 자신의 감정을 제대로 인지하거나 표현하지 못하는 데서 오는 결과로 볼 수 있다. 불안과 두려움, 분노 등의 부정적 감정을 잘 다루지 못해 흡연, 음주, 폭력, 심지어 마약에까지 의존하게 되는 것이다.

그렇다면 부정적 감정은 어떻게 발생하는가. 임상심리학자 제이콥스는 감정은 일차적 감정과 이차적 감정으로 나뉜다고 보았다. 일차적 감정은 우리를 보호하기 위한 감정으로 일종의 경고를 보내고 정보를 제공하는 역할을 한다. 주로 유쾌함이나 불쾌함, 수용 가능한 감정이나 거부감을 느끼는 차원의 감정을 말한다. 이차적 감정은 일차적 감정의 변형으로 일차적 감정에 대한 비판적이고 부정적인 반응으로 나타나는 감정이다.

일차적 감정이 변형되고 왜곡되는 원인은 개인의 심리적 요인이 작용하는 것으로 본다. 예를 들어 개를 보고 두려움을 느끼는 것이 일차적 감정이라면, 개를 보고 두려워한 자신의 모습에 수치심을 느끼는 것은 이차적 감정이다. 이 경우, 개에 대한 두려움은 자신을 보호하기 위한 본능적이고 자연스러운 감정이다. 뒤이어 느낀 수치심이 "사내 녀석이 개를 무서워하는 것은 창피한 일"이라는 아버지의 엄격한 훈육 때문이라면, 그것이 바로 일차적 감정인 두려움을 이차적 감정인 수치심으로 왜곡한 개인의 심리 요인이 되는 것이다.

일차 감정은 인간이라면 당연히 올라오는 감정이기에 옳고 그름이라는 가치 판단과 별개이다. 일차 감정은 건강하게 표현하면 된다. 그럼에도 불구하고 우리는 울어야 하는 장면에서 눈물이 나면, '내가 미쳤나 봐' 하며 자신을 비난하거나, 당연히 분노할 상황에서 '이런 걸로 화가 나다니 아직 덜 성숙했네' 하고 자책하며 자연스러운 감정을 왜곡한다.

부정적 감정은 자연스럽고 본능적인 감정을 억압하고 부정하는 데서 발생한다. 불안, 두려움, 상실감, 질투, 열등감, 죄책감, 분노 등의 감정을 자연스럽게 표현하거나 인정받지 못할 때, 우리는 감정의 부정적인 왜곡을 경험하게 된다. 본능적인 불안과 두려움이 과해지면 공포로 바뀌고, 상실을 제대로 애도하지 못하면 끝내 해소하지 못한 한이 되기도 한다. 질투의 감정을 잘 소화하지 못하면 사촌이 땅을 사도 배가 아프고, 열등감을 잘 극복하지 못하면 열등콤플렉스나 우월콤플렉스가 되어 스스로를 갉아먹게 된다. 죄책감은 그에 대한 처벌을 받으면 해결되지만, 수치심은 자신에 대한 무력감이나 타인을 향한 분노로 감정이 뒤틀리기도 한다. 분노는 필요한 감정이지만 잘못 다루어 격분으로 분출되면 위험한 감정이 되어버린다. 이렇게 부정적으로 바뀐 감정이 지속적으로 심각하게 나타나면 신경증이나 정신증으로까지 발전하기도 한다.

최근 활발하게 연구되고 있는 신경과학 분야에서도 부정적 감정의 역기능에 대해 과학적으로 설명하고 있다. 요즘 SNS에서 기분이 좋을 때 '도파민 폭발한다'라고 표현하는데, 도파민이나 세로토닌은 뇌에서 행복감을 느끼게 하는 신경전달물질이다. 도파민이나 세로토닌 분비가 많을수록 긍정적 감정을 느끼고, 집중력이 높아지며, 희망적이고 낙관적인 사고를 할 경향이 높다. 반대로 스트레스 호르몬이라 불리는 코르티솔과 같은 신경물질이 많이 분비되면 부정적 감정을 많이 느끼며 만성적인 스트레스로 인한 불안감과 우울감에 시달릴 확률이 커진다.

감정은 저마다 쓸모가 있다

심리학자 아들러는 모든 인간의 행동과 감정에는 저마다의 고유한 목적이 있다고 본다. 특히 "감정에는 저마다의 목적이 있고, 우리는 그것을 선택할 수 있다"라고 했다. 예를 들어, 화가 날 때는 쌓인 감정을 해소하려는 목적이 숨어 있고, 당황할 때는 잘못한 행동에 대해 사과하려는 목적이 담겨 있다는 것이다. 감정에 숨어 있는 목적을 알아차리는 것만으로도 우리는 자신이 놓인 상황을 객관적으로 보게 되고, 문제를 해결할 수 있는 계기를 만들 수 있다고 보았다. '왜 이렇게 화가 나지?', '왜 이렇게 슬픈 거지?' 이렇게 자신의 감정을 자세히 들여다보고 원인을 찾아본다면, 그 감정이 의도하는 목적을 알아차릴 수 있다. '아, 그래서 내가 이렇게 미안했구나'라고 깨닫는다면, 어떻게 해소하거나 극복해야 하는지 답을 스스로 찾을 수 있다.

이런 관점에서 보면, 우리가 느끼는 감정에서 '부당한 감정은 없다. 적절한 감정이 있을 뿐'이라고 말한 심리전문가 크리스텔 프티콜랭의 말이 이해가 된다. 그는 좋은 감정, 나쁜 감정은 없으며, 모든 감정은 저마다 쓸모가 있다고 말했다. 그러므로 우리는 기쁨, 슬픔, 분노, 두려움을 느낄 권리를 우리 자신에게 돌려주어야 한다고 말한다. 우리는 느껴야 한다고 말이다.

정확하고 다양한 그림책 큐레이션

큐레이터는 '보살피다', '관리하다'라는 뜻의 라틴어 '큐라'에서 유래했다. 큐레이터 개념을 제일 많이 활용하는 분야가 바로 미술 영역이다. 요즘은 큐레이터의 역할이 미술 영역에만 국한되지 않는다. 도서관, 가구, 패션, 식당 등 분야를 가릴 것 없이 주제와 대상의 요구에 맞게 작품이나 물건을 선별하고 추천하는 큐레이터의 활약이 넘치고 있다. 정보의 홍수 시대라고들 하지만 정작 양질의 정보를 습득하기란 쉽지 않다. 그렇기에 전문성에 기반한 양질의 정보를 얻으려는 수요가 증가하고 있다. 시간과 속도에 민감한 현대 사회에서 큐레이터의 역할이 점점 더 중요해질 것이다.

그림책 감정 큐레이션을 위한 큐레이터의 역할은 우선 창작자의 콘텐츠를 습득해 놓는 것이다. 그림책 큐레이터에게는 그림책 작가와 그림책, 작품세계, 나아가 굿즈 등이 콘텐츠가 된다. 다음은 이것을 목적에 따라 분류하고 배포하는 것이다. 일례로, 2023년 분당 우리교회에서 세운 '가평 우리마을' 도서관은 1층을 그림책으로 콘셉트를 잡고 개관했다. 이 마을 도서관을 큐레이션 해달라고 요청받았을 때 나는 고민 없이 감정 분류를 기준으로 잡았다. 그때 잡은 감정 분류가 이 책의 구성과 같다. 도서관에 들른 사람이 감정별로 분류된 그림책을 보며 자신에게 필요하거나 궁금한 감정을 다룬 책을 선택해볼 수 있도록 배치했다.

이 책은 세부 목차에 해당하는 감정을 8가지로 분류하여 각 감정의 다양한 심리적 상황에 대해 전문적인 정보를 담고 있다. 거기에 더하여 치유 도구로 안성맞춤인 다양한 그림책을 큐레이션 해놓았다. 각 감정마다 일차 감정은 어떻게 표현되는지 세분화하고, 나아가 일차 감정이 왜곡되거나 뒤틀려 이차 감정으로 변형되었을 때는 어떻게 표출되는지를 함께 설명했다. 일차 감정으로 올라오는 불안, 두려움, 상실감, 질투, 열등감, 죄책감, 분노와, 그 감정이 왜곡되어 나타나는 공포와 슬픔, 콤플렉스, 수치심, 격분 등의 이차 부정적인 감정을 함께 살펴보며 그 원인과 유형을 파악할 수 있도록 구성했다. 그러한 부정적인 감정을 극복하거나 치유하기 위해 우리가 가져야 하는 감정이 바로 자존감이라고 보았다. 나를 가치 있게 여기는 마음이 튼튼하게 자리 잡는다면, 어떤 감정이든 잘 다루고 조절할 수 있기 때문이다.

큐레이션에는 나열식 큐레이션과 타깃 큐레이션이 있는데, 나열식 큐레이션이 기본적으로 양적 측면이라면 타깃 큐레이션은 대상의 필요에 맞게 정확하고 전문적인 큐레이션을 하는 질적 측면을 말한다. 전문적인 큐레이터라면 두 가지 모두를 겸비해야 할 필요가 있다. 대상과 상황에 맞는 '많은 그림책을 안다'는 것은 그림책 큐레이터에게 힘이고 자원이다. 냉장고에 재료가 다양하고 풍부하면 어떠한 요리도 만들어낼 수 있듯이 큐레이터가 양질의 그림책에 대한 정보를 풍부하게 알고 있다는 것은 귀한 자원으로, 그 이상 가는 전문가적 자질은 없다.

각 감정에 대한 심리학적인 정보와 함께 정확하고 다양한 그림책 큐레이션은 그림책 활동가나 북큐레이터에게도 좋은 가이드북이 될 것이라 믿는다. 무엇보다 자기 감정에 대해 알고 싶은 이들이 이 책을 천천히 따라가다 보면 편안하고 수월하게 자신의 감정을 들여다보고 다스릴 수 있는 길잡이가 될 거라 확신한다.

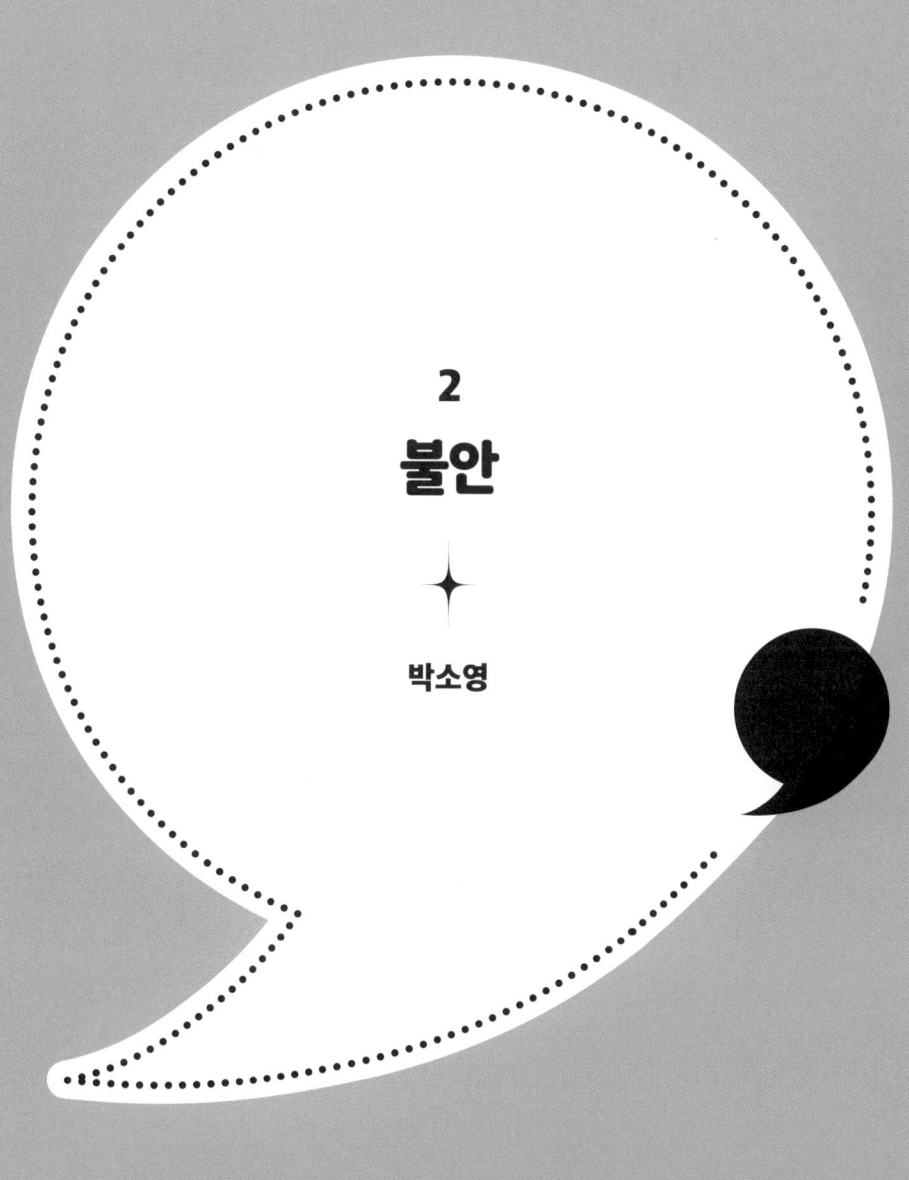

2
불안

박소영

불안의 정체 1

감정의 감초, 불안

한번도 불안을 느낀 적이 없는 사람이 있을까? 인간으로 태어난 이상, 우리는 크든 작든, 가끔이든 자주든 다양한 불안을 느낄 수밖에 없다. 어두운 숲속에 있으면 갑자기 무언가 나타날까 봐 불안하고, 폭풍우가 몰아치면 비바람에 간판이 머리 위로 떨어질까 불안하고, 지진이 나면 집이 무너질까 불안하다. 이렇게 극적인 상황이 아니더라도 일상생활에서 우리는 막연하고 불확실한 미래에 대해 불안해한다. 내가 산 주식의 주가가 떨어지고 있는데, 이러다 원금도 못 건지면 어떡하지? 애들 학원비에 다 쓰고 나면 노후 준비는 어떡하나? 요즘 소화가 잘 안 되는데, 무슨 병이 있는 게 아닐까?

표준국어대사전에 따르면 불안이란 '특정한 대상이 없이 막연히 나타나는 불쾌한 정서적 상태 혹은 안도감이나 확신이 상실된 심리 상태'이다. 기본적으로 불안은 '정서'와 '심리' 상태인 것이다. 그래서인지 불안이라는 감정은 명확하고 구체적이기보다는 사람마다 다르게 느끼고 다르게 표현한다. 다른 감정과 섞이거나 연관되는 경우, 그 감정이 불안인지조차 알아차리지 못하는 경우도 많다.

불안의 다른 얼굴

중년 여성 A의 아들은 대학에 떨어지자 군대부터 마치고 오겠다고 했다. 제대 후, 며칠 쉬다가 공부를 시작할 줄 알았는데 몇 달이 지나도록 하루 종일 컴퓨터 게임을 하며 집 안에만 틀어박혀 있었다. A는 그렇게나 사랑하던 아들을 볼 때마다 이제는 '화'가 난다고 했다. 그때, A가 느낀 감정은 '분노'라기보다는 아들의 미래에 대한 '불안'일 수 있다. 평소 착하고 유순해서 고마운 마음이 컸던 아들에게 갑자기 분노의 감정이 생긴 데 대해 A는 당황했다. 그런데 그 감정을 곰곰이 들여다보면, '저 녀석이 나중에 어떻게 먹고살려고 저러는 거지?' 하는 불안이 분노라는 감정으로 나타났다는 것을 알게 된다.

대학원생인 20대 여성은 우연히 남자 친구의 핸드폰을 열어보고, 남자 친구가 대학 동창인 이성 친구와 자주 연락을 주고받는다는 것을 알게 되었다. 가끔 셋이 함께 만날 때도 자신에게 보이지 않는 격의 없는 말투와 표정으로 그 이성 친구를 대하는 모습이 묘하게 마음에 걸렸는데, 따로 자주 문자까지 주고받는다는 걸 알게 되자 가벼운 분노까지 느껴졌다. 그 이후로 그녀는 남자 친구가 핸드폰을 오래 들여다보거나 누군가와 통화를 하면, 혹시 그 이성 친구와 연락을 하는 게 아닌지 불안해했다. 그녀는 불안하다고 말했지만, 사실은 남자 친구의 이성 친구에 대한 '질투'와 핸드폰을 몰래 봤다는 '죄책감'이라는 감정을 '불안'과 혼돈하고 있었다.

불안은 독립적인 감정이기도 하지만 다른 감정과 복합적으로 작용한다. 상실감이 불안으로 표현되기도 하고, 수치심 때문에 불안해지기도 하며, 불안감 때문에 열등감을 갖게 되기도 한다. 이렇듯 다른 감정으로 바뀌기도 하고 다른 감정의 원인이나 결과, 증상이 되기도 하고 때로는 목적이 되기도 한다. 불안은 다른 감정들과 연결된 인간의 가장 기본적인 감정으로 감정의 감초와도 같은 요소이다.

심리학에서 말하는 불안

불안을 가장 본격적으로 다룬 심리학자가 바로 프로이트이다. 프로이트가 창시한 정신분석학에서는 불안을 '거세 불안'에서 발생한 것으로 보았는데, 아버지에 대한 유년기의 두려움이 '거세 불안'으로 무의식 속에 억눌려 있다가 표출된 것이라는 입장이다.

한편, 행동주의 심리학에서는 불안은 후천적으로 학습된 부분이 크며, 체계적 교정으로 도움을 줄 수 있다고 주장한다. 특정 동물에게 종이 울린 후 전기 자극을 주는 패턴을 반복하면, 그 동물은 나중에 종소리만 들어도 불안감을 느낀다는 실험 결과가 있다.

진화심리학에서 불안은 생명체로 생존하기 위해 필요한 적응적 정서라고 말한다. 예를 들어, 인간이 뱀이나 어둠에 불안을 느끼지 않는다면, 너무나 쉽게 생명을 잃게 되므로 불안을 통해 미리 대비하고 회피할 전략을 짜도록 만든다는 것이다. 요즘 가장 많이 언급되는 신경심리학에서는 교감신경계의 각성이 공포와 불안 교감신경을 유발한다고 설명한다.

그림책에 나타난 불안

여러 감정을 그림으로 묘사한 그림책 『감정은 무얼 할까?』(티나 오지에비츠, 비룡소)에는 부엉이가 외발자전거에 올라타 공 다섯 개로 저글링을 하는 장면이 나온다. 그리고 "불안은 저글링을 해"라고 말한다. 작은 외발자전거 위에서 저글링을 하는 부엉이의 표정은 그야말로 아슬아슬하고 불안해 보인다. 이 책이 불안이라는 감정의 느낌에 대해 잘 묘사했다면 불안의 형태를 잘 표현한 그림책도 있다. 『히마가 꿀꺽!』이나 『용감한 몰리』 같은 그림책에서 불안은 시커멓고 형체가 없는 모호하고 막연한 형태로 묘사된다. 『히마가 꿀꺽』(정현진, 올리)에서 불안은 까만 젤리 같은 형태로 히마를 졸졸 따라다니다가 점점 커져서 나중엔 히마를 덮어버린다. 불안은 히마를 우울하게 만드는 검은 망토 같은 무형의 형체이다. 『용감한 몰리』(브룩 보인턴-휴즈, 나는별)에서 일상생활 곳곳에서 몰리를 쫓아다니는 불안은 괴물의 모습이다. 괴물은 어두운 그림자처럼 몰리를 쫓아다니는데 몰리가 피하면 피할수록 점점 커지고 수도 늘어난다.

『감정은 무얼 할까?』
『히마가 꿀꺽!』

불안의 특징

불안은 미래의 불확실한 일에 대해서 막연히 느끼는 불쾌한 정서를 말한다. 『무슨 일이 일어날지도 몰라!』(아우로라 카치아푸오티, 국민서관)에서는 불안의 정의에 대한 특징이 잘 나타나 있다. 우선, 제목에서 보여주듯이 '무슨 일'이라는 '모호한 대상', 일어난 것도 아니고 일어나는 것도 아닌, 일어날지도 모른다는 '미래에 대한 불확실한 가정'이 불안의 가장 큰 특징이다. 주인공 에이미는 친구들이 놀자고 하면 그네를 타다 떨어질지도 몰라서, 풀벌레한테 쏘일지도 몰라서 불안해한다. 공원을 산책하자고 하면 태풍이 불고 천둥 번개가 치면 어떡하나, 텃밭에 딸기를 심자고 하면 독거미가 있으면 어떡하나 불안해하며 말한다. "무슨 일이 일어날지 모르잖아요!" 심리적으로 안도감이나 확신이 없는 상태인 것이다. 표지를 보면 에이미의 머리 위에 시커먼 덩어리가 구름처럼 떠 있고, 에이미는 무서워하는 표정으로 잔뜩 웅크리고 앉아 있다. 머리 위에 떠 있는 시커먼 구름 모양이나 어두운 덩어리는 그림책에서 흔히 '불안'이나 '우울감'을 나타내는 이미지이다. 그런 구름을 이고 다니는 불안한 사람들은 늘 예민할 수밖에 없고, 에이미처럼 회피적이고 방어적인 자세를 취할 수밖에 없다.

『무슨 일이 일어날지도 몰라!』

2. 불안은 언제 어디서 왜 오는가

불안은 언제 오는가

정신분석학에서는 불안은 출생으로부터 시작된다고 본다. 어머니의 자궁에서 세상에 나오는 순간 제일 먼저 경험하는 감정이 낯선 세상에 대한 불안이다. 정신분석학에서 출생의 순간부터 느끼는 원형적이고 실존적인 감정을 불안으로 규정했다면, 정신분석학을 이어받은 대상관계 심리학자들은 출생 이후 엄마로부터의 분리에서 느끼는 상실감과 유기감이 공포와 불안을 유발하는 근본 배경이라고 보았다.

불안은 어디에서 오는가

그렇다면 도대체 어디에서 불안감이 생기는 걸까? 불안의 대가라고 볼 수 있는 프로이트는 인간의 가장 기본적이고 원초적인 정서가 불안이며, 불안은 무의식으로부터 나오는 것이어서 다양한 심리적 문제가 수렴하는 지점이고 모든 신경증의 주요인이라고 보았다. 프로이트는 무의식을 지형학적 모델로 설명했는데, 수면 위로 보이는 부분이 의식이라면 의식보다 몇 배나 큰 수면 아랫부분을 무의식이라 구분했다. 이를 가장 잘 표현한 그림책이 바로 조미자 작가의 『불안』(조미자, 핑거)이다. 아이는 자신을 괴롭히는 불안이라는 감정이 도대체 어디에서 오는지 알아보기로 한다. 아이는 지면 아래 속을 알 수 없는 구멍 속으로 실을 던져 불쑥불쑥 올라오는 감정의 실체를 끌어올려보기로 한다. 마침내 지하에서 끌어올려진 커다란 동물, '불안'. 아이가 낚시를 하듯 줄을 던진 지면 아래 미지의 세계는 프로이트가 묘사한 수면 아래 무의식의 공간과 너무나 닮았다.

불안은 왜 오는가

원시시대와 달리 비교적 안전하고 편안한 환경에서 살고 있는 현대의 인간은 왜 여전히 불안한 걸까? '적응'의 관점에서 보면 현대 사회는 과거보다 훨씬 더 많은 적응이 요구되는 시대이기 때문일 수도 있다. 빠른 속도로

『불안』

기술, 기기, 환경, 시스템이 바뀌기 때문이다. 실례로, 이제는 매장에 키오스크가 우뚝 서있는 경우가 더 많다. 처음 키오스크가 등장했을 때, 들도 보도 못한 커다란 스크린 계산대에서 무엇을 눌러야 내가 원하는 메뉴를 주문할 수 있는지, 겨우 메뉴를 고르고 나서도 어떻게 결제를 해야 하는지 몰라 한참을 어리둥절했었다. 이것저것 누르다 결국 결제에 실패하고 나서 뒤돌아섰을 때, 길게 늘어선 사람들을 보고 얼굴이 달아오르고 등에 식은땀이 난 경험이 한 번쯤은 있을 것이다.

챗 GPT, 새로 유행하는 SNS 등 새로운 것이 화제가 되면 왠지 나만 모르고 뒤처지는 것 같아 불안해지며 회피하게 된다. 이렇듯 새롭거나 낯선 환경에서 불안은 쉽게 생겨난다. 불안을 다룬 많은 그림책에서 주인공이 새 학교로 전학을 가거나 환경이 바뀌는 설정이 자주 나오는 것도 그 이유이다.

『달라질 거야』(앤서니 브라운, 아이세움)에서 엄마와 아빠는 "이제부터는 모든 것이 달라질 거야"라는 말을 남기고 외출을 한다. 조셉은 혼자 집 안을 둘러보며 무엇이 달라질지 불안해한다. 주전자는 곧 고양이로 변할 것 같고, 슬리퍼는 검은 새로 바뀌고, 거실의 소파는 악어로 바뀔 것만 같다. 집 밖은 괜찮을까 나가보니, 빨랫줄에 걸린 양말은 염소의 해골처럼 보이

『달라질 거야』

고, 청소용 솔은 고슴도치로 변하고, 자전거 앞바퀴는 점점 사과로 변한다. 심지어 옆집 창문조차 노려보고 있는 고릴라의 커다란 눈으로 보인다. 모든 게 이전과 달라 보여 겁을 먹고 있는데, 엄마 아빠가 현관문을 열고 들어온다. 엄마의 품 안에는 갓난아기가 안겨 있다. 동생이 태어난 것이다. 생명의 탄생은 축하할 일이지만, 조셉 입장에서 동생은 새롭고 낯선 존재이다. 그 낯선 존재는 부모와의 관계나 일상생활에 변화를 가져올 것이고, 그러한 변화에 적응해야 하는 일이 조셉에게 불안으로 나타난 것이다.

3 다양한 불안

프로이트는 자아를 세 가지로 이루어져 있다고 보았는데, 바로 자아와 원초아와 초자아이다. 자아는 우리가 보통 '나'라고 인지하는 현실 생활을 하는 일상적 주체이고, 원초아는 자아가 가진 원초적인 욕망과 욕구를 품고 있는 자아이며, 초자아는 도덕적, 윤리적 규율과 규범을 지키려는 자아라고 보았다. 이렇듯 성격이 다르다 보니 자아 간의 갈등이 생기게 되고, 그로 인한 불안감을 현실불안, 신경증적 불안, 도덕불안으로 구분하였다. 정신분석을 계승한 대상관계이론에서는 출생으로부터 느끼는 분리와 독립의 불안이 분리불안, 유기불안으로 이어지며 이러한 근원적 불안이 인간이 가진 실존불안이라고 보았다.

현실불안

현실불안은 자아가 현실의 직접적이고 구체적인 문제에 대해 느끼는 불안을 말한다. 우리가 일상에서 부딪히는 자연 현상이나 재해, 실질적 위협에 대해 갖는 지극히 정상적이고 보편적인 불안이다. 일상생활에서 느끼는 불안은 대개 걱정으로 표현된다. 걱정은 일상의 다양하고 소소한 면에서 생기는 것으로 꼬리에 꼬리를 물고 끝도 없이 이어진다.

『모리스는 걱정이 많아』(칼 요한 포셴 엘린, 쌤앤파커스)에서 모리스는 다른 동네로 이사한 후 새로 전학한 학교에 가기 전날부터 걱정이 몰려오기 시작한다. 월요일엔 새로운 친구를 못 사귀면 어떡하나 걱정, 화요일엔 옛날 친구들이 보고 싶어서 걱정, 수요일엔 욕실에 있는 거미가 무서워 걱정, 목요일엔 넘어져서 생긴 상처가 아파서 걱정, 금요일엔 브로콜리를 먹고 싶지 않아서 걱정, 토요일엔 캄캄한 밤이 무서워서 걱정, 일요일엔 정글짐에서 내려오는 게 걱정…. 일상에서 생기는 현실적인 걱정은 매일매일 새로우면서도 끝이 없다.

『모리스는 걱정이 많아』

✳ 그림책 더 보기 ✳

『겁쟁이 빌리』(앤서니 브라운, 비룡소)
빌리는 매사에 불안을 느낀다. 모자 걱정, 신발 걱정, 구름 걱정, 비에 방이 잠길까 걱정, 커다란 새가 물어갈까 걱정, 계속되는 걱정에 밤에 잠을 이루지 못한다. 어른들이 아무리 걱정 말라고 달래주어도 빌리의 걱정은 진정되지 않는다.

『걱정이 따라다녀요』(안느 에르보, 담푸스)
머리 위에 뜬 구름 하나가 곰 바바를 가는 곳마다 쫓아다니며 괴롭힌다. 바바는 구름을 없애기 위해 거꾸로 매달려도 보고, 몸을 이리저리 움직이고, 달려보기도 하지만 구름은 사라지지 않는다. 바바가 일상생활 속에서 느끼는 끝없는 걱정을 구름으로 표현한 것이다.

신경증적 불안

신경증적인 불안은 자아가 원초아와 갈등을 일으킬 때 생기는 불안이다. 원초아의 본능적 욕구를 현실의 자아가 다 표현하거나 반영하다가는 사회적 인간으로 살아갈 수 없다. 그래서 우리는 더 자고 싶어도 일어나 출근을 하고, 마음에 들지 않는 사람에게 소리를 버럭 지르고 싶어도 미소를 짓고 상냥하게 대답을 한다. 그러한 내면의 감정과 현실의 태도의 차이를 감당하지 못할 때 신경증적인 불안에 시달리게 된다.

『겁쟁이』(김채린, 고래뱃속)에서 나는 친구들이 학교를 땡땡이치고 놀러 가자는 말에 망설인다. 옷이 더러워질까, 위험하지 않을까 걱정이 된다. 친구들은 그런 나를 겁쟁이라고 놀리고는 자기들끼리 숲속으로 가버린다. 혼자 남겨진 나는 겁쟁이가 되기 싫어서 친구들이 간 숲속으로 서둘러 쫓아간다. 친구들과 함께 놀고 싶은 원초아의 욕구와 이러다 외톨이가 되면 어떡하지, 엄마가 걱정하면 어떡하지, 집으로 돌아가는 길을 못 찾으면 어떡하지 하는 현실적인 걱정이 갈등하면서 불안을 느끼는 것이다. 그때 내가 친구들을 따라갔더라면 어땠을까, 그랬다면 겁쟁이가 아닌 걸까, 지금 나는 여전히 겁쟁이인 걸까. 어른이 된 나는 지금도 그날의 불안을 떠올린다.

도덕불안

도덕불안은 자아와 엄격한 초자아와의 갈등으로 인해 발생하는 불안이다. 도덕적 규범이나 사람들이 소중하게 여기는 가치를 위반할 때 느끼는 감정이다. 시험 볼 때 친구의 답안지가 보여 베껴 썼다거나, 엄마 지갑에서 돈을 꺼내 몰래 과자를 사 먹었다거나 할 때, 들키지 않더라도 우리는 양심의 가책을 느끼며 불안해진다. 하면 안 된다는 것을 잘 아는 초자아가 그것을 어긴 현실의 자아에게 계속해서 비난의 눈초리를 보내고 있기 때문이다.

『거짓말』(카트린 그리브, 씨드북)에는 어느 날 식사 자리에서 나도 모르게 가족들 앞에서 거짓말이 튀어나온 아이가 나온다. 튀어나온 거짓말은 빨

『겁쟁이』, 『거짓말』

간 점 하나가 되어 아이 주변에 떠 있다. 작은 빨간 점은 점점 커지면서 아이가 어디를 가든 따라다닌다. 거짓말을 해서는 안 된다는 아이의 초자아가 빨간 점이 되어 아이의 현실 자아에게 계속 질문을 던진다. 거짓말하면 아무도 날 믿지 않게 될까? 거짓말 때문에 사람들이 날 미워할까? 빨간 점은 점점 커지고 늘어나서 의식의 전부를 압도해버린다. 아이의 방, 바닥, 벽, 천장까지 가득히 빨간 점이 번지자 아이의 자아는 점점 위축되고 불안해진다. 도덕불안을 가시적으로 잘 표현한 책이다.

분리불안

대상관계 심리학자인 페어베언(Fairbairn, 1963)은 불안의 근원적인 형태가 분리불안이라고 말했다. 분리불안은 유아가 엄마와의 일시적인 분리나 단절을 경험할 때 나타난다.

『엄마 껌딱지』(카롤 피브, 한솔수북)에서 아이는 엄마와 떨어지는 게 싫어서 엄마 치마 속에서 살고 싶어 한다. 엄마 치마 속에서 잠도 자고 목욕도 하고 밥도 먹고, 엄마가 가는 곳이면 어디나 따라갈 수 있다. 심지어 친구

『엄마 껌딱지』

도 엄마 치마 속으로 불러들여 함께 논다. 우리말에도 '엄마 치마폭에 싸여 있다'라는 표현이 있는데, 이 그림책에서도 아이는 보드랍고 매끄럽고 알록달록하고, 무엇보다 엄마 냄새가 나는 엄마 치마에서 살면 좋겠다고 상상한다. 그럼 아기 때처럼 엄마랑 항상 함께 있을 수 있으니까. 엄마와 한순간도 떨어지기 싫은 아이의 분리불안을 잘 반영한 그림책이다.

유기불안

혼자 힘으로 살 수 없는 유아는 중요한 대상으로부터 거부당하거나 버려지는 것에 대한 불안을 가질 수밖에 없다. 이러한 유기불안은 성장 과정에서 실제로 버려지는 경험에서 발생한다. 가족이나 공동체로부터 심리적으로 무시당하거나 거부당한 데서 오는 신경증적 유기감도 여기에 포함된다.

『미영이』(전미화, 문학과지성사)에서는 밤에 자다 화장실에 간다던 엄마가 돌아오지 않는다. 사람들이 많은 집으로 보내진 미영이는 생일에도, 아플 때도 오지 않는 엄마가 원망스럽다. 엄마가 떠날 때 미영이가 입고 있던 옷과 신발이 작아졌는데도 엄마는 오지 않는다. 엄마는 나를 버린 걸까?

『미영이』

정말 나를 잊은 걸까? 미영이는 늘 화가 나 있는 것처럼 보이고 감정 표현을 거의 하지 않는 아이가 되어버렸다. 어느 날 엄마가 찾아와 함께 손잡고 돌아가는 길에도 미영이는 슬픔도 기쁨도 느끼지 못한다.

실존적 불안

실존불안은 존재의 핵심을 이루는 개인의 가치 기준과 삶에서 선택에 대한 집중력을 잃었을 때 발생하는 것으로, 개인적 체험과 관련된 개별적이고 일반적인 불안과 달리, 보다 심층적이고 원형적인 불안이라고 할 수 있다.

『다른 사람들』(미안, 고래뱃속)의 내지 첫 장면은 탯줄을 끊기 전 아기가 양수 속에서 밖으로 나오려는 장면이다. 익숙하지 않은 낯선 환경에 대한 근본적인 불안은 인간이 태생적으로 가지게 되는 실존적 불안이다. 태어날 때부터 남들보다 크게 태어난 아이는 자라면서 점점 더 커져서 다른 사람들과 함께 생활할 수 없는 정도가 된다. 그는 다른 곳으로 격리되어 작은 철창에 갇힌다. 시간이 지나면서 철창의 크기에 맞게 몸의 크기가 작아져 마침내 다른 사람들과 같은 어른이 된다. 이제 다른 사람들과 함께 생활할

『다른 사람들』

수 있게 된 남자는 원래의 도시로 되돌아와 부모님과 함께 한 식탁에서 식사도 하면서 평범한 생활 방식에 적응해 나간다.

그러던 어느 날, 그는 과거의 자신만큼 큰 사람을 맞닥뜨리게 된다. 남자는 커다란 공포를 느끼고는 누구보다도 더 힘껏 가방을 던지며 큰 사람을 공격한다. 출생부터 갖게 된 큰 사람에 대한 불안과 공포는 남자의 콤플렉스이기도 하다. 그러므로 남자는 태어나면서부터 실존적으로 불안할 수밖에 없다. 남자가 큰 사람을 향해 던지는 가방은, 결국 자기 자신에 대한 불안으로 인해 스스로에게 가하는 공격인 것이다. 자신의 존재 자체에 대한 불안, 인간이라는 정체성에 대한 불안, 이러한 실존불안은 인간으로 태어난 이상 누구나 느낄 수밖에 없는 보편적이고 원형적인 불안이다.

4 불안의 증상

불안을 느끼면 뚜렷한 증상이 나타난다. 신체적으로는 호흡이 가빠지고 근육이 긴장되거나 식은땀이 난다. 정서적으로는 불쾌하고 안절부절못하거나 심지어 멍해지기도 하고, 숨어버리거나 도망가는 행동 반응이 나타나기도 한다.

신체적 반응

『그 녀석, 걱정』(안단테, 우주나무)에서는 반에 전학생이 온 첫날, 좁쌀만 한 것이 내 몸에 생기더니 여기저기 옮겨 다니며 떨어지질 않는다. 그 녀석은 점점 커져 야구공만 해졌지만 다른 사람들 눈에는 보이지 않는 것 같다. 나는 그 녀석이 신경 쓰여 가슴도 두근거리고, 짜증이 나고 한숨이 새어 나온다. 전학 온 친구가 나를 보고 무슨 일 있냐고 물어보는데 비밀을 들킨 것

『그 녀석, 걱정』

같아서 얼굴이 화끈 달아오른다. 하지만 말을 할 수는 없다. 점심시간엔 밥을 억지로 먹어선지 배탈이 나고, 저녁엔 두통에 열까지 난다. 나를 괴롭히는 그 녀석의 정체는 전학 온 친구와 친해지고 싶지만 낯설고 어색함으로 인해 생겨난 마음, 바로 걱정이었다. 그 걱정 때문에 나도 모르게 가슴이 두근거리고, 한숨이 나고, 심지어 복통에 두통까지 생겨난 것이다. 심리학에서는 이를 방어기제의 하나로 보는데 바로 신체화 증상이다. 학교에 가기 싫어서 갑자기 배가 아프다거나, 회사에서 스트레스가 심할 때 두통이 생긴다거나 하는 증상도 신체화 증상으로 볼 수 있다.

✷ **그림책 더 보기** ✷

『나는 가끔 겁이 나요』(칼레 스텐벡, 머스트비)
불안에 대한 신체 반응이 잘 나타나 있다. 놀이터 그물에 높이 올라가면 '배가 간질간질' 하고, 내 앞으로 스쿠터가 쌩~ 지나가면 '심장이 쿵쾅대고 온몸이 후들후들' 떨린다. 엄마도 무서우면 '속이 울렁거린다'고 한다.

『일어나』
『있잖아, 누구씨』

정서적 반응

불안은 정서적으로 불쾌하고 고통스럽게 여겨진다. 안절부절못하고 초조하며 사소한 일에도 잘 놀라고 긴장한다. 아슬아슬한 기분과 불편한 감정에 시달리다 보니 쉽게 피로해지고 멍해지기도 한다. 『일어나』(김지연, 북멘토)에서 끊임없는 걱정과 불안의 무리에 쫓기는 주인공은 마음이 무겁고, 먹고 싶지도 놀고 싶지도 않다. 그러한 정서적인 불편감은 아무런 희망 없이 절망감만 느끼게 되어 무력감으로 이어진다. 무력감으로 인해 마치 늪에 빠져 들어가듯 무기력해진 모습을 그림책에서 너무나 잘 보여준다.

행동 반응

불안에 대한 정서적 불편감은 그 상황을 회피하거나 도피하려는 행동 반응을 유발하게 된다. 『있잖아, 누구씨』(정미진, 옛눈북스)에서 주인공은 점점 자신을 압도하는 불안과 두려움을 회피하는 행동을 한다. 불안이라는 감정으로부터 도망가거나 거부하거나 어느 한곳에 가두고 외면해버린다. 혹은 스스로를 고립시키기도 한다. 주인공은 '누구씨'로 불리는 불안을 회피하기 위해 만남도 피하고, 혼자 있으려고 하고, 어디론가 숨고 싶어한다. 그러다 어두운 골방에 스스로 갇힌 주인공은 자신이 남들과 다르며, 어디서부턴가 잘못되었다고 느끼고, 이대로 괜찮은 건지 불안해진다. 주인공은 더 이상 불안으로부터 도망다니지 않기로 결심한다.

5 불안은 영혼을 잠식한다
– 불안장애

적절한 불안은 위험 요인에 미리 대비하거나 대처함으로써 자신을 보호하는 역할을 한다는 점에서 꼭 필요한 정상적인 감정이다. 하지만 불안 반응이 지속적으로 나타나 부정적으로 작동하는 경우, 병적인 불안으로 분류된다. 이처럼 병적인 불안으로 인해 과도하게 심리적 고통을 느끼거나 현실 적응에 어려움을 겪는 경우를 불안장애라고 한다. DSM-5에서는 불안장애를 7가지 하위 유형으로 나누고 있는데, 이 장에서는 그중 5가지 불안장애와 관련된 그림책을 살펴보기로 한다.

범불안장애

범불안장애는 일반화된 만성적인 불안과 과도한 걱정을 나타내는 것을 말한다. 일상생활에서 겪는 여러 가지 사건이나 활동에 대해 지나치게 걱정하거나 지속적으로 불안과 긴장을 경험하는 경우이다. 이런 상태가 계속되어 고통감이 커지고 일상생활 유지가 어려울 때 범불안장애로 진단한다.

『걱정이야아아』(미우, 올리)에서 엄마는 일상의 모든 순간, 아이들과 가족들에 대해 걱정을 한다. 아이들이 핸드폰을 많이 해서 걱정, 밥을 잘 먹어서 걱정, 안 먹어도 걱정, 둘이 잘 놀아도 걱정, 안 놀아도 걱정, 이래도 걱정, 저래도 걱정, 걱정은 끝이 없고 걱정이 걱정을 낳는다. 심지어 밖에서 좋은 음식을 먹을 때도 아이들이 배고플까 걱정, 목욕을 하면서도 욕조에 누워 이런저런 걱정이다. 아이들이 잠들면 더 잘해줄 걸 후회하며 걱정을 한다. 엄마의 걱정은 안에서나 밖에서나 낮이나 밤이나 24시간 쉬지를 않는다. 그렇게 하루하루가 온통 걱정인 엄마의 얼굴이 나오는 장면이 있다. 눈썹은 처지고, 눈은 커다랗게 뜬 채로 엄지손톱을 물고 있는 엄마의 표정은 걱정으로 곧 울음이 터질 것만 같다.

『걱정이야아아』

사회불안장애

사회불안장애는 사람들과 상호작용하는 사회적 상황을 두려워하여 회피하는 장애로 수줍음, 불편감, 위축과 회피, 낯선 사람에 대한 두려움 등의 반응이 과도하게 나타나는 것을 말한다. 『선아』(문인혜, 이야기꽃)에서 취준생인 선아는 자신은 가진 게 없는데 사회는 너무 많은 것을 질문하고 요구한다고 생각한다. 선아는 선을 넘은 적이 없는데도 날마다 낭떠러지 끝에 선 기분이다. 사회불안장애를 가진 사람에게 여러 가지 증상이 나타나는데 그중에 하나가 불안을 줄이고 부정적 평가를 받지 않기 위한 방어적 행동, 즉 안전행동이다. 선아는 어느 날 길을 가다 뒤에서 누군가 쫓아온다는 불안감에 서둘러 공사 현장으로 피해 들어간다. 그곳에서 노란 안전 모자를 발견한다. 안전 모자를 집으로 가져온 선아는 사람들 시선에는 아랑곳하지 않고 노란 모자를 쓰고 다닌다. 이런 행동을 안전행동이라고 볼 수 있다. 사회적 시선이라는 불안으로부터 자신을 보호하기 위해 안전모를 쓰는 것이다.

『선아』

공황장애

공황장애는 예상하지 못한 상황에서 갑자기 밀려드는 극심한 공포, 그로 인한 공황발작을 반복적으로 경험하는 것을 말한다. 최근 공황발작 경험을 토로하는 연예인이 많아서인지 그 증상에 대해선 잘 알려진 것 같다. 심장박동이 빨라지고 호흡이 곤란하며 질식할 것 같은 고통을 호소한다. 이들은 하나같이 죽을 것 같은 고통이라고 표현한다.

『오소리의 시간』(그로 달레, 길벗어린이)에서 핑은 학교 가는 날 아침부터 컨디션이 안 좋다. 배 속도 무겁고 머리도 무겁고 온몸이 지친다. 엄마는 걱정하며 병원에 데리고 간다. 병원에서 엑스레이까지 찍었지만 아무런 이상이 없다. 의사선생님은 이럴 땐 숨을 천천히 쉬면서 숫자를 세라고 자세히 알려주었다. 오늘 아침 핑은 또 배가 묵직하고 아프다. 하지만 엄마는 병원에서 별 이상이 없다는 걸 확인했으니 학교에 가야 한다고 엄격하게 말한다. 억지로 학교에 간 핑은 어느 순간 갑자기 숨을 쉬기가 힘들고 극도의 공포감이 느껴진다. 극심한 고통으로 인해 핑은 정신이 아득해져 책상 밑으로 기어 들어간다. 마치 무서운 적을 피해 동굴 속으로 도망가는

『오소리의 시간』

오소리 같은 기분을 느낀다. 공황장애를 겪는 사람들이 말하는 '곧 죽을 것 같은' 공포감이 고통스러운 표정과 흐려진 눈동자, 붉고 시커먼 색감과 묘사로 생생하게 표현되어 있다.

분리불안장애

분리불안장애는 어머니나 애착대상과 분리되는 것에 대해서 심한 불안을 나타내는 정서를 말한다. 대부분의 아이들은 엄마나 애착대상과의 분리불안을 갖지만 성장하면서 적당한 시기가 되면 엄마를 떠나 또래 친구들과 어울리게 된다. 하지만 분리불안이 극심하거나 6개월 이상 지속적으로 나타나면 불안장애로 진단한다.

『한숨 구멍』(최은영, 창비)은 엄마와 떨어지는 것을 불안해하는 유아의 심리를 잘 보여준다. 송이는 잠에서 깨어나면서부터 가슴속에 까만 구름 같은 것이 끼어 있는 것을 느낀다. 답답하고 축축 처지고 발걸음도 무겁다. 밥을 먹을 때도 한숨이 "후" 하고 나온다. 오늘은 새 유치원에 가는 첫날이지만 송이는 계속 한숨만 나온다. 새로운 친구들과 놀 때도 점심 먹을 때도 머리 위에 드리워진 까만 구름은 계속 짙어지고 한숨만 내뱉는다. 드디어 무거워진 구름이 터지면서 송이가 울자, 선생님과 친구가 마음을 달래준다. 송이를 부르는 목소리, 엄마가 나타나자 송이는 밝은 얼굴로 엄마에게 안긴다. 엄마와의 분리나 단절을 경험할 때 유아가 느끼는 좌절과 양가감정이 불안을 낳는다고 말한다. 분리불안은 엄마/양육자와 다시 만날 때 쉽게 해소된다.

『한숨 구멍』
『어려워』

선택적 함묵증

선택적 함묵증은 말을 할 수 있음에도 특정한 상황이나 특정한 대상에게 지속적으로 말을 하지 않는 장애로 주로 아동기에 발생한다. 선택적 함묵증을 지닌 아이는 가족이나 가까운 사람과 함께 있을 때는 말을 할 수 있으나 친인척이나 친구들 혹은 다른 사람들과는 말을 하지 않는 경우가 많다. 선택적 함묵증이 오래 지속되면 읽기 능력을 평가할 수 없으므로 학업 부진이 뒤따를 수 있고, 친구 관계에도 문제가 생길 수 있다.

『어려워』(라울 니에토 구리디, 미디어창비)에서 밖으로 나온 아이는 자기에게 인사하는 사람들에게 인사하고 싶지만 입 밖으로 말이 나오지 않는다. 대신에 마음속으로 숫자를 센다. 숫자를 세면 마음이 편해지기 때문이다. 학교에서도 아이들 이름을 불러본 적이 없다. 엄마는 아이에게 말문이 곧 열릴 테니 조급해하지 말라고 한다. 하지만 여전히 사람을 맞닥뜨리면 손에 땀이 나고 숨이 막힌다.

불안 다루기

6

불안을 치료하는 데에는 인지행동치료가 가장 효과적이라고 알려져 있다. 불안을 유발하는 생각이나 신념을 바꾸어 정서와 행동 패턴을 변경하는 것을 목표로 하는 기법이다. 특히 부정적이고 왜곡된 신념에 이의를 제기하여 그로 인한 잘못된 정서와 행동을 적응적이고 현실적으로 바꾸어 나가는 방식이다. 치료를 위한 다양한 접근방법이 있는데, 그림책을 통해 이를 쉽게 직관적으로 살펴볼 수 있다.

직면하기

직면하기는 모든 심리적 문제를 해결하는 첫 번째 단계이다. 불안을 다룬 그림책에서도 불안을 느끼는 대상과 용기를 내어 마주하는 장면이 나온다. 알 수 없는 불안에 시달리다 더 이상 피할 수 없다고 여길 때 주인공은 등을 돌려 '넌 대체 뭐야?' 하고 불안의 실체와 직면한다. 『불안』에서는 바닥 밑에 있는 새 모양의 불안을 끌어올리고, 『그 녀석, 걱정』과 『무슨 일이 일어날지도 몰라』에서는 불안에게 먼저 말을 건다. 불안의 실체를 알게 되었을 때 불안에 어떻게 대처해야 할지를 알 수 있기 때문이다.

상징화하기

불안에 효과적인 기법 중 심상기법이 있는데, 이것은 감정적으로 즐겁고 좋은 장면을 떠올리면서 불안감을 해소해나가는 방법이다. 『걱정 상자』(조미자, 봄개울)에서는 늑대가 제안한 대로 걱정들을 상자에 넣어두고 그 상자를 깔고 앉아 있다가 하나씩 터트린다. 『수박만세』(이선미, 글로연)에서 아이들은 배 속에서 과일 씨가 자랄까 봐 불안하다. 마침내 아이들은 배 속에 있는 과일을 터뜨리기로 한다. 그렇게 상상으로 배 속에서 자라는 과일나무와 과일을 터뜨리고 나자 안심이 된다. 『거짓말』(카트린 그리브, 씨드북)에서도 아이는 커져버린 빨간 불안 덩어리를 뾰족한 바늘로 찔러 터뜨려 버린다. 터트린다는 상상만으로도 불안은 날아가 버리고 어느새 아이들은 웃음을 되찾는다.

『걱정 상자』, 『수박만세』

경험하기

경험하기는 행동치료기법으로 노출기법이라고 한다. 불안한 일이나 경험을 피하지 않고 직접 그 행동을 경험하게 하는 것이다.『다음엔 너야』(에른스트 얀들, 비룡소)에서 피노키오는 병원 대기실에서 차례가 오길 기다리며 불안에 시달리지만 도망가지 않고 의사를 만나러 걸어 들어간다. 진료를 받고 코를 고치고 나온 피노키오의 얼굴은 들어가기 전 불안한 표정에 비해 훨씬 밝다.

『어떡하지?』(앤서니 브라운, 웅진주니어)에서도 주인공은 친구의 생일 파티에 가면서 온갖 걱정으로 불안해한다. 하지만 막상 생일 파티에 참여하자 불안은 사라지고 파티를 즐긴다.『빨간 벽』(브리타 테켄트럽, 봄봄출판사)에서도 벽 너머의 세상에 대해 불안해하는 동물들과 달리 쥐는 오히려 벽 너머로 직접 나가본다. 그렇게 벽 너머로 직접 나가보고 나서 생쥐는 다른 동물들에게도 나가보라고 권유한다.

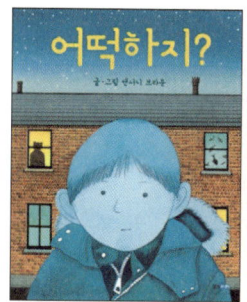 

『어떡하지?』,『다음엔 너야』

긍정적으로 바꾸기

불안 치료에 있어 가장 많이 쓰는 치료법이 인지치료기법이다. 불안에 대한 생각을 확인하고 반박하고 변화시킴으로써 불안이라는 감정을 바꿀 수 있다고 보는 치료법이다.

『모리스는 걱정이 많아』(칼 요한 포센 엘린, 쌤앤파커스)에서 엄마, 아빠, 누나, 선생님은 걱정과 불안에 대한 모리스의 생각을 바꿔주는 조언을 해준다. 예를 들어, 모리스가 옛 친구들을 그리워하자 아빠가 제안한다. 옛 친구들과 함께 찍은 사진을 항상 주머니에 가지고 다니면서 자주 보면 친구들이 항상 마음속에 있는 거라고. 아빠 말대로 친구들 사진을 주머니에 넣고 다니니 마음이 따뜻해지고 행복해진다. 모리스가 거미를 무서워하자, 엄마는 거미에게 할머니가 떠준 양말 여덟 개가 있는데, 추운 날 친구들에게 빌려주었다는 이야기를 만들어 들려준다. 그렇게 해서 거미를 친구처럼 여길 수 있게 도와준다. 나중에 거미를 무서워하는 친구를 만나자 오히려 모리스가 친구에게 거미 이야기를 들려주며 친구의 두려움을 가라앉혀 준다.

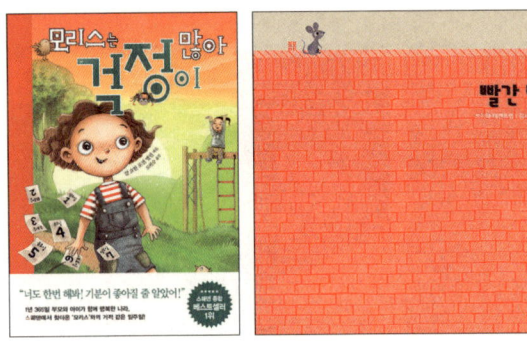

『모리스는 걱정이 많아』, 『빨간 벽』

불안의 다른 이름   7

두근두근 심장 떨림-불안을 설렘으로

불안을 느낄 때 심장이 뛰고 호흡이 가빠지는 신체 반응은 우리가 비슷한 감정을 느낄 때도 똑같이 나타난다. 그 감정은 바로 설렘이다. 즐거운 일을 기대할 때, 반가운 사람을 기다릴 때, 원하는 무언가를 꿈꿀 때, 심장이 두근거린다. 불안할 때 뛰는 심장 소리와 설렐 때 뛰는 두근거림은 어쩌면

『비가 올 거야』

종이 한 장 차이일 수도 있다.

『비가 올 거야』(안 에르보, 한울림어린이)에서 창밖을 바라보며 비가 올까 봐 미리 걱정하고 있는 어른들에 비해 아이들은 신나 하며 빗속으로 여행을 떠날 계획을 세운다. 비가 내리는 동안 어른들이 집 안에서 불안에 떨고 있을 때, 아이들은 주전자 배를 타고 강을 건너 산 위로 모험을 떠난다. 빗속을 뚫고 산 넘고 물 건너 가는 모험은 결코 쉽지만은 않았지만 산꼭대기에 올라 바라보는 비 오는 밤의 풍경은 집에서는 맛볼 수 없는 경험이다.

『밤의 세계』

다음 날 아침 산 위에서 맑게 갠 하늘과 아름다운 풍경을 보며 아이들이 비에 대한 불안과 걱정을 극복하고 즐기는 경험으로 바꾸는 것을 볼 수 있다.

『밤의 세계』(모디캐이 저스타인, 사계절)에서는 어둡고 캄캄한 밤에 동물들이 아이를 깨운다. 눈을 비비며 일어난 아이는 어둠에 조금 긴장하지만, 기대에 찬 동물들을 따라나선다. 점점 어둠이 옅어지며 세상의 실루엣이 드러나기 시작한다. 어둠이 지나가자 뒤이어 찬란한 해가 빛나는 아침을 맞게 된다. 어둠 속에서 찬란한 해돋이를 기대하며 설레는 마음으로 모인 동물들. 밤을 무서워하기보다는 다가올 아침을 기대하는 모습이 밤을 다룬 다른 그림책과 달리 설레고 흥분된다. 검은색과 회색으로만 그려진 장면을 넘기다 마침내 아침을 맞는 컬러풀한 장면은 보는 것만으로도 기분이 환해진다.

걱정하기보다는 촉촉한 설렘으로 비를 맞이하는 일, 무서운 것보다는 아침이 밝아올 것에 대한 기대로 밤을 견디는 일은 생각보다 쉽지 않을 수 있다. 하지만 그 변화를 만드는 사람은 바로 나라고 생각하면 오히려 힘이 나기도 한다. 내가 나를 바꾸면 되니까. 내 감정의 주인은 나니까 불안도 얼마든지 다스릴 수 있음을 기억해야 한다.

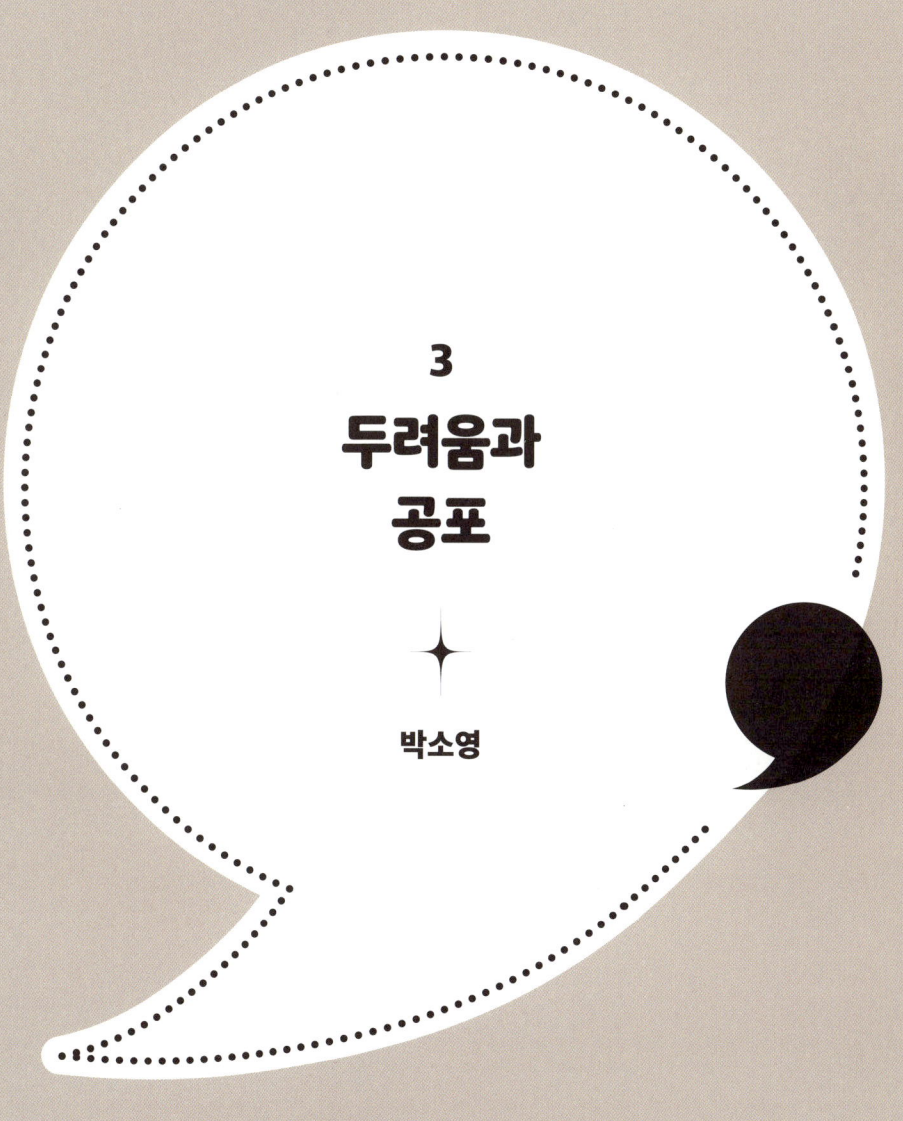

3
두려움과 공포

박소영

우리는 왜 두려움과 공포를 느끼는가   1

심리학에서 보는 두려움과 공포

'불안해', '두려워', '무서워'. 사람들에게 이 감정의 차이를 물어보면, 다 같은 거 아냐? 하고 반문할 것이다. 이처럼 우리는 불안과 두려움을, 두려움과 공포를 구분하지 않고 비슷한 감정으로 인식한다. 그러나 심리학에서는 불안과 두려움, 공포의 감정을 다르게 정의한다.

불안이 구체적 대상이 없는 것에 대한 막연하고 모호한 감정이라면 두려움은 반사적인 감정으로 구체적 대상이나 원인이 알려진 감정을 말한다. 분명한 대상이 있으므로 두려움은 그 대상으로부터 살아남기 위한 생존전략으로서의 감정이다. 두려움을 느끼면 두려움의 대상을 회피하려는 반응이 나타나는데, 회피하기 위해 신체 반응이 함께 일어난다. 심장이 두근거리고, 호흡이 가빠지며, 근육이 수축되거나 몸이 떨리거나 얼굴이 창백해지기도 한다. 공포는 두려움이 높아진 상태로, 두려움이 지속되거나 극대화되면 공포가 된다. 실제 두려운 상황에 대한 과도한 반응을 공포라 할 수 있다. 공포 역시 잠재적 위험에 대응하기 위한 생존전략이라는 면에서는 두려움과 같지만, 반응의 강도가 두려움에 비해 훨씬 극대화된 것이다. 공포감 또한 신체 반응이 일어나는데, 어지럼증을 느끼거나 속이 울렁거리거나, 몸이 뻣뻣해진다. 때로는 지나친 공포로 인해 오히려 신체 반응이 멈춘 듯한 무감각이나 무반응으로 나타나기도 한다.

『너, 무섭니?』(라피크 샤미, 논장)에서 아직 무서움을 모르는 어린 생쥐 미나는 고양이에게 쫓겨 들어온 엄마에게 무서움이 뭐냐고 묻는다. 엄마 쥐가 대답해준다. "얘야, 무서움은 느낄 수는 있지만, 보여줄 수는 없단다." 미나는 다른 동물들을 찾아다니며 무서움에 대해 묻는다. 동물들은 무서움에 대해 무관심하거나 각기 저마다의 생각을 말할 뿐이다. 그러다 뒤에서 들리는 낯선 소리에 생쥐 미나는 발이 얼어붙는 것을 느낀다. 돌아서서 혀를 날름거리며 자신을 노리고 있는 뱀을 보자 미나는 배에서 차가운 기운이 느껴지고, 누군가 목을 누르는 것처럼 가슴이 꽉 막혀 숨을 쉴 수가 없다. 심장이 쿵쾅쿵쾅 뛰기 시작한다. 드디어 공포를 느끼게 된 생

『너, 무섭니?』

쥐 미나는 재빨리 뱀에게서 달아난다.

　공포 중에서 특히 개인의 정서적 역사와 관련된 공포는 쉽게 제거되지 않고 억압되는 경향이 있다. 예를 들어, 우리가 뱀에 대해 공포를 느끼는 건 보편적이고 일반적 반응이다. 대부분의 사람들은 본능적으로 뱀을 두려워하고 피하려 하므로 이는 정상적이고 자연스러운 반응이라 여긴다. 그런데 누군가 닭을 보고 과도하게 두려움과 공포를 느낀다면 우리는 왜? 라고 반문한다. 공격성도 없고, 위험하지도 않은 닭에 대해 공포를 느낀다는 것은 독특한 반응으로 개인적 이유가 있을 거라고 생각하기 때문이다. 만약 어릴 때 닭에 손을 쪼인 경험이 있다거나, 닭 잡는 과정에서 목이 잘린 닭이 피를 흘리며 도망치는 것을 목격했다면 닭을 두려워할 수 있다. 이처럼 개인적인 역사나 사연으로 인해 두려움이나 공포를 느끼는 사람들은 이해받지 못하므로 두려움을 드러내지 않거나 억압하는 경향이 있다. 그로 인해 심각한 장애가 생기기도 하고 회복이 쉽지 않다고 한다.

뇌신경학에서 말하는 두려움과 공포

우리는 이제까지 생각을 먼저 하고 몸이 나중에 반응한다고 믿어왔다. '무섭다'라는 걸 인지한 후, 뇌가 몸으로 신호를 보내면 그 지시에 따라 몸이 떨리고, 다리에 혈액이 몰리며 도망가는 게 순서라고 말이다. 하지만 최근의 뇌과학 연구에서 밝혀지고 있는 사실은 뇌 신경계의 반응이 먼저라고 한다. 뇌에서 신경회로의 전달물질에 의해 신체 반응이 먼저 일어나고, 다음으로 두려움이나 공포 같은 감정을 느낀다고 한다. 뇌에서 정서적 반응을 담당하는 영역을 변연계라고 하는데, 변연계를 둘러싸고 있는 큰 구조

체인 기저핵에서 두려울 때 날뛰거나 얼어붙는 반응이나 불안 수준을 결정하는 기능을 한다. 그중에서 특히 측두엽 안쪽에 아몬드와 크기와 모양이 비슷하게 생긴 편도체가 있는데, 편도체가 기억과 정서적 반응을 조절하는 역할을 한다. 만약 편도체에 이상이 생기면 감정을 느끼지 못하게 된다. 손원평의 성장소설 『아몬드』의 주인공은 선천적으로 작은 편도체를 갖고 태어나 감정불능증인 소년이다. 감정을 느끼지 못하는 자신을 '예쁜 괴물'로 부르며 애지중지 키워온 할머니와 엄마가 어느 날 눈앞에서 살해당하는데도 소년은 아무런 공포도 슬픔도 느끼지 못한다.

불안과 두려움, 공포의 차이

불안과 두려움, 공포의 차이를 설명해줄 수 있는 상황을 예로 들어본다. 숲속을 걸어가고 있는 상황을 가정해보자. 낯선 오솔길로 접어들 때는 바람 소리나 알 수 없는 바스락거리는 작은 소리에도 불안해질 수 있다. 혹시 마주칠지도 모를 산짐승이나 위험에 미리 경계를 하는 것이다. 그러다 어둑한 숲속에서 멧돼지를 맞닥뜨린다면 두려움에 휩싸이게 된다. 식은땀이 나고 손발이 차가워지며, 심장이 뛰기 시작한다. 다음 순간 멧돼지가 나를 향해 달려오면 공포감에 얼굴은 창백해지고 도망치기 좋게 혈액이 다리로 집중적으로 몰린다. 그 덕에 걸음아, 날 살려라, 도망칠 수 있는 것이다.

또 다른 예로 부모의 부부싸움을 목격하는 아이는 어른이 생각하는 것보다 더 큰 불안과 두려움을 느낀다고 한다. 아이가 부부싸움 자체에 대해 느끼는 감정이 불안이라면, 혹시 이러다 엄마 아빠가 이혼하지 않을까 하는 감정은 두려움이다. 왜냐하면 부부싸움은 예기치 않게 일어난 막연한 상황이지만 이혼은 발생 가능한 일이기에 구체적인 감정인 두려움을 느끼는 것이다.

불안	두려움	공포
막연한 대상 미래 간접적, 실존적 실존과 관련된 원형적 정서	구체적 대상 현재 직접적, 현실적 생존에 필요한 적응적 정서	두려움의 극대화 상태 생존에 필요한 대응적 정서

2. 우리는 무엇을 두려워하는가

그렇다면 우리는 무엇을 두려워할까? 아무래도 원시시대부터 인간이 가장 두려워한 대상은 자연이었을 것이다. 갑자기 번개가 내리쳐 나무가 쪼개지고, 홍수가 나서 들판을 덮어버리고, 사정없이 모든 것을 휩쓸어버리는 태풍의 위력은 원시 인류에게 커다란 두려움이자 공포의 대상이었을 것이다. 첨단 문명이 발달한 현재에도 자연의 위력은 인간에게 불가항력의 위협이 되고 있다. 2011년 강력한 지진으로 인해 발생한 일본의 거대 쓰나미 역시 순식간에 수만 명의 목숨을 앗아가고 수천 명이 실종되었다. 2019년 발생한 코로나19 바이러스의 영향력도 전 세계인의 삶의 방식을 바꿀 정도로 대단했다. 이렇듯 인간의 힘으로 대처할 수 없는 천재지변은 모든 시대를 거쳐 인류에게 두려움의 대상이 되어왔다.

앞서 언급한 것들이 외부 대상에 대한 두려움이라면 인간 내면에 있는 두려움의 대상도 있다. 그것은 죽음에 대한 두려움과, 인간의 깊은 내면의 욕망이기도 한 절대적 힘과 권력에 대한 두려움이다. 죽음에 대한 두려움은 불멸에 대한 집착으로 이어지고, 신이나 왕과 같은 절대자에 대한 두려움은 순종과 복종이라는 태도로 나타난다.

자연에 대한 두려움

그림책 『폭풍이 지나가고』(댄 야카리노, 다봄)에서 폭풍이 몰려오자 가족들은 집 안에만 머문다. 갑작스레 좁은 공간에서 함께 지내다 보니 가족들은 새삼 어색해하고 매사에 부딪힌다. 시간은 많은데 갈등은 잦아지고 점점 서로에게서 멀어진다. 언제 끝날지 모르는 폭풍 때문에 집 안에서 함께 지내지만 차라리 혼자 있는 게 편해진 가족들의 두려움과 외로움을 잘 보여준다. 작가 댄 야카리노는 보이지도 않는 바이러스 때문에 전 세계적으로 일상이 정지되었던 코로나19 시기를 '어디서 왔는지, 얼마나 오래갈지 아무도 모르는' 이상한 폭풍으로 비유한다.

 자연에 대한 두려움 중에서 가장 근본적인 대상이 어둠이다. 낮이 지나고 어둠이 짙어지는 밤은 옛날부터 인간에게 매일 다가오는 두려움이었을

『폭풍이 지나가고』,
『내 친구 어둠』

것이다. 현대에는 조명의 발달로 어둠에 대한 근원적 두려움은 실감하지 못할 수도 있다. 하지만 잠깐이라도 정전이 되면 인간이 얼마나 어둠에 취약한지 금세 실감하게 된다. 더구나 어린아이에게는 여전히 어둠은 가장 두려운 대상이며, 매일매일 다가오는 밤은 가장 불안한 시간이다.

『내 친구 어둠』(엠마 야렛, 키즈엠)에서 주인공 오리온에게 세상의 많고 많은 무서운 것 중에서 가장 무서운 건 어둠이다. 옷장 속, 침대 밑, 지하실에 있는 어둠을 무서워하지 않으려고 여러 노력을 해보지만 다 소용이 없다. 수많은 어둠 중에서도 잠자는 시간의 어둠이 가장 싫은 오리온은 어느 날 침대 위에서 어둠에게 제발 사라져 버리라고 소리친다. 하늘에서 내려와 오리온과 마주한 어둠은 오리온이 두려워하는 면과는 다른 아름다운 어둠의 모습을 하나하나 보여준다.

✳ 그림책 더 보기 ✳

『폭설』(존 로코, 다림)
저자 존 로코가 어릴 적 경험한 이야기로 1978년 미국 뉴잉글랜드가 배경이다. 조금씩 내리던 눈이 눈보라가 되어 쌓이기 시작한다. 예상치 못한 폭설에 제설차마저 오지 못하고, 사람들은 집에 고립된다. 사나흘이 지나도 도로가 뚫릴 기미가 없고, 생필품이 떨어지기 시작한다. 순식간에 일상이 마비된 상황에서 한 소년(이 책의 작가인 어린 존 로코)이 기지를 발휘해 위기를 모면하는 장면이 감동적이다.

『태풍이 찾아온 날』(린다 애쉬먼, 미디어창비)
자연에 대한 두려움은 인간만이 느끼는 것은 아니다. 먹구름이 몰려올 때, 높은 파도가 몰아칠 때, 태풍이 다가올 때 인간은 물론, 육지 동물, 바다 동물, 곤충까지 모든 생명체는 위협을 느끼고 그에 대비한다. 다가올 위기에 대비하는 인간과 동물은 긴장된 모습이지만 한편으로는 자연에 순응하는 겸허한 모습이 아름답게 보이기도 한다.

『깜깜한 어둠, 빛나는 꿈』
(크리스 해드필드, 팬 브라더스, 다림)
캐나다 출신의 우주비행사 크리스 해드필드의 자전적 이야기로 어둠을 끔찍이도 무서워했던 어린 시절을 회상한다. 혼자 자는 것이 두려워 매일 밤 엄마 아빠를 괴롭혔던 크리스는 어느 날 아폴로 11호의 달 착륙 풍경을 보고 큰 감명을 받는다. 우주는 세상에서 가장 깜깜한 어둠이라는 걸 깨달은 크리스. 그 날부터 크리스는 어둠을 무서워하던 아이에서 어둠이 가득한 우주를 비행하는 우주비행사가 되는 꿈을 꾸기 시작한다. 어둠을 두려워하지 않게 된 크리스는 23년 후 우주비행사가 되어 꿈을 이룬다. 크리스는 '어둠은 꿈을 꾸는 곳이며, 아침은 그 꿈을 현실로 만들어주는 시간'이라고 말한다.

환경 위기에 대한 두려움

인간은 자연의 위기도 두려워하지만 편리해서 쓰는 기술이나 문명이 어느 순간 우리를 위협하고 공격할지도 모른다는 두려움도 느낀다. 『플라스틱 인간』(안수민, 국민서관)에서 집주인 제임스는 자신의 배꼽에서 나온 작고

 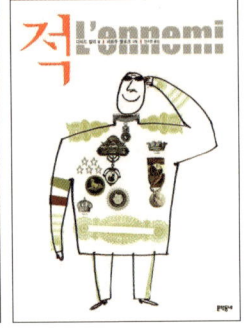

『플라스틱 인간』, 『적』

투명한 젤리 아기를 귀여워하며 애완용으로 키우기 시작한다. '인간의 몸 속에 쌓인 미세 플라스틱으로 만들어진 생명체'인 플라스틱 아기는 집 안에 있는 플라스틱을 먹으며 무럭무럭 자란다. 작고 귀여웠던 플라스틱 인간은 점점 덩치가 커져 TV, 컴퓨터, 가구 등 플라스틱으로 된 살림살이를 마구 먹어치운다. 플라스틱 인간의 식탐이 감당이 안 되자 제임스는 집에서 나가라고 소리친다. 제임스보다 몇 배나 커진 거구의 플라스틱 인간이 험악한 얼굴로 제임스에게 배운 수어로 말한다. "이 집의 주인은 바로 나!" 책의 마지막 속지에는 제임스의 사진이 구겨진 채로 버려져 있다. 미세 플라스틱이 쌓이고 있다는 환경 문제가 드러나면서 혹시 내 몸에도 쌓이고 있는 게 아닐까 하는 두려움을 표현하고 있다.

인간에 대한 두려움

뭐니 뭐니 해도 사람이 제일 무섭다는 옛말이 있다. 인간에게 가장 두려운 적은 인간일 수 있다. 『적』(다비드 칼리, 문학동네)에서 서로를 가장 두려워하는 두 인간의 모습이 그려진다. 두 개의 참호 속에 각각 숨어 있는 두 병

✳ 그림책 더 보기 ✳

『9:47』(이기훈, 글로연)
소녀는 휴양지 바다에 곰 인형을 빠뜨린다. 곰 인형을 찾아 바다에 들어간 소녀는 온갖 쓰레기가 쌓인 어둡고 무서운 바닷속 풍경을 보게 된다. 소녀가 곰 인형을 찾아 다시 해변으로 올라오자 바닷속 암울한 풍경을 알지 못하는 사람들은 여전히 바다를 즐기며 쓰레기를 버리고 있다. 점점 오염되어가고 있는 자연에 대한 두려움을 잘 나타내 준다.

『아름다운 우리 섬에 놀러 와』(허아성, 국민서관)
많은 사람이 여유롭게 즐기고 있는 아름다운 해변이 배경이다. 한 아이가 플라스틱 페트병에 편지를 넣어 바다에 띄워 보낸다. 페트병은 플라스틱 끈이 몸에 감겨 불편해 보이는 거북을 만나 어느 섬에 도착하게 된다. 온통 쓰레기와 플라스틱으로 이루어진 섬의 모습에 실망한 페트병은 다시 항해를 떠나지만 바다에서 만난 것은 많은 물건을 실은 컨테이너선이다. 소비가 늘어나고 생활이 풍요로워질수록 심해지는 오염과 폐해에 대해 생각해보게 한다.

『상자 세상』(윤여림, 천개의바람)
매일 받는 택배 상자가 아파트 높이만큼 쌓이는 풍경을 보여준다. 택배를 받은 사람은 만족감을 느끼며 내용물을 꺼내고 상자를 버리지만 버려진 상자는 허기를 느낀다. 한 상자가 자신이 원래 나무로부터 왔다는 꿈을 기억해내고, 상자들은 나무를 먹어 치우기 시작한다. 나무가 사라지면 종이를 못 만드니 택배 상자를 만들지 못한다. 하지만 이건 문제가 되지도 않는다. 나무가 사라진 세상을 상상하면 정말 삭막하고 끔찍하다. 택배 상자에서 시작된 환경에 대한 염려는 더 큰 두려움으로 이어진다.

사. 그들은 서로 적이다. 한 번도 서로를 본 적이 없지만 병사는 아침마다 일어나 적을 향해 총을 쏜다. 병사에게 적은 동정심이라고는 없는 야수이다. 그는 여자와 아이들을 이유 없이 죽였고, 이 전쟁 또한 그의 잘못으로 벌어진 것이다. 병사는 적은 인간이 아니라고 교육받았기에 적에 대해 적개심만 충만해 있다. 적의 참호에서 들려오는 총소리도 뜸해지고, 내 참호의 비상식량도 바닥나고, 참호마저 빗물에 잠기자, 병사는 이 전쟁을 끝내고 싶다고 생각한다. 적을 먼저 죽이고 집으로 돌아갈 결심을 한 병사는 용기를 내어 어둠을 틈타 적의 참호에 가본다. 두려움에 떨며 기어가 보니 적의 참호 안에는 아무도 없다. 적이 남겨놓은 소지품을 살펴보자 사진 몇 장이 나온다. 그에게도 귀여운 어린 시절이 있었고, 그리운 가족이 있다는 사실을 알게 된다. 그리고 내가 교육받은 지침서와 똑같은 지침서가 있다. 적은 인간이 아니고 괴물이며 전쟁은 그들로 인해 벌어졌다고 적혀 있다. 난 괴물이 아닌데, 여자와 아이들을 죽이지도 않았는데, 적들은 나를 그렇게 생각한다는 걸 알게 된다. 병사는 평범한 두 인간이 서로를 가장 두려운 존재인 야수와 괴물로 가정하고 있었음을 깨닫는다.

※ **그림책 더 보기** ※

『여섯 사람』(데이비드 맥키, 비룡소)
　오랫동안 평화롭게 살 땅을 찾아다닌 여섯 사람은 마침내 기름진 땅을 찾아 정착한다. 잘살게 되자 여섯 사람은 도둑이 와서 땅을 빼앗을까 걱정되어 감시탑을 세우고, 군인들을 뽑는다. 도둑이 오지 않자 놀고 있는 군인들에게 옆 농장을 뺏어오라고 명령한다. 여섯 사람은 영토가 늘어나자 더 많은 군인을 뽑는다. 여섯 사람의 땅은 점점 커지고 군대도 커져서 다른 사람들에게 여섯 사람은 두려움의 대상이 된다. 여섯 사람의 무리에 맞서기 위해 힘을 키운 농부들. 여섯 사람과 농부들은 전쟁을 일으키고, 결국 양쪽에 또다시 여섯 사람씩만 살아남는다.

『안녕, 외톨이』(신민재, 책읽는곰)
나는 학교에서 외톨이다. 동우와 그 패거리가 나를 찌질이라고 놀리며 괴롭힌다. 동우는 나에게 귀신이 산다는 버드나무에 끈을 묶고 오면 축구팀에 끼워준다고 부추긴다. 내가 얼마나 용감한지 보여주기 위해 혼자 버드나무 공터로 간다. 그곳에서 버드나무 귀신처럼 보이는 마르고 겁먹은 아이를 만난다. 그 애와 나는 친구가 되어 시간 가는 줄도 모르고 함께 논다. 동우가 끈을 묶지 않았으니 나를 버드나무에 묶어버리자며 패거리와 함께 나를 앞세워 버드나무 공터로 향한다. 나에겐 동우와 패거리가 귀신보다 훨씬 더 무서운 존재다. 하지만 이젠 상관없다. 공터에 가면 내 편인 친구가 있으니까.

권력에 대한 두려움

『파란파도』(유준재, 문학동네)에서 파란 말은 군주에게 바쳐진다. 파란 말은 혹독한 훈련을 거쳐 세상을 정복하려는 왕의 야욕에 부합하는 용맹하고 늠름한 말로 성장한다. 파란 말을 앞세운 왕의 부대는 수많은 전투에서 승리를 거둔다. 적을 향해 돌진하는 파란 말의 모습이 마치 파란 파도가 휩쓸고 지나가는 것 같다고 해서 파란 말은 '파란파도'라는 별명이 붙었다. 왕의 영토는 점점 넓어졌지만 무수한 병사가 죽었고, 계속되는 전쟁으로 백성들의 삶은 힘들어졌다. 하지만 아무도 파란파도와 왕의 기세를 막을 수는 없었다. 어느 날, 파란파도가 화살에 맞아 부상을 당하자, 화가 난 왕은 분노를 터뜨리며 파란파도를 처형하라고 명령한다. 왕의 명령을 거부할

『파란파도』

사람은 아무도 없다. 하지만 파란파도를 훈련시킨 노병이 파란파도의 족쇄를 풀어주고 함께 도망을 간다. 커다란 왕의 이미지와 회색으로 희미하고 작게 그려진 병사와 백성들의 대비를 통해 권력에 대한 두려움을 시각적으로 잘 보여준다.

✳ 그림책 더 보기 ✳

『왕이 되고 싶었던 호랑이』(제임스 서버, 봄볕)

 어느 날 호랑이는 자신이 숲속의 왕이 되어야겠다고 마음먹는다. 호랑이는 사자를 찾아가 이제부터 자신이 왕이라고 선포한다. 숲속의 왕, 사자가 가만히 있을 리가 없다. 둘의 전쟁이 시작된다. 숲속의 동물들은 이편이 되기도 하고 저편이 되기도 하고, 때론 누구 편인지도 모르고 그저 싸운다. 긴긴 전쟁으로 인해 숲속 동물이 다 죽고 혼자 남게 된 호랑이. 싸움에서 승리해서 왕이 되었지만, 왕으로 불러줄 동물이 하나도 남지 않은 숲속에서 왕은 무슨 의미가 있는가. 권력에 대한 욕망과 그로 인한 공포를 잘 보여준다.

『돼지왕』(닉 블랜드, 천개의바람)
  돼지왕은 왜 양들이 자기를 싫어하는지 이해할 수가 없다. 늘 의심의 눈초리로 양들을 바라보며 부려먹기만 하는 자신의 모습은 알지도 못한 채 돼지왕은 양들의 마음에 들기 위해 양들을 더 많이 착취한다. 돼지왕의 횡포 아래에서 힘없는 양들은 무기력하다.

『양들의 왕 루이 1세』(올리비에 탈레크, 북극곰)
  평범한 양 루이는 바람에 날아온 파란 왕관을 우연히 쓰게 되면서 스스로를 루이 1세라 칭한다. 루이는 왕이라면 당연히 해야 한다고 여기는 것들을 하나씩 해나간다. 지휘봉과 멋진 의자를 갖추고 가끔 연설과 사냥을 하며 최고의 정원을 가꾸게 한다. 예술가와 외교관들과 사교 활동도 부지런히 하고, 자기와 다르게 생긴 양들은 모두 쫓아내 버린다. 루이 1세는 권력의 속성을, 평범한 양들은 두려워하며 순종하는 대중의 모습을 보여준다.

일/임무에 대한 두려움

우리가 가장 긴장하는 순간이 어떤 임무를 수행해야 할 때가 아닐까. 학생은 앞에 나가 발표를 할 때이고, 직장인은 자기 일에 대해 평가를 받을 때이다. 수험생은 시험지를 받기 직전에, 음악가는 연주하기 전 무대 뒤에서, 방송인은 방송 직전 가장 긴장되는 순간을 맞게 된다. 자신이 마땅히 해야 할 과제 앞에서 노력한 만큼 잘할 수 있을까, 실수하지 않을까, 하는 생각에 두려워진다.

『어른이 되면 괜찮을까요?』(스티안 홀레, 웅진주니어)는 '가르만의 여름은 곧 끝날 거야'라는 문장으로 시작된다. 왜냐하면 가을이면 초등학교에 입학하기 때문이다. 할머니들은 학교에 입학하는 기분이 어떠냐고 물으며, "배 속에서 나비들이 팔랑거리니?" 하고 묻는다. 배 속에서 나비가 팔랑거린다는 말은 긴장감으로 속이 불편할 때를 비유하는 표현이다. 가르만은 어른들도 자기처럼 겁나는 게 있는지 묻는다. 세 할머니는 각각 자신이 두려워하는 것에 대해 이야기한다. 하지만 가르만은 잘 이해되지 않는다. 아빠에게도 겁나는 게 있는지 물어본다. 아빠는 바이올린 연주자인데, 언제나 연주하기 전에 겁이 난다고 대답한다. 그리고 세상에 겁나는 게 없는 사람은 없을 거라고 말한다. 엄마는 가르만이 학교 가는 길에 큰길을 건너는 일이 가장 겁난다고 대답한다. 어른들도 저마다 겁나는 게 있다는 걸 알게 된 가르만은 다시 한번 빠뜨린 게 없는지 책가방을 챙긴다. 입학식까지 열세 시간이 남아서 겁이 나기 때문이다.

『어른이 되면 괜찮을까요?』

✷ 그림책 더 보기 ✷

『나의 수줍음에게』(세브린 비달, 책연어린이)
학교에서 발표를 앞둔 순간에 시커먼 괴물이 나타나 주인공을 얼어붙게 만든다. 좋아하는 친구 레오가 말을 걸 때도 그 괴물이 나타나는 바람에 말문이 막히고 얼굴이 빨개진다. 친구네 갔을 때도, 어른들이 뭔가를 물어볼 때도 어김없이 괴물이 나타나 우물쭈물하게 된다. 소녀는 이젠 두렵고 떨리고 우물쭈물하는 데 지쳤다고 소리치며 괴물을 길들이기로 결심한다.

『수영장 가는 날』(염혜원, 창비)
나는 수영장 가는 토요일마다 배가 아프고 기분이 안 좋다. 수영장은 시끄럽고 미끄럽고 차갑다. 수영 수업이 끝나면 거짓말같이 배가 멀쩡해진다. 물에 대한 두려움으로 인해 수영 배우기 자체를 거부하는 아이의 심리가 잘 표현되어 있다.

죽음에 대한 두려움

인간으로서 느끼는 가장 실존적인 두려움은 당연히 죽음에 대한 두려움일 수밖에 없다. 『사과나무 위의 죽음』(카트린 셰러, 푸른날개)에서 늑대는 어느

『사과나무 위의 죽음』

날 찾아온 죽음에게 마법을 걸어 꼼짝달싹 못 하게 나무 위에 붙여버린다. 죽음이 늑대에게 가까이 못 오는 사이 친구와 가족들은 하나씩 죽음을 맞이한다. 세월이 흘러 주위에 아무도 남지 않고, 제 몸조차 가눌 수가 없게 되자 그제야 늑대는 죽음에게 걸어놓은 주문을 풀어준다. 피하려고 해도 피할 수 없고, 언제 다가올지조차 알 수 없다는 점에서 죽음은 인간을 가장 두렵게 하는 원초적인 대상이라고 할 수 있다.

✳ **그림책 더 보기** ✳

『내가 함께 있을게』(볼프 에를브루흐, 웅진주니어)
오리는 누군가 자신을 따라다니는 느낌을 받는다. 대체 누구냐고 묻자 상대가 대답한다. "나는 죽음이야." 죽음에 대해 이해하지 못하는 오리에게 죽음은 죽음이란 어떤 것인지 찬찬히 설명해주고, 오리는 죽음에게 여러 가지 질문을 던지며 죽음에 대해 생각하게 된다. 천천히 죽음을 인정하고 맞이하게 된 오리, 죽음은 그 과정을 조용히 지켜보며 오리의 마지막을 마무리해준다.

『죽고 싶지 않아!』(안느-가엘 발프, 보랏빛소어린이)
아이는 죽고 싶지 않다고 말한다. 왜냐하면 죽으면 어둡고 춥고 외롭고 지루하니까. 죽음을 두려워하는 아이에게 어떻게 대답해주어야 할까. 지금 여기 살아 있음의 기쁨에 대해 이야기해주는 어른들의 현명한 대답을 들을 수 있다.

공포가 된 두려움 3

두려움이 과도할 때

두려운 감정이 오랫동안 지속되거나 실제 상황보다 과도하게 느껴지면 공포가 된다. 공포가 극대화되어 사회 생활에 장애를 초래하면 공포증으로 진단되기도 한다.『아주 무서운 날』(탕무뉴, 찰리북)에서 주인공은 발표 불안에 시달린다. 반 친구들 앞에 나가서 발표하는 날이 되면 땅이 꺼지고 하

『아주 무서운 날』

늘이 무너지고 화산이 폭발하는 것 같은 위협과 두려움을 느낀다. 모두가 나를 쳐다보고 있는 것 같아서 숨이 막히고, 심지어는 폭탄이 터지고 총알이 날아다니는 전쟁터에 있는 것 같은 공포로 이어진다. 보통 사람들이 발표에 대해 느끼는 두려움에 비해 과도하다는 점에서 두려움이 공포로까지 변화된 모습을 잘 보여준다.

두려움이 지속될 때

『섬』(아민 그레더, 보림)에 조난당한 낯선 외부인이 나타난다. 외부인이 두려운 섬사람들은 그를 가두기로 결정한다. 시간이 지날수록 두려움에 두려움이 덧붙여져서 섬사람들에게 외부인은 어느새 흉악범에 사탄에 괴물로 바뀌어 버린다. 외부인은 아무것도 한 게 없지만, 그를 두려워하는 섬사람들의 두려움이 실제와는 다른 엄청난 공포를 만들어낸 것이다. 공포는 섬사람들을 집단적 광기로 몰아 벌거벗고 나약한 외부인을 바다로 밀어넣고, 다시는 외부인이 들어오지 못하도록 성벽을 높이 쌓고 외부 출입

『섬』

을 제한한다. 외부에 대한 두려움으로 인해 섬사람들 스스로 자신들을 가두게 된다. 이렇듯 작은 두려움이라도 지속되면 엄청난 공포감으로 증폭될 수 있다.

두려움의 극대화, 공포증

영화 〈테이크 쉘터〉에서 건설 노동자인 주인공 커티스는 거대한 폭풍이 몰려와 돌이킬 수 없는 재난이 닥칠 거라는 불안에 시달린다. 커티스는 비가 끈적끈적하게 느껴지고, 새 떼가 몰려다니는 현상도 불길하게 여겨지고, 집 주변을 어슬렁거리는 정체 모를 사람이 아내와 청각 장애를 가진 딸을 위협할 것 같은 두려움을 느낀다. 가족과 지인들이 만류하는데도 커티스는 재난에 대비해 집 뒷마당에 방공호를 만들기 시작한다. 점점 더 심해지는 두려움 증상은 악몽과 이상 행동으로 나타나고, 결국은 직장에서도 해고되고 지인들도 커티스를 피하게 된다. 폭풍이 몰려오자 커티스는 자신의 예감이 맞았다며 가족을 데리고 방공호로 대피한다. 하지만 며칠간의 비바람은 평상적인 날씨의 변화였을 뿐 다시 세상은 일상으로 돌아간다. 두려움이 극대화된 공포증의 병리적인 모습을 잘 보여주는 작품이다. 감독인 제프 니콜스 자신이 금융위기 이후 미국 중산층으로서 경험한 미래에 대한 불안과 두려움을 형상화했다고 밝힌 영화이다.

| 특정공포증 |

커티스처럼 특정한 상황이나 대상에 강렬한 공포감을 느끼고 그에 대한 회피반응을 나타내는 것을 특정공포증이라 한다. 특정공포증의 대상은 매우 다양하며 크게 네 가지로 분류된다. 비행기나 엘리베이터, 폐쇄된 공간 같은 특정한 환경이나 상황에 공포감을 느끼는 상황형, 천둥, 번개, 강이나 바다, 높은 곳 등에서 공포를 느끼는 자연형, 피, 주사, 신체적 상해 등에 대해 공포를 느끼는 혈액-주사-상처형, 뱀, 거미, 바퀴벌레 등에 대해 느끼는 동물형으로 구분된다.

『오싹오싹 당근』(에런 레이놀즈, 주니어RHK)에서 토끼는 당근만 보면 무섭다. 두려움이 과도해 일상의 모든 장소에서 당근이 보이는 편집증 증상까지 나타나면서 두려움은 공포로 극대화된다.

『걱정쟁이 제레미가 바람에 휩쓸려 날아간 뒤』(파멜라 부차트, 사파리)에서 제레미 역시 보통 사람들은 두려워하지 않는 바람을 과도하게 두려워한다. 바람이 부는 날은 외출도 하지 않고, 사람도 만나지 않는다. 이렇듯 두려움에 과도하게 반응하거나 일상생활에서 심각한 불편함을 야기한다면 두려움이 공포감으로 바뀌었다고 볼 수 있다.

『오싹오싹 당근』

| 광장공포증 |

광장공포증은 특정한 장소나 상황에 공포를 느끼는 경우를 말한다. 비행기, 기차, 버스나 전철 등 대중교통이나 시장, 주차장, 다리 등 개방된 공간, 영화관이나 쇼핑몰 등 폐쇄된 공간, 집 밖에서 혼자 군중 속에 있거나 줄 서는 것에 현저한 공포감을 느끼는 것을 말한다. 광장공포증을 지닌 사람이 특정한 장소를 두려워하는 이유는 공황과 유사한 무기력하고 당혹스러운 증상이 나타나기 때문이다. 이런 점에서 특정공포증과 구분된다. 예를 들어, 똑같이 비행기에 공포를 가졌더라도 비행기 추락사고를 두려워하는 것이 특정공포증이라면, 광장공포증은 비행기에 탑승했을 때 그 안에서 공황과 유사한 증상이 나타날까 봐 두려워하는 것이다.

『어둠 속에 혼자서』(콘스탄체 외르벡 닐센, 분홍고래)에서 엘리베이터에 갇힌 소년은 처음엔 당황하고 어찌할 바를 모르다가 엘리베이터 안에 갇힌 시간이 길어지면서 구조되지 못할지도 모른다는 두려움이 극대화된다. 호흡이 가빠지고 몸이 뻣뻣하게 굳는 신체 반응이 일어난다. 공황장애 증상까지 나타난 것이다. 이렇듯 두려움의 감정이 반복되고 지속될 때 두려움은 쉽게 공포로 이어진다.

『어둠 속에 혼자서』

4 두려움을 대하는 자세

두려워하지 않기를 선택하기

공포증에 가장 효과적인 치료법은 인지행동치료나 노출치료기법으로 알려져 있다. 공포를 느끼는 대상에 대한 역기능적인 사고를 바꿈으로써 공포라는 감정을 바꾸고, 마주하고 경험하면서 생각의 변화까지 이끌어내는 기법을 말한다.

『그날, 어둠이 찾아왔어』(레모니 스니켓, 문학동네)에서 라즐로는 어둠을 무서워한다. 어둠은 옷장 속에, 커튼 뒤에, 계단 밑 지하실에 존재하기 때문이다. 그러다 라즐로는 어둠이 부르는 소리를 듣는다. 용기를 내어 어둠이 이끄는 대로 따라간 라즐로는 어둠이 가득한 지하실 서랍장 속에서 전구를 발견한다. 전구를 들고 다시 방으로 돌아온 라즐로는 침대 옆 어둠을 밝히는 불빛으로 전구를 쓴다. 밤하늘에 빛나는 별이 있듯이 우리가 두려워하는 어둠 속에도 빛이 있음을 보여주는 멋진 장면이다. 다음날 지하실로 먼저 찾아가 어둠에게 인사를 건네는 라즐로, 어둠의 의미를 알아낸 라즐로는 더 이상 어둠이 두렵지가 않다.

신나는 시작을 선택하기

『오싹오싹 거미 학교』(프란체스카 사이먼, 살림어린이)에서 케이트는 새 학교에 처음 가는 날, 아침부터 기분이 좋지 않다. 케이트는 신경질이 나서 한 번도 하지 않던 행동을 한다. 침대 왼쪽으로 내려온 것이다. 이미 시간이 늦었는데 옷장엔 옷도 없고, 신발도 사라졌다. 학교에 가보니 유령이 나올 것 같고, 아이들은 하나같이 핏기 없는 얼굴에 선생님은 무서운 고릴라다. 화장실도 없고, 책상도 없는 교실에 심지어 점심은 벌레가 잔뜩 들어간 수프가 나온다. 새 학교에서 적응해나가야 한다는 불안이 모든 상황을 비관적으로 예상하게 만든 것이다. 이번엔 아침에 눈을 뜬 뒤 늘 하던 대로 침대 오른쪽으로 내려와 하루를 시작한다. 그러자 새 옷을 입게 되고, 새 학교는 아늑하며 친절한 선생님과 다정한 새 친구들을 만나게 된다. 화장실도 있고 내 옷걸이도 있는 교실에서 친구와 맛있는 점심을 먹는 케이트. 침

 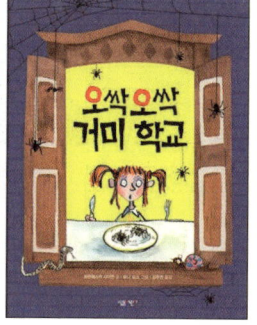

『그날, 어둠이 찾아왔어』, 『오싹오싹 거미 학교』

『문 밖에 사자가 있다』

대에서 왼쪽으로 내려오느냐, 오른쪽으로 내려오느냐에 따라 달라진다는 건 미신이나 우연을 말하는 게 아니라, 우리가 어떤 태도를 선택하느냐에 따라 일상의 모든 기준과 기분, 생각이 달라질 수 있음을 보여준다. 끔찍한 하루와 신나는 하루, 왼쪽으로 내려올 것인가, 오른쪽으로 내려올 것인가, 선택은 나에게 달려 있다.

두려움에 대한 태도 선택하기

『문 밖에 사자가 있다』(윤아해, 뜨인돌어린이) 역시 두려움을 대하는 두 가지 태도를 보여준다. 문 밖에 사자가 있고 사자가 무서운 상황은 똑같다. 노란 방의 아이는 방을 나갈 수 없다고 체념하고, 파란 방의 아이는 그래도 나가고 싶다고 생각한다. 사자가 크고 뾰족한 이빨이 있다는 사실은 똑같다. 노란 방의 아이가 겁을 먹고 웅크려 있다면 파란 방의 아이는 책을 찾아보고 정보를 알아내어 전략을 세운다. 노란 방의 아이가 무서워서 나갈 수가 없다며 덜덜 떨고 있다면 파란 방의 아이는 무서워서 밖으로 나가지 않는다면 아무것도 할 수 없다며 체력을 단련한다. 사자가 으르렁거리자 마침내 파란 방의 아이는 기회라고 여기고 그동안 준비해 둔 물건으로 사자를 속이고 방 밖으로 빠져나온다. 노란 방의 아이가 이불을 뒤집어쓰고 덜덜 떨며 방 안에 있는 동안, 파란 방의 아이는 바깥세상을 탐험하며 자유를 즐긴다. 물론 방 밖의 세상엔 또 다른 위협과 두려움이 존재한다. 넓고 아름다운 세상을 만끽하던 파란 방의 아이가 이번엔 커다란 곰을 맞닥뜨린다. 하지만 사자를 물리친 경험이 있는 파란 방의 아이는 두려워하기보다는 곰을 어떻게 물리칠 수 있는지 고민한다.

우리의 마음은 노란 방의 아이처럼 지레 겁먹고 포기하려는 부분도 있고, 파란 방의 아이처럼 두려움을 이기고 더 큰 자유를 누리고 싶은 부분도 있다. 어느 부분을 선택하는지가 우리의 태도를 결정한다는 것을 그림책은 보여준다.

두려움의 다른 이름 5

너의 이름은... 용기!

살아가면서 두려운 대상을 전부 피해가며 살 수는 없다. 그렇다면 두려움을 만났을 때 두려움에 맞설 수 있는 태도를, 두려움을 헤쳐나갈 수 있는 방법을 찾아야 한다. 그럴 때 가장 필요한 감정이 바로 용기다. 많은 그림책에서도 두려움에 맞서는 무기로 용기를 제안한다.

『용기 모자』(리사 테이크스트라, 책과콩나무)에서 무서운 게 많아서 위축되어 있는 메이스에게 할아버지는 "용기 모자가 필요한 게로군" 하며 신문지를 접어 용기 모자를 만들어준다. 용기 모자를 쓴 메이스는 무서워 피하던 노란 집도 들여다볼 수 있고, 비둘기에게 먹이도 줄 수 있고, 밤하늘에 빛나는 불빛의 아름다움도 느낄 수 있게 된다. 침대 밑 악어도 만나 보니 그 녀석 또한 메이스 못지않게 겁이 많다는 걸 알게 되고, 메이스는 악어에게 말한다. "내가 용기 모자를 만들어줄게."

『용기 모자』

　『무슨 일이 일어날지도 몰라!』(아우로라 카치아푸오티, 국민서관)에서 에이미는 두려워하고 피하기만 하던 회색 덩어리에게 말을 걸고 일상생활을 회색 덩어리와 함께하기 시작한다. 그렇게 두려워하던 녀석이었는데 함께 하다 보니 그럭저럭 지낼 만하다. 심지어 가까운 친구가 된다. 그러던 어느 날 회색 덩어리가 노란색 덩어리로 변해버린다. 에이미가 넌 누구냐고 물었을 때, 노란 덩어리가 대답한다. "난 용기라고 해."

　『겁쟁이 토끼』(하인즈 야니쉬, 베틀북)에서는 토끼처럼 겁이 많은 아이들을 겁쟁이 ○○, 겁쟁이 △△로 부르지 않고 용감한 ○○, 용감한 △△로 바꾸어 불러준다. 여전히 겁이 많지만 이름을 바꾸어 불러주는 것만으로도 아이들은 겁을 내는 아이에서 두려움을 이기려는 용기 있는 아이로 자신을 바꾸어 볼 수 있다.

두려움 길들이기   6

두려움과 함께 사는 법

인간이 두려운 대상을 피해 완벽하게 안온하게 살아갈 수 있을까? 그럴 수도 없고, 그래서도 안 된다. 두려울 게 없다는 건 위험을 감지하지 못한다는 점에서 오히려 위험한 상태일 수 있기 때문이다. 우리는 적당히 두려워하면서 긴장하고 미리 대비를 하고, 두려움이 지나치거나 지속되어 공포감으로 변하지 않게 균형을 잡으며 살아가야 한다. 우리는 어떻게 두려움과 함께 살아가야 할까. 그림책에서 지혜를 구해볼 수 있다.

『늑대와 오리와 생쥐』(맥 바넷, 시공주니어)에서 생쥐는 늑대에게 잡혀 한 입에 꿀꺽 삼켜진다. 늑대 배 속에 들어간 생쥐는 그 안에서 살고 있던 오리를 만난다. 잡아먹힌 것치고는 제법 배 속 생활을 즐기고 있는 오리. 생쥐도 오리와 함께 배 속 생활을 즐기게 된다. 심지어 늑대의 건강을 빌며. 그러던 어느 날 사냥꾼에게 쫓기게 된 늑대, 자기들의 안식처가 위협받자,

오리와 생쥐는 힘을 합쳐 사냥꾼을 물리친다. 늑대의 몸 밖으로 나온 오리와 생쥐에게 늑대는 감사를 전하며 원하는 걸 해주겠다고 한다. 오리와 생쥐는 어떤 선택을 할까?

『숲속에서』(클레어 A. 니볼라, 비룡소)의 생쥐는 언제나 두려워하던 마을 끝에 있는 숲속에 가보기로 결심한다. 가는 동안 긴장감에 돌아가고픈 갈등이 계속되고, 어둡고 고요한 숲속에 들어서자 가슴이 쿵쿵거리고 겁에 질려 땅에 곤두박질친다. 그러다 잠시 가만히 숲의 소리에 귀 기울이고 하늘을 바라보자 아름다운 숲속 풍경이 눈에 들어온다. 그토록 두려워하던 숲속에 가만히 누워 여유와 평화를 느낀 생쥐는 가벼운 발걸음으로 집에 돌아간다. 이제 생쥐에게 숲은 더 이상 두려운 공간이 아니다. 언제든 다시 가서 고요를 누릴 수 있는 안식처와 같은 곳이다.

두 그림책에서 보여주듯이 두려움은 극복해야 할 대상이라기보다는 함께 살아가기 위해 길들여야 하는 대상임을 알 수 있다. 애니메이션 영화 〈드래곤 길들이기1〉에서도 족장의 아들 히컵은 마을 사람들에게 공포의 대상이었던 드래곤을 돌보고 길들이면서 드래곤의 특성과 기질을 잘

『늑대와 오리와 생쥐』

알게 되고, 가장 가까운 친구가 된다. 가장 두려워했던 대상이 가장 든든한 내 편이 되어 하늘을 나는 멋진 경험을 가능하게 해주는 대상으로 바뀐 것이다. 두려움도 마찬가지다. 사나워지면 나를 잡아먹을 수도 있는 무서운 공포로 돌변하지만 잘만 길들이면 든든한 내 편이 되어 용기를 주는 역할을 하기도 한다. 이런 점에서 우리는 끊임없이 두려움을 길들여 내 편으로 만들어 나가는 두려움의 조련사가 되어야 한다.

우리는 매일 무언가를 상실하며 살고 있다

상실, 탄생의 순간부터

인생에서 가장 경이롭고 아름다운 순간을 꼽는다면 새 생명이 탄생하는 순간일 것이다. 이 시간은, 엄마에게는 열 달 가까이 배 속에 품고 있던 아기를 만나는 순간이며, 아기에게는 무한한 가능성의 세계를 만나는 첫 시작이다. 그러나 이런 경이로운 만남 이전에 상실이 있었다. 아기는 따뜻하고 편안하게 머물던 엄마의 배 속을 떠나야 했고, 엄마는 자신의 몸 안에 있던 아기를 몸 밖으로 보내야 했다.

'어떤 대상과 맺은 관계가 끊어지거나 헤어지는 것'을 상실(喪失)이라고 한다. 한때 시간과 공간을 함께했던 대상과의 관계가 끊어지고 나서 알 수 없는 헛헛함을 느끼게 되는 것이 상실이다. 우리는 매일 무언가를 상실하며 살고 있다. 소중한 것이든 사소한 것이든, 무엇인가를 잃어버리기도 하고 사랑하는 사람이나 반려동물을 떠나보내기도 한다. 우리는 살면서 겪는 상실을 제대로 인식하고 애도하며 살고 있을까?

상실은 다양하다

상실은 도처에 있다. 새 학년이 되면 작년에 우리 반은 이제 우리 반이 아니고, 작년 담임 선생님은 이제 우리 담임 선생님이 아니다. 만남과 헤어짐이 반복되는 것은 삶의 필연적인 과정이다.

포털사이트 네이버에서 상실에 대한 연관 검색어를 살펴보면 '코로나 후각 상실', '인류애 상실', '고용보험 피보험자격 상실' 등 다양한 키워드가 나온다. 이는 상실이라는 단어가 일상에서 다양한 맥락으로 사용되고 있음을 보여준다. '한때 관계를 맺었던' 대상은 상호작용이 가능한 외부 대상일 수도 있지만, 연관 검색어에서 볼 수 있듯이 자신의 신체 기관일 수도 있고 인류애와 같은 추상적 개념일 수도 있다.

그림책 『안녕, 나의 보물들』(제인 고드윈, 다그림책)에 등장하는 주인공 틸리는 자신만의 보물을 모은다. 북적이는 집 안 어딘가에 보물을 숨겨 놓고는 몰래 꺼내 보며 즐거워한다. 자신만의 비밀 장소에 보물이 잘 있다는 생각만 해도 좋았다. 그러던 어느 날 외출하고 돌아오니 보물을 보관해둔 비밀 장소가 꽉 닫혀버렸다. 아무리 애를 써도 보물을 되찾을 방법은 없다. 소중하게 여기던 보물과 준비되지 않은 이별을 하게 된 것이다.

살면서 소중한 물건을 잃어버리기도 하지만, 소중했던 장소에서 떠나야 하는 일도 생긴다. 그중에서도 특히 이사와 전학은 아이들에게 커다란 상실로 남기도 한다. 그림책 『이사 안 가기 대작전』(수지 모건스턴, 미디어창비)은 자신의 방을 무척 좋아하는 한 소년의 이야기이다. 자기 방에 있는 가구와 물건이 다 좋지만 가장 좋아하는 건 창문 건너편, 언제나 그 자리에 있는 커다란 나무다. 소년은 나무가 군인처럼 자기를 지켜준다고 생각한다. 그리고 같은 아파트에 같은 반 친구 아르튀르가 산다. 둘은 가장 친한 친구이고, 서로의 집에서 노는 것을 좋아한다. 엘리베이터가 없는 아파트에서 매일 계단 오르기도 한다. 그런데 소년의 아빠가 다른 지역에 직장을 구하게 되어 새로운 곳으로 떠나게 되었다. 하지만 소년은 집을 떠나고 싶지 않았고, 친구와 헤어지는 것이 싫었다. 소년은 친구와 함께 작전을 세운다. 바로 이사 안 가기 대작전! 하지만 작전은 실패하고, 소년은 자신의 반쪽을 길에 남기고 떠나는 기분을 느끼며 울음을 터뜨린다.

그림책『오늘은 아빠의 안부를 물어야겠습니다』(윤여준, 다그림책)에서는 하얀 러닝셔츠에 빨간 잠옷 바지를 입은 아빠가 매일 아침 가족의 식사를 차린다. 그동안 일하느라 가족과 함께하지 못했던 아빠는 처음으로 딸의 졸업식에도 간다. 딸은 퇴직한 아빠가 한가한 시간을 보내며 잘 지내는 줄 알았다. 하지만 아빠에게 재취업은 쉽지 않았고, 한숨만 늘어갔다. 어느 날 비를 맞고 걸어가는 아빠를 본 딸은 이제 아빠의 안부를 물어야겠다고 생

『안녕, 나의 보물들』,
『이사 안 가기 대작전』

『기억의 풍선』

각한다. 상실은 '어떤 대상과 맺은 관계가 끊어지거나 헤어지는 것'이다. 오래 몸담고 헌신했던 직장이 상실의 대상이 될 수도 있다.

그림책 『기억의 풍선』(제시 올리베로스, 나린글)에는 사이좋은 할아버지와 손자가 나온다. 할아버지는 손에 쥐고 있던 풍선을 하나씩 놓아버린다. 할아버지가 하나씩 놓아버리는 풍선은 바로 '기억'을 간직한 풍선이다. 할아버지가 풍선을 하나씩 잃어버리는 모습을 옆에서 지켜보는 손자는 안타깝기만 하다. 끝내 할아버지는 손자와의 가장 소중한 추억이 담긴 풍선마저 놓아버린다. 그 무엇과도 바꿀 수 없고 다시 돌아갈 수도 없기에, 함께 했던 소중한 추억을 잃는다는 것은 커다란 상실감을 준다.

물건을 잃어버리거나, 이사를 하거나, 퇴직하거나, 나이가 들어 기억을 잃는 것은 모두 일상에서 경험하는 보편적이고 필연적인 상실이다. 이제 우리는 주변의 크고 작은 상실에 주의 깊은 관심을 기울이고, 그에 대응하는 자신의 반응이 어떤지 알아차릴 필요가 있다.

✳ 그림책 더 보기 ✳

『세상에 둘도 없는 반짝이 신발』
(제인 고드윈, 모래알)
주인공 라라는 세 오빠에게 옷을 물려받는다. 어떤 옷이든 즐겁게 입지만 속옷과 신발은 물려받지 않는다. 어느 날 라라는 세상에서 가장 멋진 반짝이 신발을 만나게 된다. 어디를 가든 반짝이 신발을 신던 라라는 그만 가족 소풍에서 신발 한 짝을 잃어버리고 만다. 이 그림책은 소중한 물건을 잃어버린 아이의 상실감을 잘 보여주면서도, 그것을 통해 이어진 새로운 만남에 관해 얘기한다.

『좋아하는 건 꼭 데려가야 해』
(세피데 새리히, 북뱅크)
글을 쓴 작가는 이란에서 태어나 독일에서 살게 되었다. 엄마 아빠는 멀리 이사 가게 되어 기쁘지만, 소녀는 자신이 좋아하는 것을 가방에 다 담지 못해 너무나 아쉽다. 소녀가 좋아하는 것은 어항과 친구, 학교 버스와 기사 아저씨, 의자와 배나무 같은 것들이다. 하지만 바다는 가져가지 않아도 어디에나 있다. 소녀는 매일 바다를 보며 자신이 두고 온 것들을 떠올리고, 다시 만날 날을 기다린다.

『뭉치와 나』
(알리시아 아코스타, 명랑한책방)
요즘 반려동물을 키우는 사람이 많아지고 있다. 반려동물과 나누는 소통과 교감은 가족과 다를 바 없다고 한다. 가족이나 다름없는 반려동물을 잃은 후 커다란 상실감에 빠지는 경우도 많다. 이것을 '펫로스 증후군'이라고 한다. 이 그림책은 반려견을 잃은 소녀가 경험하는 펫로스 증후군을 다양한 비유와 함께, 아이의 시선에서 솔직하게 표현하고 있다.

2 상실의 복잡한 감정

상실이 보편적이고 필연적인 삶의 한 부분이라고 할지라도 상실을 반기는 사람은 별로 없다. 상실이 가지고 오는 감정은 매우 불편하기 때문이다. 그런 감정을 느끼는 것보다 오히려 상실한 것을 되찾으려고 노력하거나 다른 무언가로 빈자리를 채우는 것이 쉬운 듯하다. 하지만 그러한 노력에도 불구하고 상실을 피하거나 통제할 수는 없다. 상실을 경험하게 될 때 과연 우리는 어떤 태도와 감정을 보이게 될까?

그림책 『마음이 아플까 봐』(올리버 제퍼스, 아름다운사람들)에는 세상에 대한 호기심으로 가득한 한 소녀가 등장한다. 소녀는 새로운 사실을 발견할 때마다 기뻐했고, 항상 그 소녀를 지켜봐주는 할아버지가 있었다. 평소처럼 소녀는 고사리손으로 정성 들여 그린 그림을 보여주려고 할아버지에게 뛰어간다. 하지만 그곳에서 소녀를 기다리는 것은 빨간 빈 의자뿐. 밤이 될 때까지 그 자리에 주저앉아 달빛에 비친 빈 의자를 바라보고 있는 소녀의 복잡한 감정이 그림에서 잘 표현되고 있다.

소녀는 어떤 감정일까? 빈 의자를 보고 펑펑 울지 않는다. 우리는 그런 순간 잠시 숨을 멈추고 정지 상태가 된다. 이 상황에 어떻게 반응해야 할지 결정할 시간이 필요하다. 열심히 그린 그림을 할아버지에게 보여주려고 뛰어간 소녀. 다음 장면에서 텅 빈 의자를 마주하게 될 때 독자 또한 잠시 숨을 멈추게 될 것이다. 숨을 멈추고 정지 상태가 된다는 것은 몸의 반응이다. 어떤 사건을 경험할 때 신체는 즉각적으로 반응한다. 생각이나 감정은 그다음 문제인데, 소중한 사람을 잃었을 때 자신이 어떤 반응을 하게 될지 알고 있는 사람은 별로 없다.

예측할 수 없는 혼란스러운 감정들

상실을 경험하면 슬플 거라고 짐작하지만 사실 마주하게 되는 감정은 슬픔보다 훨씬 복잡하고 다양하다. 그림책 『무릎딱지』(샤를로트 문드리크, 한울림어린이)는 엄마를 잃은 아이의 혼란스러운 감정을 잘 보여준다. 아픈

『마음이 아플까 봐』
『무릎딱지』

엄마가 침대에 누운 채 이제는 힘들어서 안아주지도 못할 거고, 영영 떠나게 될 거라고 말하자 아이는 화가 나서 소리친다. 이렇게 빨리 가버릴 거면 나를 낳지 말지, 뭐 하러 낳았느냐고. 아이는 장난감 자동차를 발로 뻥 차기도 하고, 종일 방 안에 틀어박혀서 멍하게 있기도 하고, 웅크리고 앉아 소리 없이 울기도 한다. 엄마의 상실을 맞닥뜨린 아이가 감당하기엔 너무 복잡하고 혼란스러운 감정일 것이다.

상실은 행복하고 평범한 가정에 갑자기 찾아오기도 한다. TV 프로그램 '요즘 육아 금쪽같은 내 새끼'에서는 음주운전 차량으로 엄마를 잃은 한 가족의 안타까운 사연이 소개됐다. 벚꽃을 구경하고 돌아오던 길이었는데, 엄마는 온몸으로 둘째 아이를 지켜내고 세상을 떠났다. 공부도 잘하고 교우 관계도 좋고 아빠와도 사이가 좋았던 첫째 아이는, 엄마를 떠나보낸 이후 학교에 가지 않고 방에서 컴퓨터 게임에만 몰두하게 되었다. 누구보다도 착하고 밝았던 아이가 하루아침에 이렇게 변한 것이 안타깝고 걱정된 아빠는 아이를 어르고 달래고 때로는 협박도 해보았지만, 화장실에 갈 때 빼고는 방 밖으로 나오는 일이 없었다. 그런데 방에서 온라인 게임을 할 때는 게임 친구들과 밝은 목소리로 수다도 떨고 웃기도 했다. 어떤 날에는 큰 소리로 노래를 부르기도 했다. "너는 엄마를 생각하면 슬프지도 않니? 억울하지도 않아?" 이해할 수 없는 아이의 행동에 아빠가 울분을 터뜨려도 아이는 "많이 슬펐어요. 저도……"라고 말을 할 뿐 표정은 지나치게 덤덤했다. 아이는 자신의 감정이 너무 깊숙이 있어서 지금은 꺼내기 힘든 상황이라는 매우 이성적인 대답으로 아빠의 말문을 닫게 했다.

상실에 대한 반응은 모두 다르다

소중한 관계의 단절은 감정적 고통을 수반한다. 그림책 『무릎딱지』에서 아이는 자신을 두고 가버린 엄마에게 화가 났지만, 그런 일이 일어나게 된 상황 자체에 화가 났을 수도 있다. 엄마에게 잘해드리지 못한 죄책감과 자신의 행동에 대한 후회가 들 수도 있다. 자신이 할 수 있는 게 아무것도 없다는 무기력에 빠질 수도 있으며, 또 다른 상실이 일어날 것 같은 불안감 때문에 마음의 문을 닫아버릴 수도 있다. 또는 깊은 절망과 기나긴 슬픔의 날들을 보낼 수도 있을 것이다. 이렇듯 상실은 예측할 수 없고 하나로 설명할 수 없는 여러 감정을 일으키는데 폭풍처럼 한꺼번에 오기도 하지만, 하나씩 하나씩 천천히 오기도 한다.

상실의 원초적 감정

아이가 세상에 태어나면서 가장 먼저 느끼는 감정은 무엇일까? 엄마의 자궁은 아기에게 완벽한 환경이며, 그 안에서 아기는 대양감(The Oceanic Feeling)을 느낀다고 프로이트는 말했다. 여기서 대양감이란 어떠한 경계도 없이 완전히 하나 된 느낌을 말한다. 그러다 열 달이 차면 아기는 완벽했던 공간에서 추운 바깥세상으로 퇴출된다. 세상에 태어난 아기가 처음 느끼는 감정은 세상에 대한 호기심과 신비로움이 아니다. 탯줄이 끊긴 아기에게 자궁 안에서 느끼던 대양감은 사라지고, 아기는 첫 숨과 울음을 터트리며 죽음에 대한 공포와 두려움을 가장 먼저 느낀다. 이것이 모든 인간의 첫 번째 상실의 경험이고, 깊은 무의식에 자리하고 있는 보편적이면서도 원초적인 감정이다.

상실의 방어기제

탄생과 함께 아기는 죽음에 대한 공포와 완벽한 환경의 상실을 경험한다. 그러나 대부분은 엄마의 따뜻한 보살핌으로 다시 안정을 되찾는다. 이제 아기에게 가장 기본적이고 중요한 욕구는 엄마의 보살핌과 사랑을 받으며 편안함과 안정감을 느끼는 일일 것이다. 그런데 그 욕구를 위협하는 상실을 또다시 경험한다면 어떤 반응을 보일까.

무의식 깊숙이 자리하고 있던 감정 즉, 상실에 대한 두려움이 건드려진다. 태어나면서 상실을 경험한 우리는 모두 상실의 두려움을 갖고 있지만, 상실에 대한 반응은 다르다. 무의식에 있던 감정을 의식의 영역으로 표출할지 안 할지는 내면의 '자아'가 결정하는데, 자아의 결정은 사람마다 다르기 때문이다. 어떤 사람은 상실에 대한 감정이 너무 크고 압도적이어서 밖으로 나오지 않게 억압하기도 하고, 어떤 사람은 다른 형태로 표현해서 해소하기도 한다. 그것이 안나 프로이트가 말한 방어기제이다.

그림책 『마음이 아플까 봐』에서 소녀는 자신의 마음을 병 속에 넣는다. 감당하기 힘든 마음을 병 속에 넣어 할아버지의 부재에 대한 심리적 고통을 회피하려는 것이다. 소녀는 마음을 따로 떼어 놓고 느끼지 않으려는 '격리'라는 방어기제를 사용한다.

그림책 『무릎딱지』에서는 '부정'이라는 방어기제를 사용한다. 아이는 엄마 냄새가 없어지지 않도록 모든 문과 창문을 꼭꼭 걸어 잠근다. 현실을 부정하는 모습이다. 아이는 또 다른 방어기제인 '유머'를 사용하기도 한다. 텅 빈 집 안에 적막함과 어색함이 감도는데 아이는 그 상황에서 아빠의 질문이 바보 같다며 웃어버린다. 유머는 곤란하거나 불편한 상황에서 빠져나오기 위해 웃음이나 농담을 이용하는 방어기제이다.

방어기제는 말 그대로 감당하기 힘든 감정으로부터 자신을 지키기 위한 일시적 방패막이다. 특히 상실이라는 받아들이기 힘든 경험을 할 때 사람들이 보이는 반응은 고통으로부터 자신을 지키기 위한 방어기제일 수 있다. 그런데 사람마다 자신을 지키기 위한 방어기제가 모두 다르다. 상실에 대해 사람마다 다른 반응을 보이는 이유도 사용하는 방어기제가 다르기 때문이다.

✳ 그림책 더 보기 ✳

『나와 없어』
(키티 크라우더, 논장)
상실을 경험한 아이가 이해할 수 없는 행동을 보인다면, 지켜보는 어른들은 걱정이 많을 수밖에 없다. 그림책 겉표지에서 아이는 몸에 맞지 않는 커다란 웃옷을 입고, 장화를 신고 보이지 않는 상상의 친구와 어깨동무를 하고 있다. 아이는 엄마의 부재와 외로움을 견디기 위해 상상의 친구와 대화를 하고, 알 수 없는 행동을 한다. 하지만 아내를 잃고 슬픔에 빠진 아빠는 아이에게 아무것도 해주지 못한다. 아이와 아빠는 어떻게 치유되고 회복될 수 있을까?

『달을 삼킨 코뿔소』
(김세진, 모래알)

엄마 코뿔소는 초원에서 폴짝폴짝 잘도 뛰어다니는 아기 코뿔소를 보는 것이 행복했다. 하지만 초원에 많은 비가 내리던 어느 날, 거친 물살에 아기 코뿔소가 사라지고 만다. 매일 아기 코뿔소를 찾아 헤맨 엄마 코뿔소는 절망한다. 아기를 잃은 엄마 코뿔소의 절망감, 분노, 비통함, 그리움과 같은 상실의 여러 감정을 생생하게 표현하고 있다.

『망가진 정원』
(브라이언 라이스, 밝은미래)

에번은 뭐든지 멍멍이와 함께했다. 그렇게 멍멍이와 즐겁고 행복한 시간을 보내던 에번에게 생각지도 못한 상실이 다가왔다. 정원 한구석에 멍멍이를 묻은 후, 모든 것이 달라졌다. 멍멍이와 함께 가꾸던 정원은 이제 뾰족하고 까끌까끌한 잡초로 가득하다. 세상에서 가장 행복했던 곳이, 세상에서 가

장 쓸쓸한 곳으로 바뀌어 버렸다. 상실로 인한 에번의 슬픔, 분노, 절망감과 같은 혼란스러운 감정이 '망가진 정원'으로 잘 표현된 그림책이다.

상실을 받아들이는 단계 3

스위스 출신의 정신과 의사이자 호스피스 운동의 선구자로 알려진 엘리자베스 퀴블러 로스는 죽음을 앞둔 환자들과의 인터뷰와 연구를 통해 사람들이 상실과 죽음을 경험할 때 거치는 정서적 과정을 다섯 단계로 정리했다. 다섯 단계에 대해 아는 것만으로도 상실과 함께 찾아오는 혼란스러운 감정을 이해하는 데 큰 도움이 될 수 있다. 다만, 모든 사람이 동일한 순서나 속도로 각 단계를 경험하지는 않으며, 때로는 어떤 단계에 계속 머무르기도 하고 앞 단계로 되돌아가기도 한다.

"상실을 받아들일 수 없어" (부정 단계)

상실의 첫 단계로, 현실을 받아들이기 어려워하며, 발생한 사건을 부인하려고 한다. 모든 것이 꿈이라고 생각하기도 한다. 이 단계에서는 감정이

『이젠 안녕』

마비되는 것처럼 느낄 수 있다.

그림책 『이젠 안녕』(마거릿 와일드, 책과콩나무)에서 해리는 아빠와 강아지와 함께 산다. 해리와 아빠가 강아지를 처음 만났을 때 강아지는 메뚜기처럼 폴짝폴짝 뛰어 해리에게 안겼다. 어느 날 학교에서 돌아온 해리는 뭔가 이상한 느낌이 들었다. 얼른 달려와 멍멍 짖고, 슥슥 핥아주던 강아지가 보이지 않았다. 아빠에게 강아지의 사고 소식을 들은 해리는 소리친다. "거짓말!" 그날 밤 해리는 소파에 웅크린 채 강아지를 기다린다.

부정은 감당하기 힘든 현실에서 자신을 보호하고, 충격을 완화해주는 역할을 한다. 이 단계에서는 힘든 감정을 느끼기보다는 잠시 부정하면서 당장 처리해야 할 일을 할 수 있다. 해리는 감당하기 어려운 현실을 부인함으로써 가장 힘든 첫날 밤을 소파에서 보낼 수 있었다.

"왜 이런 일이 나에게!" (분노 단계)

상실을 서서히 받아들이기 시작하면, 분노를 느낀다. 이 분노는 상실한 대상, 타인, 심지어 자기 자신을 향할 수 있으며, 상황을 통제할 수 없었던 사

『너무 보고 싶어』

실에 분노하기도 한다.

그림책 『너무 보고 싶어』(아이세 보쎄, 북뱅크)는 상실을 경험한 곰이 온갖 감정을 느끼는 모습을 잘 그려내고 있다. "왜 죽어야 하는데?", "계속 살아 있으면 안 돼?", "여기 자리도 많잖아!"라고 소리치며 분노하기도 한다. 특히 화가 치밀면 커다란 양동이에 대고 "이 바보 똥개야, 이 멍청이야" 하고 큰 소리로 울분을 쏟아내는 장면은, 상실 후 느끼는 분노를 건강하게 풀어내는 모습을 잘 보여준다.

우리 사회는 분노를 허용하지 않고 억압하는 경향이 있다. 상실을 경험한 사람이 분노를 표현하는 것을 주위 사람들이 이해해주지 못하거나, 본인 스스로 억압하는 경우가 많다. 하지만 분노 또한 상실 후 따라오는 당연하고 자연스러운 감정이다. 하루아침에 사랑하는 대상을 떠나보냈는데 분노하지 않을 수 없다.

"이번만 용서해준다면..."(타협 단계)

분노해봤지만 변하지 않는 현실 앞에서, 상실을 피할 다른 방법을 찾기 위해 꺼내는 카드는 타협이다. '이번만 용서해준다면~', '이제부터 내가 이렇게 한다면~'과 같은 생각으로 떠난 대상 또는 신과 협상하고자 한다.

그림책 『청소기에 갇힌 파리 한 마리』(멜라니 와트, 여유당)는 '슬픔을 받아들이는 마음의 5단계'라는 부제를 갖고 있다. 작은 파리 한 마리에게 닥친 힘든 현실 앞에서 파리가 느낀 마음의 과정을 단계별로 재미있게 그려낸 그림책이다. 특히 청소기에 갇혀버린 파리가 현재 상황을 어떻게든 바꿀 수 있기를 바라며 청소기와 타협을 시도하는 부분이 재치 있게 그려졌다.

타협 단계에서는 상실 이전의 태도를 깊게 반성하며 죄책감을 느낄 수 있다. 사람들은 이 과정에서 떠난 대상을 이해하게 되고, 자신의 가치관이나 인생의 목표 등을 재평가하는 기회를 얻기도 한다.

"세상이 무너지는 것 같아"(우울 단계)

상실을 피할 수 없고, 되돌릴 수 없는 현실이라는 것을 인정하게 되면, 깊은 슬픔과 우울이 찾아온다. 부정, 분노, 자책을 다 걷어내고 나면 아무것도 할 수 없는 연약한 자신을 만나게 된다. 상실이 가져온 빈자리와 결핍을 실감하는 단계이다.

『슬픔을 건너다』(홍승연, 달그림)는 그림 한 장 한 장마다 깊은 우울과 절망의 감정을 섬세하게 담아낸 그림책이다. 한 발짝도 앞으로 갈 수 없는 절벽과 끝을 알 수 없는 깊은 구덩이는 상실을 경험하고, 상처받고, 달리 무엇도 할 수 없는 주인공의 감정을 세밀하게 묘사하고 있다. 우울의 단계는 끝을 알 수 없는 가장 길고 견디기 힘든 단계이다. 우울과 슬픔은 상실을 직면한 사람에게 찾아오는 너무나 자연스러운 감정이며, 터져 나오는 울음은 상

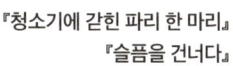
『청소기에 갇힌 파리 한 마리』
『슬픔을 건너다』

처를 치유하는 약이기도 하다. 이때 느끼는 감정은 단순한 슬픔이 아니라, 삶의 이유와 자신의 존재에 대한 의문을 제기하게 되는 비탄의 감정이다.

"영원히 기억할게" (수용 단계)

마지막으로, 우울 단계를 지나 상실을 현실로 받아들이고, 상실과 함께 살아가는 법을 배우는 수용 단계가 온다. 상실은 여전히 슬프지만, 그것과 함께 살아가는 새로운 일상을 찾게 된다.

그림책 『사랑한다고 말하고 싶었는데』(장프랑수아 세네샬, 위즈덤하우스)에서 할머니 여우는 어린 여우에게 따뜻한 미소와 사랑을 가르쳐준 소중한 존재였다. 어린 여우는 할머니와의 이별을 믿을 수가 없었다. 어린 여우는 할머니를 찾아 헤매다 숲에서 거센 비바람을 맞게 된다. 비가 그친 후, 흐르는 강물을 가만히 바라보던 어린 여우는 흐르는 강물은 붙잡을 수 없다는 것을 알게 된다. 해는 다시 뜨고 새는 다시 노래한다. 어린 여우는 돌아와 할머니에게 편지를 쓴다. 할머니가 읽을 수 없다는 걸 알지만 그래도 할머니에게 꼭 하고 싶었던 말을 편지에 쓴다.

『사랑한다고 말하고 싶었는데』

수용은 고통을 수반한 성장 과정이며, 앞 단계에서 느꼈던 감정들이 수시로 다시 찾아오는 단계이기도 하다. 다만 모든 것을 있는 그대로 받아들이게 되는 단계이다.

✳ 그림책 더 보기 ✳

『전학 가는 날』(김선정, 길벗어린이)
전학 가는 날, 맨날 가던 학교인데 마지막이라고 생각하니 지호의 기분이 이상하다. 친구들과 선생님은 평소와 다를 바가 없는데, 지호는 화가 나고 서운하다. 이 날 따라 시간이 금방 지나가고, 친구들과 마지막 인사를 나눌 때는 가슴이 울렁거린다. 전학이라는 사건을 통해 아이가 경험하는 이별에 대한 여러 감정의 변화를 함께 느껴볼 수 있는 그림책이다.

『엄마가 유령이 되었어!』(노부미, 길벗어린이)
사고로 유령이 된 엄마가 다섯 살 된 아들을 찾아가는 이야기로 시작한다. "나, 죽은 거야? 어휴! 죽을 때까지 이렇게 덤벙댄다니까!" 엄마의 첫마디는 다소 무겁고 슬픈 주제를 유머러스하게 접근하게 해준다. 밤 열두 시가 지나자 아이의 눈에 유령 엄마의 모습이 보이고, 엄마와 아이는 못다 한 이야기를 나눈다. 유령 엄마와의 만남을 통해 아이는 엄마의 사랑을 확인하고, 상실을 받아들이게 된다.

『아이다, 언제나 너와 함께』(캐론 레비스, 우리동네책공장)
뉴욕 센트럴 파크 동물원에 함께 살던 북극곰 두 마리의 아름답고 슬픈 이야기를 감동적으로 그려냈다. 도시 한복판에 있는 동물원에서 둘은 서로의 안전기지였지만, 이들에게 이별이 찾아왔다. 이별 앞에서 둘은 분노하고, 슬퍼하고, 두려움을 함께 이야기한다. 이 책은 우리에게 소중한 것을 잃는 아픔과 이별의 고통을 수용하는 지혜를 보여준다. 예정된 이별 앞에서 우리가 할 수 있는 일이 무엇일지 생각해보게 하는 그림책이다.

4 슬픔을 깊이 느끼다, 애도

인간의 삶이 완벽할 수 없기에 누구에게나 상실은 찾아온다. 숨은 들어왔다가 곧바로 나가고, 하루는 24시간 만에 끝난다. 상실을 삶으로 받아들이고, 새로운 삶에 적응해가는 과정을 애도라고 한다. 애도(哀悼)는 '슬픔을 깊이 느끼다'라는 의미지만 일반적으로는 '사별로 인한 상실을 받아들이고 일상생활로 복귀하는 과정'의 의미로 사용된다. 엘리자베스 퀴블러 로스가 알려준 상실의 다섯 단계를 애도 과정으로 볼 수도 있다. 그러나 진정한 애도는 상실에 따른 자동적인 감정 반응과는 다르다. 자신에게 온 상실을 직면하고 수용하며, 새로운 삶에 적응해가는 의식적이고 능동적인 과정이라고 할 수 있다.

애도하지 못한 상실

그림책 『철사 코끼리』(고정순, 만만한책방)의 소년은 항상 곁에서 든든하게 자신을 지켜주던 소중한 코끼리를 잃게 된다. 하지만 마음으로는 떠나보내지 못하고 철사로 코끼리를 만들어서 예전처럼 함께 다닌다. 철사 코끼리를 끌고 돌산을 오르려니 무척 힘이 들고, 손에는 상처가 가득하다. 그러나 소년은 아무렇지 않다는 듯 철사 코끼리를 끌고 다닌다. 상실을 경험했지만, 현실을 제대로 받아들이지 못하고 상실에 따른 마음의 고통도 처리하지 못한 채 하루하루를 살아가는 소년. 이는 커다란 상실을 제대로 애도하지 못한 채 상처투성이로 살아가는 우리의 모습과 닮은 것 같다.

애도는 어떻게 하는 걸까

상실을 경험한 사람은 관심과 에너지를 다른 사람에게 돌리거나 다른 활동에 몰두함으로써 슬픔을 잊으려고 할 수 있다. 이는 슬픔이나 고통을 직면하기 어려울 때 사용하는 '대치'라고 하는 방어기제이다. 소년이 상실의 고통에서 벗어나기 위해 철사로 코끼리를 만들어 그 고통을 대신한 것처럼, 이별의 아픔을 게임이나 술로 잊으려고 하는 사람도 있다. 그러나 방

『철사 코끼리』

어기제는 근본적인 상실감을 해결하지 못한다.

상실로 인해 힘들어하는 사람에게 필요한 것은 의식적인 애도의 시간이며, 자신이 상실의 모든 단계를 통과하는 중이라는 것을 알아차리는 일이다. 복잡하게 엉킨 실타래처럼 가슴속에 뭉쳐 있던 감정이 하나하나 밖으로 나오는 것을 알아봐주는 작업이다. 이때, 느끼면 안 되는 감정이란 그 어떤 것도 없다. 자신에게 일어나는 모든 것을 알아차리고, 자신을 통과하도록 허용할 때 애도는 다음과 같은 순기능을 한다.

| 현실 수용과 개인적 성장 |

애도는 현실을 수용하는 과정이다. 프로이트는 '애도의 마지막 단계는 과거는 과거로 흘려보내고 현재를 받아들이는 것'이라고 했다. 소중한 대상이 이제 없는, 텅 빈 것 같은 세상에서 살아가야 한다는 것을 받아들이는 과정이다.

『설탕 한 컵』(존 J. 무스, 달리)은 죽음과 상실에 관한 불교 우화를 각색한 그림책이다. 세상에 둘도 없던 반려묘를 잃은 주인공 애디는 고양이를 되살리고자 스틸워터를 찾아가 간절히 부탁한다. 스틸워터는 '아무도 죽지 않은 집'에서 설탕을 구해 오라고 했지만, 애디가 가는 집은 모두 상실의 경험이 있었다.

『설탕 한 컵』

결국, 설탕을 구하지 못한 애디는 '아무도 죽지 않은 집'은 세상 어디에도 없다는 사실과 상실의 아픔을 모두 갖고 있다는 사실을 깨닫는다.

상실을 수용한다는 것은 고통에 마음을 여는 일이다. 그것은 세상에 대해 기존에 갖고 있던 완고한 틀을 깨는 고통이다. 고통 속에서 인간은 언제든 상처받을 수 있는 취약한 존재임을 깨닫게 된다. 그리고 언제나 함께하리라 생각했던 대상이 하루아침에 사라질 수 있다는 사실과 이 세상은 완전하지 않다는 사실을 받아들이게 된다. 이는 삶에 대한 통찰을 갖게 해주는 성장의 기회가 될 수 있다.

| 정서적 치유 |

애도는 상실로 인해 겪게 되는 복잡하고 강렬한 감정을 의식의 영역에서 자각하고 표현하는 과정이다. 상실을 겪는 사람은 두려움, 슬픔, 절망 등의 감정을 감추려고 한다. 그러나 이러한 어두운 감정을 계속 부정하고 회피하면 더 깊은 우울감에 빠지게 된다. 현대 의학에서는 상실로 인해 우울해진 상태마저도 우울증으로 진단한다. 그러나 심리학자 칼 융은 '우울은 질병이 아니라, 무의식이 보내는 메시지다'라고 했다. 우리는 무의식이 보내는 메시

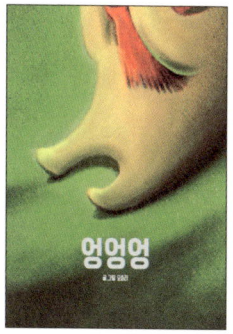

『엉엉엉』

지를 '수신 거부' 할 것이 아니라, 잘 '수신'하고 읽어줘야 한다.

　그림책 『엉엉엉』(오소리, 이야기꽃)의 뒤표지에는 다음과 같은 글이 쓰여 있다. "엉엉엉, 엉엉엉! 어디선가 자꾸 울음소리가 들려 힘든 적 있나요? 쉿! 가만히 귀 기울여 보세요. 어쩌면 내 맘 깊은 곳에서 누군가 울고 있는지도 모르니까요." 모든 일에 짜증이 나고 화가 나던 주인공 곰쥐 씨는 어디선가 들리는 울음소리를 따라가 보았다. 그곳에서 곰쥐 씨는 오래된 슬픔을 만난다. 이 그림책은 마음이 힘든 독자에게 마음의 소리에 귀 기울여 보라고 얘기한다.

　내면의 소리를 듣는다는 것은 매우 힘든 작업이다. 그것은 어두운 감정과 대면하는 일이다. 이때 눈물은 정서적 치유를 일으킨다. 내면에 있던 상처와 아픔이 드러날 때 눈물은 상처와 아픔을 씻어주는 역할을 한다. 엘리자베스 퀴블러 로스가 "30분 동안 울어야 할 울음을 20분 만에 그치지 말라. 눈물이 전부 빠져나오게 두어라"라고 말했듯이 상실을 경험한 사람에게는 마음껏 울 용기가 필요하다. 우리는 '엉엉' 우는 것은 나쁘다고 배웠다. 하지만 우리가 배운 것과 달리 눈물을 참으면 오히려 독이 되고, 눈물을 흘리는 것은 스트레스 호르몬을 배출시키고, 면역력을 증가시키며, 심신안정에 효과가 있다고 한다. 슬픔을 깊이 느끼는 애도의 시간은 얼어붙은 마음을 녹여주고 정서적 치유를 돕는다.

　『네가 분수가 된 것처럼 펑펑 울어 버린다면』(노에미 볼라, 웅진주니어)은 분수처럼 울어버리는 주인공의 재미있는 스토리와 그림 묘사를 통해 울음에 대한 편견을 깨주는 그림책이다. 울어서 나쁜 건 조금도 없다고, 눈물은 어디서나 통하며 오히려 말보다 더 나을 때도 있다고 말해준다.

| 사회적 지원과 연결 |

애도는 종종 친구, 가족, 공동체와의 연결을 강화해준다. 슬픔을 공유할 때 사람들은 더 가까워지고, 서로의 마음을 이해하고 지지해줄 기회를 얻는다. 전통적인 장례식과 추모 행사가 애도 과정에서 중요한데, 이런 문화는 고인을 기억하고, 고인과의 관계를 재정립하고, 공동체 안에서 소속감을 느낄 수 있게 해주기 때문이다.

그림책『기억 상자』(조애너 롤랜드, 보물창고)의 주인공은 사랑하는 사람을 떠나보낸 후, 자신이 슬픔, 두려움, 그리움과 같은 감정을 느낀다는 것을 안다. 그리고 떠난 대상과의 추억이 담긴 물건들을 보관하고, 언제든 열어볼 수 있는 '기억 상자'를 만든다. '기억 상자' 안에 든 물건을 가족들과 함께 보면서 즐거웠던 순간을 떠올리고, 그리움을 함께 나누며 서로의 마음을 안아주는 시간을 갖는다.

애도의 시간은 가족 또는 공동체를 하나로 연결하는 기회를 준다. 진정한 공감을 통한 연결은 완전하지 않은 세상에 대한 두려움을 극복하고 다시 한번 살아볼 용기를 내게 해준다. 그렇게 상처는 회복되고, 공동체는 단단해진다.

『기억 상자』

애도가 필요한 우리

상실의 대상이 다양하듯 모든 상실에 대해 애도할 수 있다. 이혼이나 펫로스, 직장 또는 건강 상실도 애도의 대상이다. 그러나 우리는 다양한 상실을 상실로 받아들이지 않고, 애도하지 못한다. 혹여나 상실로 인해 힘들어하는 사람이 있다고 하더라도 "빨리 잊어버려", "얼른 훌훌 털어버려"라는 말로 성급한 위로를 한다. 이는 우리가 상실의 슬픔과 고통을 진정으로 공감하고, 충분한 애도의 시간을 주는 데 서툴다는 뜻이다. 하지만 모든 감정에는 이유가 있고 알아주어야 할 가치가 있다. 애도는 무의식에 간직해 온 감정을 표현하여 풀어내는 기회이며, 삶의 밝음과 어둠, 기쁨과 슬픔에 대한 통찰의 시간이 될 것이다. 또한, 사회적 지원과 연결을 통해 더불어 살아가는 힘을 키우며 더욱 성숙한 사회가 되도록 할 것이다.

그림책 『슬픔의 모험』(곤도 구미코, 여유당)에서 글은 단 두 문장뿐이다. 대신 섬세하면서도 강렬하게 표현된 그림은 강아지를 잃은 주인공의 슬픔과 모든 감정의 변화를 글보다 더 잘 보여준다.

그림책 『노란 달이 뜰 거야』(전주영, 이야기꽃)의 면지에는 언뜻 보면 노란 리본 같기도 한 노란 나비가 잔뜩 그려져 있다. 방 안의 달력은 2014년 4월에 멈춰 있고, 소녀의 아빠는 오늘도 집에 돌아오지 않는다. 소녀는 나비를 그린다. 어느 날, 소녀는 자신이 그린 노란 나비를 따라간다. 노란 나비를 따라가는 길에는 아빠와의 추억이 가득하다. 노란 나비는 점점 많아져서 노란 달이 되고, 밝게 빛나는 달빛이 소녀의 방을 채운다. 소녀는 이제 무섭지 않다.

2014년 4월 16일은 세월호 참사가 있던 날이다. 작가는 이 그림책을 통해 그날이 잊히지 않기를, 소중한 누군가를 그리워하는 사람들에게 따뜻

『슬픔의 모험』

한 위로가 전해지기를 바란다고 했다. 상실을 주제로 한 많은 그림책을 통해 우리 사회의 커다란 상실을 함께 애도할 수 있을 것이다.

✻ 그림책 더 보기 ✻

『올챙이』(맷 제임스, 원더박스)
소년은 이제 아빠와 함께 살지 않는다. 아빠가 다른 집으로 이사 가던 날, 소년은 분노했고 아빠가 자기를 사랑하지 않을까 봐 두려웠다. 부모의 이혼은 아이들에게 큰 혼란과 슬픔을 가져다준다. 하지만 부모의 변치 않는 사랑을 받은 아이들은, 올챙이가 개구리로 성장하듯 새롭고 낯선 환경도 잘 받아들이며 더 큰 성장을 할 수 있을 것이다.

『슬픔이 찾아와도 괜찮아』(에바 엘란트, 현암주니어)
어른들조차 어떻게 다루어야 할지 잘 모르는 감정을 주제로 했다. 어느 날 낯선 손님, 슬픔이 찾아와서 아이의 주변을 맴돌고, 아이를 답답하게 만든다. 숨기려 해도 숨겨지지 않는 슬픔에게 아이는 말을 걸고, 귀를 기울이고, 함께 산책도 한다. 작가는 그림책을 통해 슬픔은 자연스러운 감정이며, 슬픔이 찾아올 땐 한 번 안아주라고 얘기한다.

『천 개의 바람 천 개의 첼로』(이세 히데코, 천개의바람)
강아지를 잃은 소년과 새를 떠나보낸 소녀와 자연재해로 모든 것을 잃어버린 할아버지가 등장한다. 이들은 천 명의 사람들과 모여 함께 첼로를 연주한다. 사람들의 이야기는 다 다르지만, 천 개의 소리는 하나의 마음이 되어 각자 또 같이 슬픔을 달래고, 상실을 함께 애도한다.

상실이 주고 간 선물 5

상실을 받아들이면 인간의 삶이 얼마나 완벽하지 않은지를 받아들이게 된다. 그것은 머리가 아닌 가슴으로 느끼는 깨달음이다. 상실한 대상, 떠나보낼 수 없는 그 대상에게 기대했던 자신의 마음을 알게 되고, 자신의 취약함과 연약함과도 직면하게 된다. 자신이 정말로 갈망하던 것이 무엇인지, 가장 두려워하는 것이 무엇인지 그 정체가 드러난다. 그리고 이제는 대상에게 기대했던 마음을 점차 거두고 마침내 홀로서기가 가능한 날이 오게 된다.

놓아버림

그림책 『구름을 키우는 방법』(테리 펜, 북극곰)에서 리지는 구름을 입양하고 정성껏 돌본다. 그럴수록 구름은 점점 커지고 예상하지 못한 일이 벌어진다. 구름을 입양한 것은 소중한 만남이다. 정성껏 돌보는 마음은 사랑이다. 하지만 영원하길 바랐던 관계는 예상하지 못했던 일을 겪게 되고, 리지는 선택의 순간에 놓이게 된다. 리지가 할 수 있는 일은 구름을 계속 잡고 있거나 놓아버리거나 둘 중 하나이다. 이 그림책은 반려 구름이라는 판타지를 통해 만남, 사랑, 헤어짐에 대한 이야기를 따뜻하게 그리고 있다.

'놓아버림'은 세계적인 영적 스승이라고 불리는 데이비드 호킨스 박사의 책 제목이기도 하다. 이 책은 '놓아버림'이라는 기제를 통해 모든 힘든 감정을 다룰 수 있다고 얘기한다. "우리 대부분은 비탄을 억제해 품고 있다. 사람들은 자기가 억제한 비탄의 양에 두려움을 느끼며, 그 비탄은 수년을 갈 수도 있다. 영적 수행이란 일이 생기는 대로 끊임없이 놓아버리는 자발성이다. 만사를 통제하고 싶은 바람을 항복하는 자발성, 만사를 바꾸어 자기 좋을 대로 하고 싶은 바람을 항복하는 자발성이다." 호킨스 박사는 상실과 함께 오는 고통스러운 감정을 느끼지 않으려는 저항을 놓아버릴 수 있으면 상실에 대한 면역이 생긴다고 했다. 놓아버린다는 것은 고통스러운 감정에 끌려다니는 수동적인 자세가 아니다. 자신의 감정에 대응하는 자발적이고 적극적인 선택이다.

『구름을 키우는 방법』

그림책 『철사 코끼리』에서 소년은 어떻게 됐을까? 여전히 철사로 만든 코끼리를 끌고 다니며 슬픔을 거부하고 있을까? 소년은 철사 코끼리를 떠나보내기로 마음먹는다. 소년이 무거운 철사 코끼리를 떠나보내는 장면은 꼭 그림책을 통해 확인해보길 바란다. 이것이 진정한 놓아버림이며 비로소 소년은 상실의 두려움에서 벗어난다.

그리움

상실의 두려움에서 벗어난다는 것은 모든 아픔을 극복한다거나 상실한 대상을 마음에서 지워버린다는 의미가 아니다. 떠나간 사람을 생각하면 여전히 마음이 아프다. 함께했던 시간이 사무치게 그립다. 하지만 과거의 시간에 메여 후회와 분노, 슬픔에만 머물러 있는 것이 아니라 떠오른 감정은 계속 흘려보내면서 함께했던 소중한 시간에 감사하고, 대상이 남겨준 사랑을 가슴으로 느끼게 된다. 폭풍같이 몰아치던 아픔과 서러움은 잦아들고 그리움, 사무침, 사랑과 같은 감정은 잔잔하게 남는다.

『사랑하는 당신』

그림책 『사랑하는 당신』(고은경, 곰세마리)은 할머니를 먼저 떠나보내고, 일흔이 넘어 서툴게 살림을 하며 새로운 삶에 적응해가는 할아버지 이야기이다. 가족과 함께하는 밥 한 끼가 얼마나 소중한지 뒤늦게 깨달은 데 대한 후회와 불 꺼진 집에 들어갈 때 느끼는 쓸쓸함 등 상실의 감정이 잘 표현되어 있다. 홀로 남겨진 할아버지는 할머니가 남겨놓은 레시피를 보며 요리를 하고 할머니가 아끼던 화분에 물을 주면서 할머니를 기억한다. 이제 할아버지는 할머니가 없는 세상에 남겨진 이유와 자신에게 주어진 삶의 의미를 찾아 새로운 인생을 산다. 그리고 할머니의 빈자리는 할머니의 사랑으로 채우겠노라 약속한다.

슬픔 속에서 찾은 가치

철학자 쇼펜하우어는 '인생은 고통의 연속'이라고 했다. '힘들지 않아야 한다는 욕망', '영원한 행복에 대한 집착'을 품고 있는 한 고통은 끝나지 않을 거라고 주장했다. 그러나 상실을 경험하고 깊은 슬픔을 통과해본 사람은 인내심을 배우고, 헛된 집착을 내려놓게 된다. 슬픔은, 평소에는 잘 살펴보지 않았던 내면을 깊이 들여다보게 함으로써 자신에 대한 이해를 높이고, 타인의 슬픔에 진정한 연민을 느끼게 만든다. 더 중요한 점은 내면 깊은 곳에 자리 잡고 있던 것, 자신이 진정으로 지키고 싶었던 가치를 발견하게 된다는 것이다. 이렇게 발견된 가치는 삶의 원동력이 되어 줄 뿐만 아니라 앞으로 나아가야 할 삶의 방향을 안내해주는 등대와 같은 역할을 할 것이다.

『엄마에게』(서진선, 보림)는 한국전쟁으로 가족과 헤어져 평생 가족을 그리워했던 장기려 박사와 그의 둘째 아들 이야기를 바탕으로 만들어진 그림책이다. 두 달만 있다가 봄이 되면 고향에 갈 거라고 했던 아빠와 아들은 휴전선이 생기고 다시 고향으로 가지 못했다. '바보 의사', '한국의 슈바이처'라고 불리던 장기려 박사는 가족에 대한 그리움과 사랑을 한평생 환자를 돌보는 삶으로 실현했다. 약값은커녕 밥 먹을 돈도 없다는 환자에게 '닭 두 마리 값'을 처방했다는 이야기, 길에서 만난 거지에게 월급으로 받은 수표를 주었다는 이야기 등 장기려 박사에 대한 미담과 장기려 박사가 우리나라 의료계에 세운 업적은 수도 없이 많다. 이렇듯 상실로 인한 아픔은, 남은 삶을 더 가치 있게 살 수 있게 하고, 더 큰 가치로 승화될 수 있다.

메멘토 모리

상실은 인생이라는 학교의 필수 과목이라고 한다. 언젠가는 모두가 거쳐야 할 관문임이 틀림없다. 이 과목의 가르침은 결국 '메멘토 모리', 죽음을 기억하라. 삶과 죽음은 처음부터 함께 있었다.

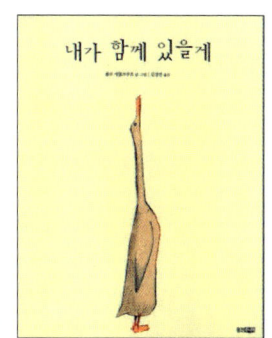

『내가 함께 있을게』

『하루살이가 만난 내일』

그림책 『내가 함께 있을게』(볼프 에를브루흐, 웅진주니어)에서 오리는 언제부턴가 누군가 자신을 따라온다는 느낌이 들어 뒤를 돌아보았다. 죽음이었다. 놀란 오리가 지금 자신을 데리러 온 거냐고 죽음에게 묻자, 만약을 대비해 그동안 죽 오리 곁에 있었다고 친절하게 말해준다.

그림책 『나는 죽음이에요』(엘리자베스 헬란 라슨, 마루벌)에서도 죽음이 등장한다. 죽음은 어느 때나, 누구에게나 찾아갈 수 있으며, 죽음이 있기에 이 땅의 모든 새로운 생명의 자리를 마련할 수 있는 거라고 얘기한다. 삶과 죽음과 사랑은 모두 하나라는 진실을 알려주는, 따뜻하면서도 철학적인 가르침을 주는 그림책이다.

죽음을 기억하는 것은 때때로 불편하고 슬픈 일일 수 있지만, 실제로 우리 삶을 더욱 풍요롭게 한다. 죽음을 기억하는 사람은 하루하루의 소중함을 안다. 참된 행복의 의미에 대해 진지하게 고민하고, 헛된 욕망보다는 진정한 가치를 추구하려고 한다. 그뿐만 아니라 자신의 삶에 책임을 지고, 사랑과 열정을 더 많이 표현하기 위해 노력한다.

그림책 『하루살이가 만난 내일』(나현정, 글로연)은 '내일'을 알고 싶은 하루살이의 치열한 하루를 통해, 삶의 순간순간을 소중히 여기고 죽음을 자연스러운 삶의 일부로 받아들이는 방법을 보여준다. 유한하기 때문에 삶이 아름답고, 끝이 있기 때문에 삶을 더 사랑할 수 있다는 메시지를 담고 있다. 이 그림책은 내용뿐만 아니라 그림과 타이포그래피를 통해서 삶과 죽음에 대한 메시지를 더욱 아름답게 표현했다.

『사라지는 것들』

사라지지 않는 것

헬렌 켈러는 '우리가 한때 즐기고 깊이 사랑했던 것을 우리는 결코 잃을 수 없으며, 우리가 깊이 사랑하는 모든 것은 우리의 일부가 된다'고 했다. 소중했던 대상은 지금 옆에 없지만, 모든 것이 사라지는 것은 아니다.

2020 프랑스 아동문학상 수상작 『사라지는 것들』(베아트리체 알레마냐, 비룡소)에서 작가는 '모든 것이 떠나가 버리고 만다고 생각하는 이들에게'라는 메시지를 면지에 남겼다. 작가는 아주 독창적인 방법으로 왔다가 사라져버리는 것들에 대해 실감 나게 표현했다. 무릎에 난 작은 상처도 어느새 사라지고, 눈물도 이내 사라진다. 결국, 모든 것은 지나가고 사라진다는 사실을 독특하고 아름답게 표현해냈다. 하지만 단 하나, 절대 사라지지 않고 영원히 남는 것이 있다는 것도 알려준다.

책 『이어령의 마지막 수업』에 이런 구절이 있다. '지금도 보면 눈물이 핑 도는 것은 죽음이나 슬픔이 아니라네. 그때 그 말을 못 한 거야.' 그 말을 못 한 후회. 이제 더는 그 말을 못 하는 아쉬움. 상실을 경험한 사람들이 가장 가슴 아파하는 것. 그토록 사무치게 그리워하는 그 대상이 우리에게 남겨준 것이 있다. 사랑이다. 상실은 아픔을 주지만 동시에 사랑을 가르쳐준다. 그것이 상실을 잘 받아들이고, 끈기 있게 애도해야 하는 이유이다. 진정한 애도를 통해서만이 우리는 진정한 사랑을 배우고, 가치 있는 삶을 만들어갈 것이다.

✷ 그림책 더 보기 ✷

『코딱지 할아버지』(신순재, 책읽는곰)
민이와 할아버지는 진짜 좋아하는 사이라서 둘만 아는 비밀이 많다. 할아버지는 흔들리는 이가 빠지면 곧 새 이가 나온다는 이야기를 해주며, 좋아하는 것과 헤어지는 것이 끝이 아니라고 얘기한다. 민이는 할아버지의 사랑과 지혜를 통해 이별이 삶의 자연스러운 일부라는 것을 받아들이게 된다.

『손톱』(유청, 달그림)
갑작스러운 사고로 이별을 경험하게 된 아빠와 딸의 이야기를 다룬다. 아이는 엄마의 흔적을 붙잡으려 노력해보지만, 결국 상실의 아픔을 직면하게 된다. 아이를 위해 먼저 기운을 차린 아빠는, 서툴지만 머리 묶는 법도 배우고 고장 난 인형도 고쳐준다. 그렇게 아이와 아빠는 엄마의 빈자리를 채우며 조금씩 조금씩 일상을 회복해간다. 엄마는 곁에 없지만, 엄마를 향한 마음이 사라지는 것은 아니라는 진실을 깨닫는다.

『다시 만날 수 있을까요?』(미야우치 후키코, 천개의바람)
매년 봄이면 아름다운 벚꽃이 활짝 핀다. 하지만 화려했던 꽃은 이내 흔적도 없이 지고 만다. 그림책에서 나그네는 지지 않는 꽃도 있느냐고 벚나무에게 묻는다. 벚나무는 한 번 핀 꽃은 반드시 진다고 대답한다. 그러면 다시 만날 수 있느냐고 나그네가 묻자, 생명은 돌고 도는 것이라고 벚나무는 대답한다. 만남은 이별로 이어지고, 이별은 또다시 새로운 만남으로 이어진다. 삶은 유한하지만, 생명은 순환한다. 그렇게 두 생명은 긴 세월 돌고 돌아 다시 만나게 된다. 작가는 나그네와 벚나무의 짧은 만남과 헤어짐을 통해, 만남은 영원할 수 없지만 헤어짐이 완전한 끝은 아니라고 얘기한다.

5
질투와
시기

장미혜

사랑의 그림자, 질투

1

질투심 안에 들어 있는 다양한 감정

최근 깻잎 논쟁, 패딩 논쟁, 카풀 논쟁이 유행이다. 애인이 친구와 함께하는 식사 자리에서 깻잎을 떼어주는 모습을 본다면, 패딩 지퍼를 올려준다면, 이성 직장 동료와 카풀을 한다면 이해할 수 있는지를 묻는 것이다. 이러한 논쟁은 질투심을 테스트할 때 쓰인다. 이처럼 '질투'는 논쟁이 생길 정도로 일상에서 누구나 느낄 수 있는 자연스러운 감정이다.

    2022년 화제가 된 장기하의 노래 〈부럽지가 않어〉에는 '야 너네 자랑하고 싶은 거 있으면 얼마든지 해 난 괜찮어. 왜냐면 나는 부럽지가 않어'라는 노랫말이 나온다. 과연 노랫말 속 화자는 정말 부럽지 않은 것일까? 아니면 부러운 마음을 들키고 싶지 않아 반대로 표현한 것일까? 화자는 '부럽지가 않어'라고 말하지만, 청자에게는 부러워하는 감정을 인정하고 싶지 않은 반어법처럼 들린다.

질투는 나도 모르는 사이에 내 안에서 생겨나는 감정이다. 무의식에 억압되었던 질투심이 생기면 그런 나의 모습을 인정하기 싫고, 타인에게 들키고 싶지 않은 마음이다. 질투(嫉妬)는 표준국어대사전에 '부부 사이나 사랑하는 이성 사이에서 상대되는 이성이 다른 이성을 좋아할 때 지나치게 시기함'이라고 정의하고 있다. 정의에서도 알 수 있듯이 질투는 삼각관계에서 많이 발생한다. 국내 1호 연애 코치 이명길 씨가 실제 상담한 내용을 담은 책 『남자는 고쳐 쓰는 거 아니다』에 소개된 사연을 보자.

"남자 친구가 질투가 너무 심해요. 제가 다른 남자 사람 친구와 같이 있으면 당연히 난리가 나고, 카페에서 맞은편 자리에 있는 남자와 눈만 마주쳐도 불같이 화를 내요. 동호회 활동을 하다 보면 남자들과 회의도 하고 회식도 하고 그러는데, 한번은 그 모습을 보고는 마치 제가 바람을 피우다 걸린 사람처럼 화를 내더라고요. 제가 짧은 치마를 입어도 싫어하고, 동호회 회식 가서 술 한잔 마시는 것도 위험하다고 감시해요. 지난번에는 모임 끝날 때까지 옆 테이블에서 기다리기도 했어요. 남자 친구 말로는 남자는 워낙 위험하고, 제가 예뻐서 자기도 모르게 불안감을 느낀다고 해요. 질투인지 집착인지, 점점 더 심해지는 것 같은데 어떻게 하죠?"

사연에 나온 남자 친구의 질투심 안에는 불안이 자리하고 있다. 애인이 나 아닌 다른 이성을 만나 내 곁을 떠날까 봐 불안한 마음이 집착으로 이어진 것이다. 사연 속 남자는 애인이 나보다 더 나은 남자를 만난다면 이별을 통보할까 봐 두렵다. 불안하고 두려운 마음에 애인이 동호회 모임에 참석하는 것도 싫어한다. 이처럼 질투심 안에는 불안, 열등감, 두려움, 분노 같은 다양한 감정이 들어 있기도 하다.

사랑받고 싶은 욕망

부모님의 사랑을 받으며 행복한 나날을 보내던 어느 날 동생이 태어난다. 동생이 태어난 후에 첫째 아이가 느끼는 마음은 남편이 내연녀를 집에 데리고 들어올 때와 비슷할 정도로 충격적이라고 한다. 이 경우 첫째 아이는 부모님이 자신을 변함없이 사랑하는지 확인하고 싶어 한다. 형제나 자매 사이에서 생기는 질투는 사랑하는 부모님에게 더 사랑받고 인정받고 싶은 마음에서 생기는 감정이다.

질투는 상실에 대한 두려운 마음과 불안을 포함한다. 자신이 사랑하는 사람이 내 곁을 떠날까 봐 불안한 마음에서 발생하는 것이다. 질투는 또한 비교적 긍정적인 애착에서 발생한다. 자신이 이전부터 받았던 부모님의 사랑을 동생에게 빼앗길까 봐 두려운 마음에서 생겨나는 감정이다.

그림책 『다시 아기가 되고 싶어!』(루 피콕, 사파리)에 나오는 꼬마 코끼리 토비는 하루가 다르게 성장한다. 토비는 혼자서도 할 수 있는 것이 점점 많아져서 뿌듯하다. 하지만 엄마는 토비보다는 어린 동생을 돌보느라 바쁘다. 토비는 엄마가 힘들지 않게 신발도 혼자 신고, 코트도 혼자 입는다. 그

『다시 아기가 되고 싶어!』

렇지만 아직은 서툴러서 장화도 온종일 짝짝이로 신고, 코트 단추를 제대로 채우지 못해 비뚤어지게 입은 채 돌아다닌다. 토비는 그때마다 제대로 해내지 못했다는 좌절감에 속상해한다. 그러던 어느 날 토비는 엄마에게 도움을 요청하지만 바쁜 엄마는 토비를 챙겨주지 못한다. 속이 상한 토비는 가방을 챙겨 혼자서 집을 나선다. 엄마는 토비를 찾아 나서고 결국에는 둘이 만나게 된다. 속이 상했던 토비는 엄마를 만난 후에 "엄마, 나도 동생처럼 아기가 되고 싶어요. 나도 아직 스스로 할 수 없는 게 많단 말이에요"라고 말한다. 이 말은 들은 토비 엄마는 "토비야, 속상했구나. 엄마는 토비가 큰 형처럼 의젓하게 스스로 잘해 줘서 정말 고마운데"라고 말하고는 토비를 품에 꼭 안고 속삭인다. "엄마는 토비가 정말 자랑스러워."

　토비 이야기에서 알 수 있듯이 질투라는 감정 안에는 부모에게 사랑받고 인정받고 싶은 마음이 담겨 있다. 엄마가 자랑스럽다고, 고맙다고 인정해주니 토비의 속상했던 마음은 눈 녹듯 사라졌을 것이다.

　첫째 아이가 느끼는 질투심을 건강하게 극복하도록 도와주기 위해서는 부모의 따뜻한 응원과 격려가 필요하다. 토비 엄마처럼 실수해도 꾸짖기보다는 격려하고 변함없는 사랑을 표현하는 것이 중요하다. 엄마 아빠는 동생이 태어나도 변함없이 첫째 아이를 있는 그대로 사랑한다는 사실을 알려주며 사랑을 듬뿍 표현한다면 성장하면서 자연스럽게 극복할 수 있는 감정이다.

삼각관계에서 발생

『왈칵, 질투』(가사이 마리, 북뱅크)는 친구 사이에서 느껴보았을 질투를 표현한 그림책이다. 주인공 루이는 친구와의 관계에서 자신이 느끼는 질투를 알아차리고, 건강하게 해소한다.

새로 전학 온 안리와 단짝 친구 후코는 금세 친해진다. 둘이서 즐겁게 이야기하는 모습을 보고 루이는 무언가가 마음속에서 '왈칵' 올라오는 것을 느낀다. '이 기분 대체 뭐지?'라는 구절처럼 질투라는 감정은 또래 관계에서 누구나 느낄 수 있지만 묘하게 불편한 감정이다.

방과 후에 후코가 집에 가자고 말해도 루이는 마음이 불편해 거절한다. 후코 뒤에 있는 안리를 보고, 또 욱하고 무언가가 치밀어 올라왔기 때문이다. 집으로 돌아간 루이는 둘째 동생이 막내에게 하는 행동을 보고, '왈칵' 올라오는 기분이 '질투'라는 것을 깨닫는다. 체육 시간에 속상한 마음을 잊기 위해 힘껏 달리는 루이에게 후코와 안리의 응원 소리가 들린다. 끝까지 전력 질주한 루이는 먼저 후코와 안리에게 다가간다.

『왈칵, 질투』

루이는 단짝 친구를 잃을까 봐 불안했던 마음을 극복하고, 한 명의 친구가 더 생길 것 같다는 희망을 품는다. 세 친구의 밝은 웃음으로 그림책이 끝난다.

친구 사이에서 느끼는 질투를 아이가 스스로 긍정적으로 다루기는 생각만큼 쉽지 않다. 머릿속에서는 단단히 다짐해도 질투는 어느 순간 나도 모르게 툭 튀어나오는 숨기기 힘든 감정이기 때문이다. 그러나 질투는 그냥 내버려두면 점점 커지고 누구보다도 자신이 괴로워지는 감정이다. 루이처럼 스스로 감정을 인식하고, 한 번 생겨난 감정을 부정하고 억압하는 것이 아니라 건강한 방향으로 전환하는 연습이 필요하다.

사랑하는 대상이 떠날까 봐 불안

『밀로의 질투 괴물』(톰 퍼시벌, 두레아이들)은 아이라면 누구나 한 번쯤 경험하는 질투심 때문에 벌어지는 이야기를 아이들 눈높이에 맞춰 표현한 그림책이다. 둘도 없는 친구 사이였던 밀로와 제이. 어느 날 제이가

『밀로의 질투 괴물』

새로 이사 온 수지와 친하게 지내면서 밀로는 질투심이 생긴다. 그때부터 밀로는 친구를 의심하고, 둘 사이를 질투하고, 불안해하며 화를 낸다. 어느새 밀로는 외톨이가 되고 만다. 곁에 남은 건 친구들과 밀로 사이를 이간질하는 '초록색 질투 괴물'뿐이다. 질투 괴물이 속삭이는 거짓말에 밀로의 질투심은 걷잡을 수 없이 커진다. 밀로는 단짝 친구 제이가 수지와 더 친해지면 자신을 떠날까 봐 불안하다.

밀로가 질투 괴물의 꾐에 넘어가서 질투심이 점점 커질수록 주변의 모든 것이 무채색으로 변한다. 이 장면은 질투심에 사로잡힌 아이의 답답한 마음을 잘 표현해준다. 질투심이 생기면 세상을 어떤 시선으로 보게 되는지도 느끼게 해준다. 질투심이라는 힘들고 어두운 감정을 극복하는 과정을 통해 친구, 우정 등 평범한 것들이 얼마나 소중한지를 일깨워준다. 질투 괴물의 손아귀에서 벗어나기 위해서는 혼자 끙끙 앓기보다 친구들에게 속마음을 솔직하게 표현하고, 함께 힘을 합치는 것이 무엇보다 중요하다는 사실도 가르쳐준다.

정신분석 용어사전에서는 '질투는 종종 사랑하는 사람이 다른 사람을 좋아한다는 의심을 수반'하는데, '그것의 목적은 욕구 충족이나 관심만이 아니라 사랑을 얻는 것'이라며 '여기에는 또한 경쟁자를 제거하고자 하는 무의식적인 소망도 포함된다'라고 설명한다.

자기중심적 사고가 아직 강한 아이들에게 질투는 충분히 일어날 수 있는 감정이다. 질투 앞에서 우정은 변하기도 한다. 초등학교 교사인 김선호 선생님은 "질투라는 감정이 어른이 보기에는 참 사소한 것 같지만, 아이들은 무척 크게 느끼고 생각보다 오래 지속된다. 문제는 질투심이 고착되면 잘 없어지지 않는다는 것이다. 그리고 타인에게 어떤 의도적 행동을 하게 된다"라고 말했다. 그는 질투심은 "생각보다 파괴적인 면"이 있다고 조언한다. 질투는 친구 관계는 물론 인간관계를 갈등 상황에 빠트릴 수도 있다는 것이다. 이 그림책을 읽은 아이들은 질투심에서 어떻게 벗어나야 하는지 밀로를 통해 자연스럽게 알게 될 것이다.

✳ 그림책 더 보기 ✳

『나도 아프고 싶어!』
(프란츠 브란덴베르크, 시공주니어)
오빠가 아파서 앓아눕자 식구들의 관심이 온통 오빠 한테로만 쏠리는 것을 질투하는 새끼 고양이 이야기이다. 아픈 오빠가 지극정성 간호를 받는 모습을 보며 질투심을 느낀다. 결국 오빠처럼 아프게 되어 간호를 받지만, 건강해진 오빠가 나가서 노는 모습을 보며 또다시 오빠처럼 나가서 놀고 싶어 한다. 질투를 숨기지 못하는 어린이의 심리가 솔직하게 표현된 그림책이다.

『새빨간 질투』
(조시온, 노란상상)
그림책 속 빨강은 온 세상이 빨갛게 되자 최고의 스타가 된 기분을 느낀다. 그러던 어느 날 충격적인 소식이 들려온다. 텔레비전에서 '올봄 유행할 색은 파랑입니다'라는 말을 듣는다. 그 소식을 들은 빨강은 "말도 안 돼! 그럴 리가 없어"라며 화를 낸다. 그런데 정말 세상이 점점 파랑으로 변해간다. 급기야 빨강은 틈만 나면 파랑의 흉을 보기 시작한다.

욕망의 그림자, 시기

2

성서에 나오는 인류 최초의 살인 사건은 시기심이 낳은 비극을 단적으로 보여준다. 아담의 큰아들 카인은 땅에서 거둔 곡식을 신에게 제물로 바치고 동생 아벨은 양의 기름을 바친다. 신은 동생 아벨의 제물은 받으셨으나, 형 카인이 바친 제물은 받지 않으신다. 이에 수치심을 느낀 형 카인은 얼굴색이 변한다.

만약 카인이 혼자 있을 때 신에게 거부를 당했다면 살인까지 저지를 정도로 격분했을까? 경쟁 상대인 아벨이 있었기에 카인은 상대적인 열등감과 수치심을 느끼고, 혈육을 살인하기에 이른다. 카인의 분노는 동생 아벨에 대한 시기심으로 인해 격분으로 이어진 것이다.

시기(猜忌)의 사전적 의미는 '다른 사람이 잘되는 것을 못마땅히 여기고 투정을 부리는 마음'이다. 시기심 안에는 상대방에 대한 미움이 들어 있다. 시기심은 또한 결핍에서 발생한다. 아벨에게 있는 것이 자신에게 없을 때 시기심이 발생한 것이다. 시기심도 질투심과 마찬가지로 불안과 두려움을 동반한다. 결핍으로 인해 혹시 불이익을 받을까 봐 불안한 것이다. 시기심은 질투보다 더 원초적 감정이다. 카인의 경우 동생 아벨에 대한 시기심이 동생이 가진 것에 대한 부러움에서 시작됐다면, 그의 시기심은 부모상을 대변하는 신으로부터 사랑을 갈망하는 데서 발생한 것이라고 할 수 있다.

심리학자 패럿과 스미스는 "시기는 다른 사람이 지닌 우월한 자질, 성취 혹은 소유물이 자기에게는 없을 때 나타나는 일종의 후회스러운 정서로서 그것들을 빼앗고 싶거나 상대방 역시 가지지 못하게 하고 싶은 마음"이라고 했다. 시기는 대체로 다른 사람이 가지고 있거나 타인의 영향력 아래에 있는 것을 질시하거나 못마땅하게 생각할 때 발생한다. 상대방이 자신이 누리지 못하는 행복을 누리거나 우월하다고 생각하면 시기심을 느끼는 것이다.

자기애성 성향

시기심의 주된 원인 가운데 하나는 자기애성 성향이다. 자기애성 성향이 강한 사람은 대체로 다른 사람을 시기하거나 다른 사람이 자신을 시기할 것이라고 믿는다. 그들은 다른 사람의 장점을 평가절하하면서 그들보다 자신이 우월하다고 느낀다.

그림책 『그 소문 들었어?』(하야시 기린, 천개의바람)에서 금색 사자는 왕이 되고 싶어 한다. 그러던 중에 평소에 선행을 많이 하여 왕위 후보에 오른 은색 사자가 마음에 들지 않는다. 금색 사자는 은색 사자의 좋은 평판을

『그 소문 들었어?』

떨어뜨리기 위해 거짓된 소문을 퍼뜨린다. 처음에는 금색 사자의 말을 믿지 않았던 동물들도 여러 명이 이야기하니 믿게 된다. 거짓 소문은 입에서 입으로 전해지며 점점 부풀려진다. 결국 금색 사자가 왕이 되고, 나라는 점점 황폐해진다. 동물들은 그제야 후회한다.

시기심 안에는 타인을 미워하는 마음이 들어 있다. 시기심은 타인이 잘되는 것이 배 아픈 감정이다. 금색 사자처럼 자신의 이익을 위해서라면 모함하고 거짓말도 서슴지 않는 성공하고 싶은 욕망의 어두운 면이 드러나는 감정이라고 볼 수 있다.

그림책 속 금색 사자는 자기애성 인격 장애의 모습을 보인다. 자기애성 인격 장애가 있는 인물은 무한한 성공욕으로 가득 차 있고, 주위 사람들로부터 존경과 관심을 끌려고 애쓴다. 지위나 성공을 위해서는 무슨 일이든지 한다. 공감 능력이 모자라고, 사기성 같은 행동 양식을 보이기도 한다. 금색 사자는 왕이 되기 위한 목표를 방해하는 은색 사자에 대해 거짓 소문을 퍼뜨리며 권력에 대한 욕망을 드러낸다.

두 사람 사이의 경쟁

그림책 속 금색 사자처럼 시기심은 두 사람 사이에서 느끼는 은밀한 경쟁심에서 발생한다. 동화 백설 공주에 나오는 왕비도 거울이 하는 말을 듣고 백설 공주를 시기하여 독이 묻은 사과를 먹여 죽이는 일까지 벌인다. 이처럼 자기애가 지나친 사람은 시기심이 남들보다 더 강하다고 할 수 있다.

그림책 『초원의 왕 대 숲속의 왕』(기무라 유이치, 키즈엠)에서 사자 아빠와 고릴라 아빠가 낚시 대결을 한다. 아빠 사자가 물고기 한 마리를 잡으

『초원의 왕 대 숲속의 왕』

면, 고릴라 아빠는 보란 듯이 두 마리를 잡는다. 그러던 중에 갑자기 비가 내리기 시작하고, 빗줄기가 점점 굵어진다. 강물이 점점 불어나 작은 섬은 물에 잠기기 시작한다. 하지만 아빠들은 피할 생각은 하지 않고, 서로에게 지지 않으려고 낚시에 온 신경을 집중한다. 그림책에 나온 아빠들은 아들에게 자신의 능력을 보여주고, 과시하고 싶은 마음이 앞선다. 과한 경쟁심으로 둘은 위험한 상황을 신경 쓰지 못하고, 오직 이기고 싶은 마음뿐이다. 정신을 차리고 보니 모두가 큰 위험에 빠져 있다. 초원의 왕 아빠 사자와 숲속의 왕 아빠 고릴라는 경쟁에서 이기고 싶은 시기심의 모습을 잘 보여준다. 다행히 위기의 순간에 초원의 왕과 숲속의 왕은 서로 힘을 합쳐 위험한 상황에서 가까스로 벗어난다.

그림책 속 아빠들처럼 시기심은 두 사람 사이에서 느끼는 경쟁심에서 발생한다. 시기심이 강한 사람은 상대방을 평가절하하고, 자신의 능력은 과대평가한다.

셰익스피어의 4대 비극 『오셀로』(윌리엄 셰익스피어, 민음사)는 질투와 시기의 감정이 잘 드러나 있는 작품이다. 베네치아의 무어인(이슬람계 사람) 오셀로는 인자한 성품과 유능한 능력으로 명망이 높은 장군이다. 그의 아내는 명문가 출신의 아름답고 정숙한 데스데모나이다. 그러나 이들 부부 사이에 오셀로의 부하인 이아고가 등장하며 비극적인 결말을 맞는다. 오셀로의 부하인 이아고는 갈망하던 부관 자리를 캐시오에게 빼앗기자 앙심을 품고 복수를 계획한다. 그는 오셀로에게 아내가 캐시오와 불륜을 저지르고 있다고 거짓된 보고를 한다. 데스데모나의 손수건을 캐시오의 숙소에 몰래 가져다 놓고, 오셀로에게 캐시오가 데스데모나의 손수건을 갖고 있다고 보고한다. 오셀로는 질투와 분노에 눈이 멀어 결백을 외치는 아내를 침대 위에서 목 졸라 죽이고 만다. 아내가 죽은 뒤 이아고의 아내 에밀리아와 부관 캐시오가 나타나 진실을 밝히고, 데스데모나의 결백을 증명한다. 모든 사실을 알게 된 오셀로는 걷잡을 수 없는 죄책감과 자괴감에 빠져 자살을 한다.

작가 셰익스피어는 질투라는 감정을 '초록 눈을 가진 괴물'이라고 표현했다. 그는 '공기처럼 가벼운 사소한 일도 질투하는 이에게는 성서의 증거처럼 강력한 확증이다'라고 했다.

『오셀로』에 등장하는 이아고는 동료인 캐시오에게 '시기심'을 느낀다. 본인이 원하던 부관 자리에 캐시오가 오르자 그 사실을 인정하지 못하고 받아들이지 못한다. 이아고처럼 시기심은 남이 잘되는 모습을 인정하지 못하고, 급기야는 그 자리를 뺏고 싶어 하는 마음이다. 이에 비해 장군 오셀로가 느끼는 감정은 아내와 부하인 캐시오의 불륜을 의심하는 '질투'이다. 질투심에 판단력을 잃은 오셀로는 이아고의 말만 듣고, 사실을 확인해 보지도 않은 채 아내를 의심한다. 이처럼 명확한 증거 없이 배우자의 불륜을 의심하는 증상이 있다. 일반적으로는 의처증이나 의부증으로 알려져 있으며, 이 증상이 심해지면 배우자의 불륜 증거를 찾으려고 억지를 부리기도 한다. 이 증상을 작품 속 주인공의 이름을 따서 '오셀로 증후군'이라고 부른다.

시기심은 비교적 가까운 사이에서 발생한다. 매일 보는 회사 동료나 이웃사촌, 비슷한 사람들끼리의 모임 같은 환경에서 주로 생긴다. 하지만 누구의 인생에나 보이지 않는 힘든 점이 있다는 사실을 인식한다면 시기심이 줄어들 것이다. 겉으로 보이는 것처럼 완벽한 인생은 세상에 없다. 자세히 들여다보면 내 착각이었음을 알게 되는 경우도 있다.

관심을 독차지하고 싶은 욕망

그림책 『마법사의 예언』(호르헤 부카이, 키위북스)에 나오는 왕은 세상 누구보다 강력한 힘을 갖고 싶어 한다. 왕은 나라의 모든 일을 자기 마음대로 결정하고 권력을 휘두른다. 그러면서도 왕은 백성들에게 사랑과 존경을 받고 싶어 한다. 그러던 어느 날, 왕의 귀에 이상한 소문이 들려온다. '예언하는 마법사가 힘도 세고 백성들의 사랑을 독차지한다'라는 소문을 듣게 된 왕은 시기심이 생긴다. 왕은 은밀하게 계획을 세워 마법사를 없애기로 마음을 먹는다. 마법사를 궁전으로 초대한 왕은 사람들 앞에서 예언을

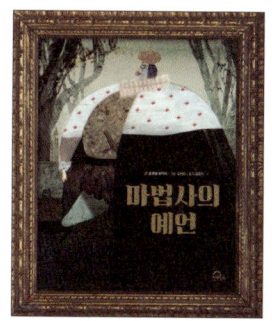

『마법사의 예언』

할 수 있는지 묻는다. 마법사 자신이 죽는 날이 언제인지 물어보고, 무슨 대답을 하든 마법사를 죽이려는 계획이었다. 마법사가 사라지면 이 나라에서 가장 강한 힘을 지닌 사람은 바로 왕이라는 사실을 누구도 의심하지 않을 것으로 생각했기 때문이다.

　질문을 받은 마법사는 잠시 망설이더니 이렇게 대답한다. "저는 폐하가 세상을 떠나시는 날 죽게 될 것입니다." 마법사의 말에 놀란 사람들이 웅성거린다. 대답을 들은 왕은 계획했던 대로 마법사를 죽일 수가 없었다. 예언을 믿지는 않았지만, 혹시나 마법사를 죽인다면 자신도 죽게 될까 봐 겁이 났기 때문이다. 그림책 속 왕은 백성들이 자신보다 마법사를 더 인정한다고 생각하여 시기심을 느낀다. 시기심 안에는 관심을 독차지하고 싶은 욕망이 들어 있다. 자신 이외에 다른 사람이 관심받고 인정받는 것이 싫고, 그 상대가 미워지는 감정이다.

　왕은 마법사가 궁전을 떠날까 봐 두렵다. 왕은 마법사에게 부탁할 거리를 만들어 궁전에 더 머무르라고 명령한다. 왕은 매일 아침 마법사를 찾아가 조언을 구한다. 왕에게 마법사는 이제 자신의 권위를 위협하는 두려운 존재가 아니다. 왕은 마법사와 함께 지내면서 지혜롭게 생각하고 신중하게 행동한다. 백성들도 예전에는 막연히 두렵기만 했던 왕을 진심으로 좋아하고 존경하게 된다. 서로를 의지하게 된 두 사람은 서로를 속인 사실을 고백한다. 세월이 흘러 마법사가 세상을 떠난 후 왕은 지혜로운 스승이자 친구였던 마법사를 궁전 정원에 묻어준다.

✳ 그림책 더 보기 ✳

『하늘공주』(리노 알라이모, 키위북스)
구름 위 저 높은 하늘의 궁전에는 빛의 여왕과 어둠의 왕, 그리고 둘 사이에서 태어난 공주님이 살았다. 공주님이 유일한 친구인 항해사에게 선물 받은 별을 머리에 장식하자, 공주님의 머리카락은 등대처럼 환하게 밤하늘을 비춘다. 빛나는 공주님의 머리카락은 마치 초승달 같고, 그래서 사람들은 공주님을 '달'이라 부른다. 왕은 어둠을 밝히는 달의 환한 빛을 보고 시기심이 생긴다.

『여우』(마거릿 와일드, 파랑새어린이)
늘 혼자였던 여우는 어디나 함께 다니는 개와 까치를 질투한다. 여우는 한쪽 눈이 보이지 않는 개와 날지 못하는 까치를 떨어뜨려 놓으면 둘은 다시 만나지 못하고 각자 외롭게 지내게 될 거라고 생각한다. 여우의 유혹에 넘어간 까치는 잠들어 있는 개를 홀로 남겨둔 채 여우와 함께 떠나버린다. 한참을 달려 여우가 멈춰선 곳은 사방이 모래로 뒤덮인 적막한 사막 한가운데였다. 여우는 그곳에 까치를 버려둔 채 혼자 떠나버린다.

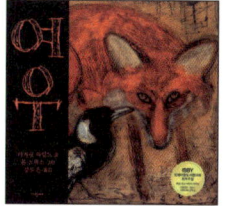

질투와 시기의 차이

질투(jealousy)의 어원은 라틴어 Zelosus(열의로 가득찬)이다. 철학자 아리스토텔레스에 의하면 질투는 초점이 나 자신에게 있다. 자신이 지닌 것을 빼앗길까봐 불안한 마음이 바탕에 있다. 그래서 질투심을 느끼는 사람은 타인과 비교해 조금 더 나은 방향으로 발전하고 싶은 열망을 가지기도 한다. 질투는 흔히 삼각관계에서 발생하며, 사랑하는 사람에게 더 사랑받고 싶은 마음이다.

시기(envy)의 어원은 라틴어 Invidia(악의를 가지고 바라보다)이다. 심리학자 멜라니 클라인에 의하면 시기심이 지닌 특성은 원시적이고 난폭한 성격을 띤 공격성이다. 초점이 타인에게 있으며, 미움, 열등감, 분노가 섞여있는 복합적인 감정이다. 자신이 갖지 못한 좋은 것을 가진 이웃에게 느끼는 열등감이라고 할 수 있다.

그렇다면 질투를 느낄 때 뇌의 어느 부분이 활성화될까? 뇌과학자 정재승 박사는 질투를 느낄 때 인간의 뇌는 사랑, 통제, 공포 관장 영역이 활

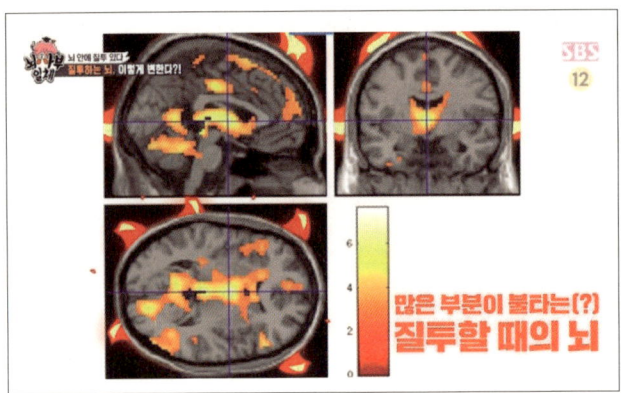

출처: https://tv.naver.com/v/26147424?t=2

성화된다고 설명한다. 질투심은 결국 사랑하는 사람이 내 곁에서 없어질까 봐 불안한 마음에서 생기는 감정이다. 또한 내가 알지 못하는 상황을 통제하고 싶고, 내 사랑을 잃을까 봐 생기는 두려움에 공포심까지 느끼는 극대화된 감정이라고 할 수 있다.

심리학자 마거릿 말러는 질투가 유난히 심한 사람은 발달 단계 중 어머니와의 분리-개별화 과정이 순탄하지 않았을 가능성이 있다고 설명한다. 아이들은 생후 6~24개월에 엄마와의 분리를 통해 상실을 경험한다. 엄마가 잠깐 안 보이면 상실했다고 느낀다. 사라졌던 엄마가 다시 나타나는 과정을 반복하며 상실에 대한 애도와 극복의 과정이 이 발달 단계에서 이루어져야 한다. 만약 이러한 분리-개별화 과정이 원만하게 이루어지지 않았다면 성인이 된 후에도 끊임없이 엄마를 대신할 사랑의 대상을 찾는다.

심리학자들이 보는 시기와 질투

『질투, 사랑의 그림자』(폴-로랑 아순, 한동네)에서 프로이트는 "질투는 사랑하는 대상을 잃었다는 확신에서 비롯된 상실감과 애도, 상처 입은 나르시시즘, 자기보다 더 많은 사랑을 받고 있는 라이벌을 향한 타오르는 적개심이거나 잃어버린 사랑의 책임을 자신에게 돌리는 자기 비판의 작용으로 만들어진다"라고 표현했다. 질투에 사로잡힌 사람은 사랑하는 대상이 떠나기도 전에 상실에 대한 두려움을 느끼기도 한다. 만약 애인이 떠난다면 원인을 내 탓으로 돌리며 죄책감마저 들 수 있다.

『융 심리학과 정서』(박종수, 학지사)에서 칼 구스타프 융은 "개인 무의식 안의 그림자는 개인적 속성, 즉 성장 과정에서 형성된 인격의 열등한 면을 드러낸다. 이때 그림자는 약간의 주의력을 가지면 비교적 쉽게 인식된다. 자신도 모르게 발생하는 시기 질투를 통해 그림자를 인식할 때 그림자는 자신의 영역에 통합된다"라고 말했다. 시기와 질투를 느끼는 대상에게서 자신의 열등한 면, 즉 그림자를 인식하고 통합하면 자기실현을 향해 한 걸음 성장할 수 있는 계기가 될 수 있다.

『아들러의 인간이해』에서 아들러는 "질투심은 매우 다양한 형태로 나타난다. 그것은 다른 사람에 대한 불신, 엿보기, 비교하기, 무시당할지도 모른다는 두려움 속에 들어 있다. 그중에서 어떤 것이 뚜렷하게 나타날지는 공동체적 삶을 위해 그때까지 이루어졌던 준비 상태에 따라 다르다. 질투심은 그 당사자를 갉아먹기도 하고 대담하고 정열적인 행동으로 바뀌기도 한다"라고 설명한다.

알프레드 아들러는 "굴곡 없이 평탄한 삶을 사는 사람에게는 시기심이 잘 나타나지 않겠지만 상처받고 억압받는 사람이나 돈이나 음식, 옷, 따뜻함에서 결핍을 느끼는 사람, 또 미래를 위한 전망이 불투명하고 현재의 힘든 상황에서 빠져나갈 수 있는 출구가 보이지 않는 사람은 이런 시기심에 훨씬 더 많이 노출될 수밖에 없다"라고 덧붙인다.

시기심을 지나치게 많이 느끼는 사람의 성향을 살펴보면 현재 본인의 삶에 만족하지 못한다. 지금 자신의 삶이 힘들다고 느끼고, 실제로 힘든 상황에 있을수록 열등감에 사로잡혀서 시기심을 더 많이 느낀다고 할 수 있다.

3 부러우면 지는 건가요?

SNS를 많이 하다 보면 나도 모르는 사이에 타인의 삶을 부러워하게 된다. 좋은 차, 좋은 집, 호캉스, 해외여행 등 SNS 속 타인의 삶은 풍요롭고 화려하고 여유 있어 보인다. 그에 비해 내 생활은 상대적으로 초라해 보이고 재미없게 느껴진다. 하지만 SNS에서 보이는 모습이 우리 삶의 전부는 아니다. 누구나 슬픔, 분노, 좌절감, 열등감 등 다양한 감정을 느끼며 살아간다. 그 사실을 알면서도 마냥 부럽고 배가 아프다면 내면의 소리를 들어볼 필요가 있다. 내가 진정으로 원하는 나는 어떤 모습인지, SNS 속 사진처럼 남들에게 보이는 화려하고 풍요로운 삶을 바라는 것인지 돌아볼 필요가 있다. 지금 이 순간에 충실한 삶을 사는 사람은 이미 가진 것에 감사하며, 자신의 삶을 살아간다. 그들은 타인의 삶이 크게 부럽지도 않고, 다른 사람의 성취에 배가 아프지도 않을 것이다.

궁중 음악가인 살리에르는 어느 날 나타난 천재 음악가 모차르트에게 열등감과 경쟁의식을 느낀다. 영화 〈아마데우스〉를 보면 당시 모차르트는 혜성처럼 떠오른 음악계의 천재였다. 하지만 모차르트의 사생활은 너무 사치스럽고 방탕했다. 그의 실상을 본 살리에르는 실망하게 된다. 살리에르가 느낀 시기심은 방탕한 모차르트가 가진 천재성이었다. 자신은 그렇게 노력해도 되지 않던 것들이 모차르트에게는 너무나 쉬워 보였기 때문에 열등감을 느낀다.

살리에르는 자신의 심복을 하녀로 위장시켜 모차르트에게 보낸다. 틈을 봐서 모차르트를 죽일 계획이었다. 하지만 그럴 필요도 없이 불규칙한 생활을 하던 모차르트는 이미 병에 걸려 있었다. 시간이 지나고 그의 아내 콘스탄체도 모차르트를 버리고 떠나버렸다. 병이 심해진 모차르트는 죽게 된다. 그 순간 살리에르는 힘없는 모차르트를 대신해서 장송곡을 받아 적는다. 모차르트가 죽은 뒤 영화는 현재 시점으로 바뀐다.

『천만의 말씀』

살리에르는 신부님을 만나 고해성사를 한다. 평범한 사람은 아무리 노력해도 천재를 따라잡을 수 없는 현실이 자신을 분노하게 했다고 말한다. 그러면서 자신은 모든 평범한 자들의 대변자일 뿐이라고 말한다.

두 음악가 이야기에서 모티브를 얻어 비슷한 직종이나 같은 직장에서 일하는 사람 중에 탁월하게 뛰어난 일인자를 보며, 이인자로서 느끼는 열등감이나 무력감을 '살리에르 증후군'이라고 한다. 영화 속 살리에르처럼 열등감이 심한 사람은 내 안에 가진 자원은 보지 못한다. 타인이 가진 장점과 빛나는 면만 보면서 점점 더 깊은 시기심을 느끼고 상대방을 미워하게 된다.

그림책 『천만의 말씀』(스즈키 노리타케, 북뱅크)에서 남자아이는 멋진 가죽이 있는 코뿔소가 부럽다. 하지만 코뿔소는 "천만의 말씀! 무거워. 이걸 두른 채 걸어 다니려면 힘이 있어야 하니까 아주 많이 먹어야 해"라며 가볍게 깡충깡충 뛰어다닐 수 있는 토끼를 부러워한다. 토끼는 커다란 몸으로 바닷속을 헤엄치는 고래가 부럽다. 고래는 땅에서 이것저것 내려다볼 수 있는 기린이 부럽다. 기린은 "천만의 말씀! 이렇게 목이 길면 집에 돌아가도 언제나 머리만은 바깥인 걸. 굴뚝에서 바라보는 풍경도 이젠 질려 버렸어"라며 온몸으로 자유롭게 하늘을 나는 새가 부럽고, 새는 가장 강한 동물인 사자가 부럽다. 그렇다면 사자는 누구를 부러워할까? 누구도 덤비지 못하는 동물의 왕 사자가 부러워하는 대상은 책이나 읽으며 집에서 뒹굴뒹굴하는 남자아이다. 마지막에 남자아이는 나름대로 어려움이 있다고 말하는데, 그건 바로 엄마의 잔소리이다.

"천만의 말씀"이 반복되면서 말놀이하듯 재미나게 이어지는 그림책에는 자기에게는 없고 남에게만 있는 장점을 보는 동물들이 등장한다. 여러 동물의 이야기를 통해 결국에는 남에게는 없고 자기에게만 있는 좋은 점을 깨닫게 해주는 유쾌한 그림책이다. 내가 부러워하는 대상에게도 반짝거리는 앞면 말고 힘든 뒷면이 있다는 것을 알게 되면 부러워하는 마음보다는 내가 가진 것에 감사하는 마음이 자연스럽게 생길 것이다.

✳ 그림책 더 보기 ✳

『여우지만 호랑이입니다』
(코리 R.테이버, 오늘책)

호랑이가 되고 싶어 스스로를 부정하던 여우는 호랑이처럼 보이기 위해 페인트로 줄무늬를 그려 넣는다. 동물 친구들도 자신이 부러워하는 대상처럼 꾸미지만 결국 비에 젖어 본 모습이 나오게 된다. 호랑이인 척하다 비에 젖어서 본 모습이 된 여우는 슬펐지만, 자기가 호랑이를 보고 부러워하듯 자기를 보며 감탄하는 다람쥐 이야기를 듣고 스스로의 가치를 돌아보게 된다. 가장 좋은 것은 있는 그대로의 자기 자신이라는 것을 깨닫는다.

창조적 에너지로 승화하기

4

내가 가진 것보다 남이 가진 것이 커 보이는 마음은 누구나 가질 수 있다. 나는 부족해 보이고, 남들은 다 잘하는 것 같을 때 우리는 열등감을 느낀다. 이런 경우 자신이 가진 것에 감사하기보다는 타인이 가진 것이 부럽고, 때로는 나 자신이 초라해 보이기도 한다.

그림책 『두발자전거 배우기』(고대영, 길벗어린이)에서 주인공 병관이는 자전거 경주에 신이 났다. 함께 자전거를 타고, 그네 타기 시합을 하는 병관이와 상현이는 경쟁자이기도 하지만 둘도 없는 단짝이다. 그러던 어느 날 상현의 자전거 속도가 유난히 빠르게 느껴진다. 동네 네발자전거 챔피언 병관이가 아무리 열심히 페달을 밟아도 상현이를 따라가지 못한다. 상현이는 보조 바퀴를 떼고 두발자전거를 탄다며 자랑을 한다. 시무룩해진 병관이는 누나 자전거를 타보지만, 발도 닿지 않고 생각만큼 쉽지 않다. 병관이는 아빠에게 보조 바퀴를 떼어달라고 하고, 한강에 가서 열심히 연습한다. 이리 비틀 저리 비틀 연습 끝에 드디어 병관이는 두발자전거 타기에 성공한다. 가족 외식도 안 가고 병관이는 상현이네 집으로 가서 큰소리로 외친다. "상현아, 자전거 시합하자."

　단짝 친구지만 경쟁의식을 느끼는 친구 상현이가 두발자전거를 능숙하게 타는 모습을 본 병관이는 부러움을 느낀다. 그렇지만 병관이는 상현이를 미워하거나 열등감을 느끼는 것이 아니라 오히려 더 열심히 두발자전거 타기 연습을 한다. 넘어지고 일어서고, 다시 넘어지고 일어서기를 반복한다. 뒤에서 자전거를 든든하게 잡아주던 아빠와 크게 손을 흔들며 지지해준 엄마와 누나의 따뜻한 시선 속에서 즐겁게 성장한다.

　질투를 느끼는 것은 내 안의 부족한 점을 인식하는 것이다. 병관이는 단짝 친구 상현이가 두발자전거 타는 것을 부러워하고 질투만 하는 것이 아니라 자신도 두발자전거를 잘 타기 위해 노력하고 발전한다. 질투를 느낄 때 우리는 내 부족함을 인정하고 노력하여 더 나은 모습으로 살아가기 위한 창조적 에너지로 건강하게 승화시킬 수 있다.

　화가 피카소와 마티스는 세기의 경쟁자로 불리며 서로에게 영감과 자극을 주었다. 두 사람은 서로에게 영향을 받으며 자신만의 화풍을 만들어간

『두발자전거 배우기』

다. 피카소는 마티스를 향해 "모든 것을 두루 생각해보니 오직 마티스밖에 없다"라고 했으며, 마티스는 "딱 한 사람만이 나를 평가할 권리가 있으니 그건 피카소다"라며 서로를 인정하고 존중해주었다. 이처럼 좋은 경쟁은 서로를 발전시키는 힘을 만들어 위대한 예술 작품을 탄생시키기도 한다.

그림책『전나무가 되고 싶은 사과나무』(조아니 데가니에, 노란돼지)는 전나무로 가득한 숲속에 소녀가 버리고 간 사과 씨에서 자라난 한 그루 사과나무 이야기이다. 엘리스는 해마다 11월이면 전나무 숲을 찾는다. 그 해 크리스마스에 쓸 나무를 고르기 위해서다. 그러던 중 앨리스는 먹던 사과를 숲에 버린다. 시간이 흐른 후 그 자리에는 사과나무 한 그루가 자란다. 사과나무는 사계절 내내 그 자리를 지키며 외롭게 자란다. 사과나무는 자기도 자유를 찾아가고 싶고, 크리스마스 선물로 둘러싸인 전나무가 되고 싶다고 생각한다. 사과나무도 크리스마스트리로 꾸며지는 전나무처럼 주목받고 싶은 것이다.

하지만 모든 순간 모든 사람이 주목받을 수는 없다. 전나무가 되고 싶은 사과나무를 보면 빛나고 반짝이는 사람들 사이에서 주목받지 못해 외로워하고 조바심을 내는 모습이 떠오른다. 사람의 마음 안에는 누구나 타인에

『전나무가 되고 싶은 사과나무』

게 인정받고 싶은 '인정 욕구'가 있다. 그래서 타인에게 인정받지 못하면 실망하거나 좌절하고, 더 인정받고 싶어서 고군분투하기도 한다.

전나무가 되고 싶은 사과나무는 외로움에 지쳐간다. 그때 사과나무에 달려 있던 마지막 사과가 떨어진다. 새로운 봄이 오고 작은 사과나무가 자라기 시작한다. 늦었지만 사과나무는 자신 안에도 밝게 빛나는 별이 있음을 깨닫는다.

누구에게나 내면에 소중한 자원이 있다. 그 모양이 별이든 동그라미든 그것이 중요한 것은 아니다. 크리스마스트리로 만들어지는 전나무가 부러웠던 사과나무에게도 그 안에 빛나는 별이 존재했던 것처럼 우리 안에도 다른 사람이 가지지 못한 달란트와 능력이 있다. 다만 그것을 발견하고 발전시켜 나가려면 내 모습을 있는 그대로 인정하는 것이 우선이다. 내 안의 장단점을 이해하고, 장점은 더 발전시키려는 자세가 필요하다. 내가 느끼는 나의 단점이 누군가에게는 부러운 면이 될 수 있다는 것을 생각한다면 내면이 단단하고 성숙한 삶을 꾸려 나갈 수 있을 것이다.

질투는 나의 힘

나도 모르게 내 안에 생긴 질투심을 억압하거나 부정하지 말고 긍정의 에너지로 사용하기 위해서 다음과 같은 기법을 사용해보자.

첫째, 질투하는 대상을 적는다.
둘째, 질투하는 이유를 적어본다.
셋째, 질투에서 벗어날 수 있는 행동을 적어본다.

넷째, 질투심이 긍정적으로 발전한 후 나의 모습을 점검해본다.

예를 들어 지인 중에 작업실을 가지고 있는 사람이 부러워 질투심이 생겼다고 가정해보자. 왜 질투심이 생기는 건지 이유를 먼저 생각해본다. 그 이유를 자세히 들여다보니 자신도 작업실이나 화실 같은 나만의 공간을 갖고 싶은 마음이 있었던 것이다. 그렇다면 질투에서 벗어나기 위해서 내가 할 수 있는 방법을 생각해보면 된다.

지금 당장 작업실을 마련하지 못하는 경우라면 좌절하거나 부러워하지만 말고 집 안에 있는 공간을 활용해본다. 베란다나 작은 방을 정리하여 책상을 배치한 후 나만의 작업실로 만들어보자. 그 과정을 통해 내가 진정으로 원하는 것이 무엇이었는지도 알 수 있다. 조금 더 좋은 작업실을 만들기 위해 돈을 모은다거나 다른 방법을 생각해볼 수도 있다. 타인을 부러워하는 마음을 긍정적인 에너지로 사용한다면 더 이상 남이 가진 것에 대한 부러움 때문에 불편한 마음을 느끼면서 살지 않을 수 있다.

✳ 그림책 더 보기 ✳

『나도 꼭 잡을 거야』(박소정, 보리)
형이 하는 놀이를 따라 하며 잘하고 싶어 하는 아이의 모습이 담긴 그림책이다. 아이들은 그림책을 보며 형을 따라 하고 싶은 동생이 되기도 하고, 쫓아다니며 귀찮게 하는 동생에게 무언가를 알려주는 형이 되어 보기도 한다. 그러면서 동생은 동생대로, 형은 형대로 저마다 가진 마음을 서로 이해할 수 있게 된다.

5 사촌이 땅을 사면 축하해주기

누구나 자신도 모르게 남들과 비교하며 살아간다. 자신이 중요하다고 생각하는 영역에서 뛰어난 사람을 보면 부러움과 시기심을 느낄 수 있다. 작가 로버트 그린의 『인간 본성의 법칙』에서 나오듯이 시기심은 인간의 본성에 가깝다. 당신이 속한 분야에서 누군가 갑자기 성공했다는 소식을 접하고 난 뒤 자신의 속마음을 잘 들여다보라. 틀림없이 순간적으로 부러운 마음이 들 것이고, 아무리 약하더라도 상대에 대해 열등감을 느낄 수 있다. 그러한 감정을 느끼는 것은 자연스러운 일이기 때문에 죄책감을 가질 필요는 없다.

『인간 본성의 법칙』에서는 시기심을 생산적으로 바꾸는 방법을 제시한다. 로버트 그린은 내가 당연하게 생각하는 긍정적인 것들을 글로 써보기를 권한다. 나에게 친절을 베풀고 도움을 준 사람들, 지금 누리고 있는 건강, 감사하는 태도는 근육과 같아서 자주 써주지 않으면 약해진다.

다른 사람의 불행을 통해 쾌감, 행복을 느끼고 자존감을 회복하는 것을 뜻하는 심리학 용어인 '샤덴프로이데'(손실, 피해를 뜻하는 독일어 '샤덴'과 기쁨, 즐거움을 뜻하는 '프로이데'의 합성어)는 시기심과 직결된다. 누군가를 시기하면 그 사람이 어려움이나 고통을 겪을 때 속으로 좋아하거나 기쁨을 느끼기도 한다. 철학자 프리드리히 니체는 '미트프로이데', 즉 '함께 기뻐하기'를 주장했다. 니체는 "사람을 무는 뱀은 우리에게 상처를 입히면서 크게 기뻐하려 한다. 아무리 저급한 동물도 타인의 '고통'은 상상할 수 있기 때문이다. 그러나 타인의 기쁨을 상상하면서 크게 기뻐할 수 있는 것은 가장 고차원적인 동물에게만 주어진 최고의 특권이다"라고 말했다.

우리 마음에서 생겨나는 질투, 시기는 외면한다고 해서 사라지는 감정이 아니다. 감정이란 느껴지는 순간에 그것을 인지하고 수용할 때 건강하게 표현할 수 있다.

타인에게 느끼는 부러움을 발전을 위한 원동력으로 사용한다면, 우리는 더 이상 질투심에 사로잡혀 불안한 감정을 분노로 표출하거나, 열등감으로 인해 자존감이 낮아지는 어리석은 선택은 하지 않을 것이다.

6
열등감

김은경

내가 만든 철창에 갇히다 1

누구도 열등감에서 자유롭지 못하다

열등감은 스스로를 작고 부족하다고 여기는 달갑지 않은 감정이다. 우리는 각자 다른 재능을 가지고 있고 다른 모습을 하고 있음에도 자신의 부족함만을 바라본다. 내가 가지지 못한 것이나 이루지 못한 과업, 남들과 다른 외모를 바라보며 자신에게 만족하지 못한다. 열등감은 우리 마음에 미리 노크하며 들어오는 것도 아니다. 과연 열등감으로부터 자유로운 사람이 있을까?

물론 열등감이라는 감정 자체에 대해 전혀 고민하지 않고 살아가는 사람도 있을 것이다. 어떤 사람은 자신이 열등감을 가지고 있지 않으며 우월한 존재라고 생각하기도 한다. 또 열등감이 있다는 것은 알지만 그 감정이 정확히 어디에서 오는지 모르는 사람도 있다. 열등감은 정도의 차이만 있을 뿐 다양한 모습으로 우리 내면에 존재한다.

그림책에서 표현되는 열등감

그림책 『감정은 무얼 할까?』(티나 오지에비츠, 비룡소)에서는 "열등감: 자신이 남보다 못하다는 감정"이라고 설명한다. 여러 가지 철창으로 페이지를 가득 채워 '열등감은 철창을 만들어'라고 표현한다. 열등감은 다양한 모양의 철창을 스스로 재단해 만든다. 철창의 열쇠도 본인이 가지고 있다. 열등감이 자기 자신이 정한 이상적인 모습과 기준에 의해 만들어진다는 것을 잘 표현하고 있다. 우리는 스스로 만든 열등감에서 벗어나고 싶어 하면서도 스스로 철창 안으로 들어가고, 철창을 만들기 위해 줄자로 길이를 재듯 자기 자신을 재단하고 평가한다.

『나의 가시』(정지우, 정지우)에서는 사람의 몸통 자체를 새장으로 표현한다. 새장 안에서 자라는 선인장과 선인장을 품고 걸어가는 사람들. "누구나 하나쯤은 가시 선인장을 키우고 있지"라는 글은 '누구나 하나씩 가지고 있는 열등감'으로 읽을 수 있다. 상처를 경험한 우리의 눈물이 선인장을 자라게 하는 자양분이 된다. 선인장을 품고 위태로운 줄타기를 하는 모습이 아슬아슬한 우리 마음과 같다. 주인공은 이미 크게 자라 꽉 차버린 선인장 때문에 괴로워한다. 쿡쿡 찌르다 못해 관통할 것만 같은 가시를 품고 있는 모습이 큰 고통으로 다가온다. 열등감을 밖으로 꺼내지 못하고 속으로 키워 자신을 괴롭히는 모습을 잘 표현해준다.

열등감은 어디에서 오는가 2

개인심리학의 창시자인 아들러는 '인간은 태어나면서부터 열등한 존재'라고 말했다. 갓 태어난 동물이 생후 짧은 시간에 생존을 위해 스스로 문제 해결을 하는 데 비해 인간은 상대적으로 발달 속도가 매우 더디다. 인간은 열등하다는 전제 조건이 있는 존재인 것이다. 이런 기본적인 환경(존재의 약함과 기능적 열등감) 때문에 혼자 생존할 수 없었던 인간은 공동체 생활을 통해 부족함을 보완해 나갔다.

신체적 무력감과 연약함으로 인한 열등감은 가족 안에서 나보다 우위에 있는 형제자매를 통해서도 경험한다. 사회화 과정에서 더 나은 조건을 가진 사람들을 만나면서 여러 경험을 통해 열등감을 느끼기도 한다. 이로 인해 자신의 부족함은 더욱 도드라져 보이고 결국 스스로를 탓하거나 환경을 원망하게 된다.

열등감을 느끼게 만드는 세 가지 요소를 살펴보자.

비교, 평가

타인과 끊임없이 비교하면서 열등감을 느낀다. 출발점이 서로 다름에도 결과만을 놓고 비교하며 열등감에 갇히기도 한다. '나'의 부족함이 들통 날 것만 같은 불안은 열등감을 자극한다. 우리는 피부색, 키, 얼굴 크기, 눈, 코, 입, 손발 등 일일이 나열하기도 어려울 정도로 각기 다른 외모를 가지고 있고, 다양한 외양만큼이나 제각각인 열등감을 가지고 있다. 외모는 일상에서 열등감을 느끼기 가장 쉬운 부분이다. 다르다는 사실을 '다름'으로 받아들이지 못하고 '평가'하기 때문에 누구도 열등감으로부터 자유로울 수 없다. 형제 자매 간에도 비교로 인한 열등감이 발생할 수 있다.

『티치』(팻 허친즈, 시공주니어)의 막내 티치는 누나 메리보다 조금 작고 형 피트보다는 아주 작다. 티치의 자전거도 셋 중 가장 작다. 누나와 형은 연을 멋지게 날리지만 티치가 다룰 수 있는 것은 겨우 작은 바람개비 하나일 뿐이다. 형, 누나는 크고 멋진 악기를 다루는데 티치는 고작 피리를 분다. 뚝딱뚝딱 멋진 작품을 만들려고 해도 티치가 할 수 있는 일은 작은 못을 챙기는 것뿐이다. 티치는 자신보다 앞서 있는 형과 누나를 보며 자신의

『티치』

작고 미숙함을 계속 마주해야 한다. 형제 관계에서 일어나는 비교는 작은 사회인 가정에서부터 자연스럽게 열등감을 형성하는 요소가 된다.

✷ 그림책 더 보기 ✷

『형보다 커지고 싶어』(스티븐 켈로그, 비룡소)
형이랑 노는 게 재미있지만 형은 항상 좋은 역할만 하거나 자기에게 유리한 방향으로 놀이를 한다. 형은 케이크도 큰 것을 먹는다. '나'는 형보다 커지고 싶다. 훨씬 더 커져서 형을 골탕 먹이고 싶은 동생은 '사과를 먹으면 키가 커진다'는 할아버지 말씀이 생각나 사과를 잔뜩 먹는다. 형보다 덩치가 훌쩍 크면 무엇을 할지 상상하지만 너무 많이 먹은 탓에 배탈이 나고 만다.

당위적 사고, 고정관념

여자라면, 남자라면, 학생이라면 등등 사회적인 기준이라고 말하는 고정관념은 자신뿐 아니라 타인까지 철창에 가두는 열등감의 또 다른 요소이다. '마땅히 ~해야 한다'는 당위적 사고는 기준에서 벗어나는 것을 허용하지 않는다. 그 기준에서 벗어나면 이상하고 옳지 않다고 여긴다. 당위적 사고는 '나는 무엇을 하기에 적합하지 않다'거나 '나는 이곳에 어울리지 않는 사람이다'라는 식으로 자신과 타인을 가두게 된다.

『넌 토끼가 아니야』(백승임, 노란돼지)에서 "토끼나라 토끼들의 첫 번째 모임이 열립니다. 꼭 참석해 주세요"라고 적힌 초대장을 받은 흰 토끼들은 푸른 들판 가득 흰 토끼들이 모여 있는 모습을 상상하며 길을 떠난다. "토

『넌 토끼가 아니야』

끼라면 흰 토끼!"를 외치는 토끼들 눈앞에 밤색 토끼가 등장한다. 잠시 뒤 이번엔 검정 토끼들을 만난다. 흰색이 아닌 털을 가진 토끼라니. 흰 토끼들은 점점 기분이 나빠진다. 갈색 토끼, 검정 토끼에 이어 점박이 토끼까지 등장하자 흰 토끼들의 불만은 더욱 커진다. "토끼라면 당연히 흰 토끼!"를 외치는 토끼들은 다른 색깔을 가진 토끼들을 이상하다고 여긴다.

✱ 그림책 더 보기 ✱

『콧수염 공주』(에브 마리 로브리오, 토끼섬)
예쁜 얼굴에 콧수염이 난 공주를 사람들은 '어떻게 공주에게 콧수염이 있을 수 있지?!'라는 시선으로 바라본다. 사람들은 공주가 어딘가 부족하고 격이 떨어진다고 여긴다. 사람들의 고정관념으로 공주의 콧수염은 해결해야 할 문제가 되어버린다.

반복되는 실패 경험

가장 좋은 배움은 여러 번 실패 후 얻은 소중한 경험으로 스스로 더 나은 방법을 찾아가는 것이다. 한두 번 실패를 겪고 극복할 수 있다면 달갑게 받아들이겠지만 실패를 계속 반복하다 보면 감정의 타격이 점점 더 커진다. 에릭슨의 사회심리학적 발달단계 이론에 따르면 단체 생활을 시작하는 학령기에 인지적인 발달과 사회적인 발달이 잘 이루어지지 못하면 집단 내에서 구성원 간의 격차와 다름으로 열등감을 느끼게 된다. 목표에 도달하지 못하고 자신의 한계를 계속 경험하다 보면 자존감도 흔들린다. '나는 못해…'라는 마음이 '나는 아무것도 할 수 없는 사람이야'라는 마음으로 이어지기도 한다. 결국 열등감은 내면에 깊이 자리 잡게 된다.

초등학교 1학년 겨울방학 바로 전에 새 학교로 전학을 간 M은 적응에 어려움을 겪었다. 학교 건물을 익히기도 전에 방학이 시작됐다. 2학년이 되어서도 학교는 여전히 낯설고 어색한 곳이었다. 새 학기 적응기간 쉬는 시간에 화장실을 이용하지 못한 M은 결국 참다못해 수업시간에 교실에서 소변 실수를 해버렸다. 새로운 친구들 앞에서 부끄러움을 느낀 M은 점점

『실수 왕 도시오』

더 위축되었다. 학교에서는 밝고 명랑한 원래의 성격을 드러내기가 힘들었다. 실수하면 어쩌나, 다른 친구들이 자기를 어떻게 볼까 하는 염려로 최대한 조용히 지내기를 원했다.

실패 후 좌절하거나 안주하면 한계를 뛰어넘으려 하지 않고 자신을 그 안에 가두고 스스로를 제한한다. 혹은 앞의 사례처럼 작은 실수 하나가 마음속에 크게 작용하는 경우도 있다. 이렇게 자존감은 동전의 양면처럼 열등감과 맞닿아 있다.

『실수 왕 도시오』(이와이 도시오, 북뱅크)는 작가의 어린 시절 이야기를 담은 그림책이다. 누나들이 도시오에게 실수 왕이라는 별명을 지어줄 정도로 도시오는 실수가 많은 아이다. 물이 무서워 눈을 감고 수영장 물속에 들어가려다 그만 턱이 찢어지고 만다. 너무 아픈데 누나들은 도시오를 놀린다. 한없이 작아진 도시오는 눈물이 찔끔 난다. TV 중계로 로켓이 발사되는 장면을 보며 우주에 가고 싶다는 생각을 하는 도시오. 달에 간다면 지금과 달리 실수가 줄어들까? 도시오는 멋진 계획을 세운다. 도시오는 무언가를 열심히 만들지만 역시나 계속 실수를 한다. 도시오는 실수 때문에 좌절하고 중간에 포기하지 않을 수 있을까? 그림책 마지막 페이지에는 여전히 턱 밑에 반창고를 붙이고 환하게 웃는 도시오가 나온다.

열등감의 세 가지 유형 3

자연스럽게 우리 안에 자리 잡고 있는 열등감이라는 감정. 알프레드 아들러는 열등감이 인간의 보편적인 경험이며 동시에 성장에 필요한 요소라고 주장한다. 아들러는 열등감을 신체적 열등감, 사회적 열등감, 심리적 열등감 세 가지로 정리하였다.

신체적 열등감

신체에서 느끼는 열등감은 다종다양하다. 신체적인 특징이 도드라지거나 타인과 다르다는 것을 인식하게 되면서 조금씩 편안하지 않은 감정이 쌓이게 되고 그 불편함은 점차 열등감으로 자리 잡게 된다.

『가슴이 뻥 뚫린 아이』(이주안, 봄볕)의 비니는 동그라미 마을에 산다. 비니는 다른 친구들과 모습이 다르다. 다른 친구들은 가슴 가득 무언가로 채

워져 있는데 비니만 가슴이 뻥 뚫린 모습을 하고 있다. 비니가 처음부터 자신을 이상하게 여긴 것은 아니다. 다른 친구들이 비니를 보고 깜짝 놀라는 모습을 본 후에야 다름을 인식하게 된다. 비니는 남들과 다른 외모 때문에 친구들에게 쉽게 다가갈 수 없다. 비니의 외로움은 점점 깊어만 간다. 자신의 모습을 숨긴 뒤에야 친구들과 가까워질 수 있었다.

갑작스런 사고로 장애를 갖게 된 경우는 회복 과정에서 찾아오는 상실감과 이전으로 돌아갈 수 없는 현실로 인해 열등감을 경험할 수 있다. 신체 노화나 질병으로 이전과 다른 생활을 하게 되면서 열등감을 느끼기도 한다.

『창밖으로 나갈 용기』(곽닐 외즈쾨크, 한울림스페셜)의 아슬란 아저씨는 창문을 통해 바깥세상을 관찰한다. 휠체어에 앉아 창밖으로 보이는 사람들이 신은 신발을 보며 어떤 일을 하는 사람인지, 어떤 하루를 보낼지 상상하는 것으로 하루하루를 보낸다. 밖으로 나가기엔 너무 두렵다. 걷고 싶을 때는 평범했던 어린 시절을 생각한다. 창밖에서 눈싸움을 하는 아이들을 보며 설레는 마음을 느끼지만 밖으로 나갈 수는 없다. 달라진 자신의 모습을 밖으로 내비치기까지 아슬란 아저씨에게는 큰 용기가 필요하다.

『가슴이 뻥 뚫린 아이』
『창밖으로 나갈 용기』

✸ 그림책 더 보기 ✸

『조금 다를 뿐이야』(오오사와 치카, 푸른날개)
가족 모두 하얀 귀인데 펜펜만 판다 곰처럼 한쪽 눈과 귀에 까만 얼룩이 있다. 귀 모양이 다른 펜펜은 '무엇이 잘못된 것인가', '왜 나만 이런 걸까?'라는 생각을 하게 된다. 엄마 아빠가 펜펜의 귀가 얼마나 멋지고 특별한지 설명해주어도 한번 이상하다고 여기고 나니 자신의 다름은 특별함이 아닌 열등감이 된다.

『우리, 옆에 있어요』(한국장애인식개선교육센터, 소소한 소통)
갑자기 장애를 얻게 된 네 사람과 그들을 바라보는 네 사람의 이야기. 예기치 않은 일로 장애를 갖게 된 사람들이 서로를 격려하며 살아갈 힘을 얻는 이야기이다.

사회적 열등감

자신이 속한 사회에서 겪는 사회적 열등감은 '비교'와 "~라면 ~해야 한다"는 '당위'로 인해 계층이 나뉘고 분류되면서 느끼게 되는 열등감이다. 학력, 출신지역, 주거 환경 같은 기준으로 서로 비교 평가하고, 이는 편 가르기, 낮게 여기기, 동경하기 등으로 표현된다.

『우리 집은』(조원희, 이야기꽃)에서 아이는 새로 이사한 집이 전에 살던 집보다 깨끗하고 넓어서 행복하다. 너무 좋은 자기 집을 친구들에게도 보여주고 싶어 "우리 집 진짜 좋아! 우리 집 놀러 올래?"라며 친구들을 초대한다. 하지만 친구들은 "너네 집 3단지 잖아" "임대가 뭐가 좋아!"라며 함께 어울리려고 하지 않는다. '임대'라는 이유로 포근하고 행복한 아이의 집은 초라한 집이 되고 만다. 아이는 엄마에게 묻는다. "엄마, 임대가 뭐

『우리 집은』
『행복을 나르는 버스』

야?" "임대에 사는 건 부끄러운 거야?" 사회적인 기준으로 인해 아이의 소중한 가치가 평가절하되는 순간이다. 작가는 이 상황을 엄마의 지혜로 아름답고 담백하게 그려냈지만 현실에서는 집의 규모와 위치로 아이들이 편견을 갖고 상처를 주고받는 모습을 자주 목격할 수 있다.

『행복을 나르는 버스』(맷 데 라 페냐, 비룡소)에서 시제이는 일요일이면 항상 할머니와 함께 무료급식소에 간다. 비를 맞으며 버스를 기다리면서 시제이는 아빠와 함께 자동차를 타고 가는 친구를 본다. 그러고는 "우린 왜 자동차가 없어요?"라고 묻는다. 버스 안에서 "우린 왜 항상 예배가 끝나면 거기에 가요?"라며 다른 친구들과 다르게 사는 자신이 안됐다고 여긴다. 버스에서 내려 걸어가며 "왜 여기는 맨날 이렇게 지저분해요?"라고도 묻는다. 시제이가 질문을 할 때마다 할머니는 시제이가 사회적 열등감을 느낄 수 있는 상황을 긍정적으로 바라볼 수 있도록 대답해주면서 시제이의 마음을 토닥인다. 시제이는 아름답게 뜬 무지개를 보며 아름다움은 어디에나 존재한다는 것을 깨닫고 기쁜 마음으로 무료급식 봉사를 한다.

『우리 집은』의 엄마와 『행복을 나르는 버스』의 할머니를 보며 아이들이 편향적인 사고로 인해 좌절하지 않고 사회적 열등감에 빠지지 않도록 하는 어른의 역할이 중요함을 절감한다.

심리적 열등감

자신의 상황과 경험에 대한 주관적 평가로 자신의 모습에 열등감을 느끼는 것이 심리적 열등감이다.

아이들 등원 준비로 바쁜 아침, S는 별다른 단장을 하지 않은 채 서둘러 집을 나선다. 어린이집에 도착해 아들 친구 엄마의 깔끔하고 단정한 출근 복장을 보니 갑자기 자신이 초라해진다. 그 엄마의 지금 마음은 어떤지, 무슨 일을 하는지는 중요하지 않다. 지금 S의 머릿속을 관통하는 생각은 오직 하나 '초라한 나를 숨기고 싶다'이다. 하필 오늘은 머리도 감지 않았다. 깔끔하게 단장한 그녀의 매무새를 보며 대충 묶은 머리와 평상복 차림인 자신의 모습이 대조된다. 모두 S의 머릿속에서만 일어난 일이다.

그림책 『검은 반점』(정미진, 옛눈북스) 속 여자는 언제 생긴지 모르는 얼굴의 검은 반점이 신경 쓰이기 시작한다. 가려지지도 않고 아플 정도로 씻어내도 지워지지 않는다. 검은 반점은 점점 마음을 억누르는 짐이 되고 타인과의 관계마저 흔들어 놓는다. 나와 같은 점을 가진 사람을 만나 위로받는 듯했다. 그러나 서로를 연결해주던 검은 반점은 상대를 미워하게 되는 요인으로 변한다. 타인은 크게 느끼지 못하는 요소가 열등감으로 작용한 경우다.

『검은 반점』
『나에겐 비밀이 있어』

『나에겐 비밀이 있어』(이동연, 올리)의 노랗고 예쁜 망고는 친구들에게 말 못할 비밀이 있다. 사실 망고는 울퉁불퉁한 아보카도다. 거칠고 초록색인 피부가 싫다. 누구도 아보카도의 모습을 보지 못했고 아보카도의 외모에 대해 평가하지 않았다. 자신의 진짜 모습을 아무도 좋아하지 않을 거라고, 이렇게 못생긴 외모로는 친구들의 사랑을 받을 수 없다고 여기는 아보카도. 본 모습을 가리고 사람들이 좋아할 만한 외모로 바꾸어 자신과 타인을 속이려고 한다. 스스로 만든 비밀이 밝혀질까 봐 친구들과 만나면서도 좌불안석인 아보카도가 안타깝고 애처롭다.

4 이건 내 콤플렉스야

'콤플렉스'를 '열등감'이라고 표현할 때가 있다. '키가 작은 건 내 콤플렉스야'라거나 '턱이 각진 게 내 콤플렉스야'라는 식으로 콤플렉스를 열등감 자체로 표현하기도 한다. 콤플렉스는 심리의 복합체라는 의미인데 알프레드 아들러에 의해 열등감 콤플렉스라는 용어가 정립되면서 큰 반향을 일으켰다. 열등감이 긍정적인 우월추구 방향으로 해소되지 못하고 부정적으로 발현될 때 열등콤플렉스를 갖게 된다.

열등콤플렉스

열등감이 순기능으로 작용해 부족함을 채우는 우월추구 방향으로 갈 때 건강한 내면을 갖게 된다. 그러나 자신을 작고 보잘것없게 여기는 마음에서 벗어나지 못하고 그 안에 갇히면 열등콤플렉스가 되면서 감정을 해소하거나 해결하기가 더 어렵고 복잡해진다. 일상생활을 하는 데 방해가 될 정도로 강하게 열등감이 작용하는 것을 열등콤플렉스라고 한다. 열등콤플렉스를 가진 사람의 몇 가지 특징을 살펴보자.

| 완벽주의 |

누구나 자신이 하는 일에서 성취를 이루고 싶은 꿈을 갖고 있다. 심리학자 이동귀 교수 연구팀이 쓴 책 『네 명의 완벽주의자』는 완벽주의자의 특성을 다섯 가지로 규정한다. 첫째, 평상시 실수할까 봐 걱정이 많다. 둘째, 정리정돈을 중요하게 여긴다. 셋째, 부모의 높은 기대를 받고 자란 성장 배경이 있다. 넷째, 성취에 대한 기준이 높다. 다섯째, 잘한 행동인지 본인을 계속 의심한다. 이 중 '실수에 대한 염려'와 '행동에 대한 의심'이 높은 사람은 부정적 완벽주의와 관련이 있다고 한다. 여기에 더해 완벽주의의 또 다른 특징은 본인이 세운 기준을 100으로 봤을 때 그 지점에 다다르지 못하면 결과를 0으로 생각해버린다는 것이다. 목표를 이루기 위해 달려간 과정은 무시해버린다. 그래서 열심히 살다가 갑자기 포기해버린다. 건강한 자의식을 가진 사람은 스스로에게 만족하고 칭찬할 수 있지만 과도하게 자의식이 높은 사람은 주변에서 평가를 하기도 전에, 심지어 아무 말을 하지 않을 때조차 자신의 말과 행동을 곱씹으면서 스스로를 괴롭힌다.

먹이를 사냥하는 것보다 완벽한 거미줄 짓기에 집착하는 『루시의 거미줄』(김수정, 월천상회)의 루시는 휘어진 거미줄을 보면 초조함마저 느낀다. 그러던 어느 날, 정말 멋진 거미줄을 치는 거미 한 마리를 보게 된다. 질투심에 눈이 먼 루시는 짓고 있던 집을 헐어버리고 더욱 완벽한 새 집을 짓는다. 그 녀석의 거미줄을 슬쩍 곁눈질하던 순간, 다리를 헛디디는 바람에

『루시의 거미줄』

루시의 거미줄이 망가진다. 루시는 그 녀석의 거미줄과 자신의 것을 비교하는 데 갇혀 점점 예민해지고 자신을 초라하게 여긴다. 루시는 강아지가 거울을 와장창 깨뜨린 뒤에야 그 녀석이 거울에 비친 자기 자신임을 깨닫는다. 본인의 능력과 장점을 알아차리지 못하고 자신이 정한 기준, 타인의 장점만을 바라보며 스스로를 괴롭히는 사람은 루시처럼 거울이 깨지고 난 뒤에야 비로소 자신을 똑바로 바라볼 수 있다.

※ 그림책 더 보기 ※

『완벽한 계란 후라이 주세요』(보람, 길벗어린이)
멍멍 손님의 '완벽한 계란 후라이' 주문으로 먀옹식당은 갑자기 분주해진다. '완벽'의 기준이 저마다 다른데 과연 '어떤 것이 완벽한 것일까?'에 대한 질문을 유쾌하게 풀어낸 그림책이다.

| 자기비하 |

열등감이라는 감정은 특수한 렌즈 같다. 마치 자기 자신을 실험대 위에 놓고 현미경으로 관찰하는 모습 같기도 하다. 자기를 괴롭히는 마음이 심할 땐, 마치 돋보기로 뜨거운 태양 아래에서 개미를 관찰하다가 태워 죽이는 꼴과 같다. 과도한 자기 집중으로 다른 것은 보지 못하고 자신의 단점만 계속 들여다보며 헤어 나오지 못하다가 결국 자기를 파괴하는 행동으로 이어지기도 한다. 열등콤플렉스는 병적 열등감이 되어 자신의 존재 가치를 폄하한다. 자신을 긍정적으로 평가하고 부족한 부분도 수용하는 건강함이 아니라 부족함을 인정하지 못하고 받아들이지 못해 친절한 조언과 도움도 거부해버린다. 자신을 쓸모없고 하찮은 인간이라고 여기고 타인도 그렇게 생각할 것이라고 짐작한다. 자신을 인정해주기를 바라는 마음을 숨긴 채 끝없이 자신을 부정한다.

『나는 빵점』(한라경, 토끼섬)의 주인공 식빵은 빵집 아저씨가 만든 새로운 친구인 케이크를 보고 감탄한다. 하얗고 눈부신 피부, 크고 당당한 체격, 샤방샤방하고 귀여운 장식, 무엇보다 아름다운 케이크의 모습은 어디 하나 부족함 없이 완벽하다. 갑자기 식빵은 케이크와 자신을 비교하며 어디 하

『나는 빵점』

나 내놓을 게 없다고 절망한다. "나는 빵점이야~ 빵점!" 케이크는 식빵에게 아무 말도 하지 않았는데 식빵 혼자 케이크와 자기를 비교한다. 심지어 다른 빵들에게도 부정적인 자극을 주기 시작한다. 케이크와 비교해보라며 "소보로 아저씨는 속상하지 않아요?" "찹쌀빵아 너는 케이크가 부럽지 않아?" "케이크를 좀 보세요!"라고 말한다. 케이크와 이 빵 저 빵을 비교하는 식빵의 저울질은 "우린 모두 빵점이야!"라는 외침으로 극에 달한다.

✳ 그림책 더 보기 ✳

『모자 달린 노란 비옷』(윤재인, 느림보)
얼굴이 커서 속이 상한 아이는 얼굴이 작아 보이게 할 아이템을 발견한다. 바로 모자 달린 노란 비옷! 모자 끈을 잡아당겨 얼굴을 작게 하고는 해가 쨍쨍 비치는 날에도 비옷을 입는다. 한여름에도 큰 얼굴을 가리려고 비옷을 입어서 땀이 가득 차도 비옷을 벗지 못한다.

우월콤플렉스

우월콤플렉스 역시 열등감의 또 다른 면이다. 자신의 부족함을 인정하지 못하고 과도한 우월을 추구하면서 권력을 행사하려고 든다. 종종 뉴스가 되는 '갑의 횡포'라는 모습으로 어긋난 우월감이 발현되기도 한다. 부족한 자신을 감추기 위해 더욱 과장하고 포장하는 모습으로 나타난다. 출신 대학, 직장으로 나를 포장하고 자신이 쌓아올린 탑으로 나를 표현하려고 한다. 타인에게 인정받기 위한 여러 장치에 과도하게 집착하고 과대포장으로 살아간다. 하지만 타인과의 비교로 얻은 우월은 결국 무너진다.

| 허세 |

허세는 우월콤플렉스의 전형적인 표출 방식이다. 실제보다 더 많이 가진 척, 현실보다 더 잘난 척하고 싶은 마음에 외현에 공을 들인다. 『벌거벗은 임금님』(김서정, 한스 크리스티안 안데르센, 웅진주니어)에서 임금님은 임금으로서 해야 하는 일은 하지 않고 그저 새 옷을 입고 꾸미는 데만 몰두한다. 그런 임금에게 두 남자가 찾아와 세상에서 가장 아름다운 옷을 만들어주겠다고 제안한다. 허영 가득한 임금의 마음을 꿰뚫은 남자들에게 속아 임금은 벌거벗은 채로 퍼레이드를 한다. 순수한 어린이가 "임금님이 벌거벗었어!"라고 외치는데도 진실 앞에서 눈을 감아버리고 허세를 부리는 모습이 처량하기까지 하다.

그림책 『퉁명스러운 무당벌레』(에릭 칼, CM베이비)에서 퉁명스러운 무당벌레는 잔뜩 찌푸린 얼굴로 진딧물을 혼자 다 먹으려고 한다. 함께 나눠 먹자는 친절한 무당벌레에게 싸움을 걸고 위협한다. 퉁명스러운 무당벌레가 큰소리를 치는데도 당황하지 않고 "그렇다면, 어째서 넌 좀 더 큰 애랑

『벌거벗은 임금님』
『퉁명스러운 무당벌레』

싸우지 않니?"라며 정확하게 지적하는 친절한 무당벌레. 여기서 아차! 하고 깨달았으면 좋았으련만 퉁명스러운 무당벌레는 더 큰 대상을 찾아가 "넌 나랑 싸울 만큼 덩치가 크지 않아!"라고 큰소리치고는 정작 싸움 한 번 하지 못하고 도망친다. 자신이 작은 존재인 줄 알면서도 누구와 겨루어도 이길 수 있다고 자기기만을 하고 있다.

✱ 그림책 더 보기 ✱

『오, 멋진데!』(마리 도를레앙, 이마주)
그날이 그날인 단조로운 일상이 이어지는 와중에 한 상인의 번뜩이는 재치로 새로운 물건이 팔리기 시작한다. 사람들은 불편함을 감수하면서도 더 새로운 것, 더 특이한 것, 더 멋진 것을 찾는다. 남보다 더 멋지고 더 나아 보이기 위해 점점 더 과도한 경쟁을 하며 새로운 것을 차지하려는 모습을 유쾌하게 보여준다.

나답게 살아갈 용기 5

열등감이 무엇인지 글로, 머리로 아는 것과 열등감을 삶에서 직접 다루는 것은 다르다. '그렇구나~' 하는 단순한 인식에서 멈추는 것이 아니라 내가 서 있는 지금 이 자리에서 사고의 전환과 함께 복합적인 실천이 필요하다.

아들러 이론을 잘 풀어낸 책 『미움 받을 용기』는 많은 사람에게 위로와 울림을 주었다. 이 책은 자신의 열등한 모습을 마주하는 데도, 타인의 시선을 이겨내는 데도 용기가 필요하며, 있는 그대로 자신의 모습으로 살아가는 것이 가장 나답게 살아가는 길이라는 메시지를 전한다. 나의 열등한 부분과 그로 인해 느끼는 열등감, 나를 괴롭히던 열등/우월 콤플렉스까지 나의 일부로 받아들이고, 열등감으로 쪼그라든 나를 바라보는 용기부터 내어보자.

건강한 직면과 자기 수용

거울 앞에 서서 내 모습을 찬찬히 살펴보자. 노트를 펼쳐 내 성격은 어떤지, 성격 중에 긍정적인 면은 무엇인지 한두 가지 적어보자. 현재의 지위 혹은 나의 역할이나 사회적인 위치를 적어보자. 어떤 평가나 당위적인 사고에 갇히지 말고 지금 나의 현재를 인식하는 것이다. '나는 예뻐야만 해', '높은 성적 혹은 탁월한 실력을 갖춰야 해'라는 사고에서 벗어나 '지금의 나'를 정확하게 인지해보자.

『나를 찾아서』(변예슬, 길벗어린이)에서 하얗고 작은 물고기는 어느 날 신비로운 빛을 보고 무리를 벗어나 반짝이는 무엇인가를 따라 간다. 작은 물고기는 그곳에서 자신에게는 없는 것들을 발견하고는 아름답고 좋아 보이는 것들을 여과 없이 받아들인다. 그렇게 점점 자신의 모습을 잃어버리고 '좋아 보여서' 받아들인 색으로 물들어 간다. 자기 고유의 색깔을 잃어버린 물고기는 타인의 시선에 갇히고 사람들의 조언도 받아들이지 못한다. 결국 거울 속에 비친 자신을 마주하고서도 바로 알아보지 못한다. 거울에 보이는 아이가 "나를 기억해줘"라고 하는 말을 듣고서야 갇혀 있는 자신을 발견하고 온전히 직면한다. 그 뒤 좋아 보여 흡수했던 모든 것을 토해낸다. 여기서 중요한 것은 작은 물고기가 내면의 목소리를 외면하지 않고 용기 내서 거울 속 자아와 입을 맞추었다는 것이다. 거울 속으로 들어가 자신을 깊이 바라보며 내가 아닌 낯선 것들을 버리는 과정에서 나의 내면에서 빛나는 가치를 발견하고는 이전과 다른 아름다운 모습을 갖게 된다. 마주하고 싶지 않지만 도망치지 않고 자신을 바라보는 것이 나를 가장 빛나게 하는 변화의 시작임을 보여주는 감동적인 장면이다.

개인심리학자 아들러 역시 "스스로 어려움을 직면하고 삶의 문제를 해

『나를 찾아서』
『어떤 용기』

결할 능력이 그들 자신에게 있음을 일깨워주어야 한다. 이것이 자신감을 회복하고 열등감을 치유할 수 있는 유일한 방법이다"라고 말한다. '지금의 나'가 어느 정도인지를 정확히 아는 것은 잃어버린 방향을 바로잡고 삶의 출발선에 다시 서는 것과 같다. 이상적인 내가 되어야만 진짜 '나'가 되는 것이 아니라 그 수준에 도달하지 못한 평범한 모습도 '나'라는 것을 받아들일 때 과도한 자기 통제와 비하를 멈출 수 있다.

모두가 부러워하는 삶을 살고 싶은 『어떤 용기』(박세경, 달그림)의 점부리는 멋진 차, 멋진 집, 멋진 남편을 얻는 것이 성공이라고 생각했다. 더욱 인정받고 싶어서 외모를 가꾸고 성형수술도 생각한다. 지금보다 더 나은 자신이 되기 위해 끊임없이 노력한다. 어깨가 찢어질 듯한 통증을 느끼고 병원에 간 점부리는 병원에서 자신이 사람이 아닌 오리라는 충격적인 사실을 알게 된다. '오리'라는 것을 인정해야 치료가 가능하다. 천천히 자신의 모습을 수용하고 치료를 받기 시작한 점부리는 지금 자신에게 필요한 것부터 하나씩 실천한다. 원하는 이상향만을 바라보며 달려갈 때는 몰랐던 참 자기를 발견하면서 점부리는 진정한 행복을 누리게 된다.

| 마음먹기 |

열등감을 느끼는 순간은 되돌이표처럼 또다시 찾아올 것이다. 같은 상황일 수도, 조금은 다른 모양일 수도 있다. 물론 또 넘어질 수 있다. 그렇다 하더라도 스스로를 붙잡고 생각을 전환하는 내면의 힘을 키워나가야 한다. 그래야 열등감이 발현될 수 있는 상황에서 더 나은 선택을 할 수 있다. 『당신의 삶은 충분히 의미 있다』를 쓴 로고테라피 전문가 김미라 교수는 이렇게 말한다. '우리는 반드시 선택을 하게 되고 그 선택은 좋은 영향을

『나는 날 수 있어!』

미치거나 나쁜 영향을 미치게 된다.' '우리는 태도를 결정하고 선택할 수 있는 자유를 통해 정신적 자유를 누릴 수 있다.'

'펭귄은 날 수 없다'는 사실은 변하지 않는다. 그러나 『나는 날 수 있어!』(피피 쿠오, 보림)의 아기 펭귄은 너무나 날고 싶다. 자신도 날 수 있을지 갈매기에게 묻자 "넌 원래 날 수 없다"는 핀잔만 듣는다. 하지만 아기 펭귄의 의지는 꺾이지 않는다. 아기 펭귄은 날기 위해 계속 노력하고 도전한다. "펭귄은 날 수 없지만 수영을 잘할 수 있다"는 아빠의 말에도 아기 펭귄은 오로지 나는 것만 중요하다고 생각한다. 그리고 다른 새들처럼 날 수 있기만을 소망하며 노력한다. 실수로 바다에 풍덩 빠진 아기 펭귄은 아빠의 도움으로 넓고 넓은 바다에서 위로 뛰어올랐다가 다시 뛰어들기를 반복한다. 수영을 하면서 드디어 하늘을 나는 듯한 기쁨을 발견한다. 상황은 변하지 않았지만 나는 것만이 옳다고 고집하지 않고 '수영을 통해 자유로움을 만끽하는 것이 하늘을 나는 것과 같다'고 선택하는 순간 하늘을 날지 못한다는 열등감에서 벗어나 자유로움을 누리게 된다.

| 드러내기 |

수치심이 큰 사람일수록 불안과 열등감이 크다. 불안이 크니 당연히 분노도 크다. 열등감으로 인한 분노는 자신과 타인을 괴롭힌다.

스트레스나 외상과 같은 부정적 사건에 대해 말을 하거나 글로 쓰면서 자신의 정서를 표현하는 지속적 노출치료법이 있다. 트라우마의 기억을 상담사와 꾸준히 이야기하며 트라우마에 노출됨으로써 몸과 마음의 고통을 점차 줄여가는 것이다. 열등감 역시 가만히 드러내거나 소소하게 툭 털어낼 수 있다면 생각보다 가벼운 것이 될 수 있다. 숨기고 싶은 비밀이 아닌 모두가 하나씩은 가지고 있는 혹은 한 번씩은 경험한 것이라는 사실을 알게 되는 것이다.

자신의 부족함을 드러낸다는 것이 쉬운 일은 아니다. 『뉴욕 정신과 의사의 사람 도서관』의 저자 나종호 교수는 마음이 힘들 때 도움을 청하려면 큰 용기가 필요하다는 것을 알기에 병원에 찾아온 환자들에게 용기 내주어 고맙다는 인사를 한다고 한다. 세계적으로 뛰어난 기량을 가진 수영선수 마이클 펠프스는 본인의 정신건강 문제를 공개적으로 고백했다. 자신의 심리적 어려움을 드러내면서 사람들에게 용기를 주

『콧수염 토끼』

었다. 그는 쉽지 않은 고백을 통해 자신과 같은 어려움을 겪는 사람들이 절망에서 회복되도록 돕고 싶다고 말한다. 이 고백이 올림픽에서 딴 23개 메달보다 가치 있다고 덧붙였다.

『콧수염 토끼』(전금자, 재능교육)의 까만 얼룩무늬 토끼는 유독 자신만 코 밑에 얼룩이 있는 것이 마음에 들지 않는다. 사람들이 가볍게 하는 말도 흘려듣지 못하고 귀엽다며 반가워하는 인사에도 버럭 화를 낸다. 화가 나서는 동굴에 숨어 까만 털을 뽑아 보려 하지만 너무 아프다. 그러다가 동굴 반대편에서 들려오는 음악 소리를 따라가 보니 가면무도회가 한창이다. 콧수염이 멋진 장식으로 보이는 가면무도회에서 얼룩무늬 토끼는 흥겹게 즐긴다. 아무도 자신을 놀리지 않는 곳에서 신나게 놀고 있는데 갑자기 비가 쏟아진다. 다른 동물들은 비를 맞아 원래의 모습으로 돌아왔는데 콧수염 토끼의 콧수염은 그대로 있다. 토끼는 콧수염 얼룩이 가면이 아니라고 사실대로 말한다. 그러자 모두들 콧수염 토끼의 모습이 멋지다며 감탄한다. 자신이 초라하고 열등하다고 여기던 콧수염 토끼는 부끄러워하던 자신의 모습을 드러내는 순간 지지를 얻으면서 자신감을 갖게 된다. 동굴 속에 들어갔다 나온 토끼는 이제 자신의 모습을 부정하지 않는다. 더 이상 코 밑 얼룩은 콧수염 토끼의 열등감이 되지 않는다.

6 '나'를 믿는 믿음

우월성 추구

누구나 언제든지 느낄 수 있는 열등감이라는 감정은 삶의 원동력이 되어 우리를 앞으로 나아가게 할 수 있는 긍정적인 측면이 있다. 열등감을 느끼는 것 자체가 나쁜 것은 아니다.

열등감은 스스로 더 나아지려는 욕구, 자신의 부족함을 채우기 위한 노력, 사회가 정해 놓은 '이상적인 나'에 대한 갈망을 통해 자연스럽게 성취를 향해 나아가도록 돕는다. 타인과 비교하면서 자신을 초라하게 여기는 마음이기 이전에 더 나은 방향으로 나아가고자 하는 성장의 동력이다. 완벽하지 않은 인간이 자신의 부족함을 보완하려는 욕구, 완성을 향한 의지와 열정에서 열등감이 시작되는 것이다. 아들러는 이것을 우월성 추구라고 하였다.

『달팽이 헨리』(카타리나 마쿠로바, 노는날)의 헨리는 아무리 애를 써도 풀잎에 붙어 위로 올라갈 수가 없다. 달팽이라면 당연히 나와야 할 점액질이 나오지 않기 때문이다. 늘 땅바닥에 붙어 다니기만 하던 헨리는 줄기에 올라가고 싶어 여러 방법을 시도한다. 몸에 꿀을 바르기도 하고 신선한 송진 한 방울을 묻히기도 한다. 하지만 번번이 실패하는 헨리. 점액질 없이는 아무것도 할 수 없다는 것을 알게 된다. 풀이 죽어 있던 헨리는 자기보다 큰 것을 들어 올리는 개미를 보며 힘이 세지는 훈련을 한다. 날마다 운동을 한 덕에 헨리는 점점 단단해지고 튼튼해져 점액 없이 힘만으로 잎사귀에 오르고 체리 꼭지 위에서 물구나무를 설 정도가 된다. 드디어, 정원에서 가장 큰 꽃에 오르기에 도전하는 헨리. 그러나 중간쯤 올라갔을 때 아직 꼭대기까지 올라가기엔 무리라는 것을 깨닫는다. 그때 달팽이집을 간절하게 갖고 싶어 하는 민달팽이를 만난다. 점액질이 없는 헨리와 집이 없는 민달팽이는 서로의 부족한 부분을 채워 원하는 바를 얻는다. 점액질이 없는 현실을 극복하기 위해 자신을 단련한 헨리. 결핍을 채우기 위한 노력은 특별한 재능이 되어 이제 모두가 부러워하는 능력이 되었다. 헨리는 노력으로 얻은 특별한 재능을 타인의 능력을 개발해주는 데 사용한다. '헨리 서커

『달팽이 헨리』

스'라는 이름으로 모두 함께 멋진 서커스 공연을 하는 장면은 헨리의 우월 추구 노력이 빛을 발하는 절정을 보여준다.

달팽이 헨리를 통해 보았듯 스스로 자신을 단련하고 우월을 추구해가는 노력과, 시기적절하고 따뜻한 타인의 지지와 응원이 어우러질 때 건강한 방향으로 열등감을 극복할 수 있다. 최선을 다했는데도 벽에 부딪힐 때, 눈을 들어 주위를 바라보자. 언제든 손을 내밀어줄 친구들이 있을 것이다.

심리적 안전기지란 어떤 이야기든 털어놓을 수 있는 대상을 말한다. 내 이야기에 귀 기울여 주는 믿을 만한 사람이 있다는 것은 마음 편히 기대 쉴 수 있는 든든한 내 편이 있다는 뜻이다. 열등콤플렉스에 빠진 사람은 힘든 마음을 툭 털고 일어나지 못할 때 자신을 자책한다. 누군가에게 자신의 부족함을 드러내고 도움을 요청하기가 어렵다. 내 약점을 들키고 싶지 않아서, 사람들 앞에서 실수할까 봐, 초라한 자신을 드러내고 싶지 않은 마음에 혼자서 해결하려고 한다.

열등콤플렉스를 가진 사람이 언제든 힘이 되어 주는 사람을 만날 때, 열등감이라는 철창의 빗장이 톡 하고 걷히는 순간을 경험한다. 자신의 부족함을 드러내도 비난 받거나 이상한 사람 취급을 받지 않는다는 것은 열등콤플렉스가 더 이상 올무가 되지 않는다는 의미이기 때문이다.

『내 어깨 위의 새』(시빌 들라크루아, 소원나무)에서 '나'는 설레는 마음으로 학교에 간다. 친구들을 사귀려고 하는데 새 한 마리가 날아와 어깨 위에 내려앉는다. 친구들에게는 내 어깨 위에 앉은 새가 보이지 않는데 '나'는 새의 끽끽거리는 소리를 알아들을 수 있다. 친구들에게 같이 놀자고 말하고 싶지만 새가 '나'를 가로막는 것 같다. 다음날 학교 가는 길에 다시 나타난 새는 '나'를 괴롭히는 말을 쏟아낸다. "바보", "멍텅구리", "그러면 큰

『내 어깨 위의 새』,
『바나나 껍질만 쓰면 괜찮아』

일이 벌어져!" 머리 꼭대기까지 올라간 새 때문에 괴로워 꼼짝할 수도 없는 '나'에게 친구 조에가 다가온다. 아무 말도 못하고 서 있는 '나'에게 예쁜 리본을 건네준 조에 덕분에 갑자기 힘이 솟아난 '나'. 그 리본으로 새의 부리를 묶어 더 이상 어떤 말로도 '나'를 괴롭히지 못하게 하는 순간 '나'는 새로부터 자유로워진다. 조에 덕분에 '나'는 새가 언제 사라졌는지도 모를 정도로 편안해진다.

열등콤플렉스에 시달리는 사람은 '이런 평범한 나도 과연 사랑받을 수 있는 존재인가' 하는 의심을 가지고 있다. 존재 가치를 인정받고 지지받고자 하는 마음이 마치 비를 기다리는 말라버린 사막처럼 간절하다. 대단한 칭찬을 원하는 것이 아니다. 그저 '괜찮은 존재'라고 느낄 수 있는 작은 위로가 필요하다. 비뚤어져 있는 관점을 바로잡아 줄 수 있는 따뜻한 조언과 초라해진 마음을 꼭 품어줄 수 있는 너그러움이 필요하다.

『바나나 껍질만 쓰면 괜찮아』(매슈 그레이 구블러, 그레이트북스)에는 초록 피부에 머리카락도 딱 세 가닥뿐인 괴상하게 생긴 '못난이'가 나온다. 못난이는 사람들 눈을 피해 시내 한복판 쓰레기통 바로 옆에 있는 빗물 배수구에 숨어 산다. 그 속에서 예쁜 사람들을 지켜본다. 못난이가 일 년에 딱 하루 밖으로 나갈 수 있는 날이 있다. 바로 솜사탕 팬케이크 퍼레이드 대축제. 못난이는 바나나 껍질 아래 숨어서라도 남들처럼 평범한 하루를 보낼 수 있는 이날을 간절하게 기다린다. 올해도 어김없이 찾아온 그날, 여느 때처럼 버려진 바나나 껍질을 꺼내 쓰려고 하는데 쓰레기통이 텅 비어 있다. 오매불망 오늘을 기다렸건만 밖으로 나갈 수 없다니, 눈물이 멈추지 않는다. 절망하며 울고 있는 못난이 귀에 낯선 목소리가 들린다. "올해는 퍼레이드 보러 안 와요?" 스스로 존재감이 없다고 생각했던 못난이를 사람들은 매년 지켜보고 있었던 것이다. 사람들은 퍼레이드에서 늘 같은 자리에 있던 못난이를 기억하고, 심지어 못난이가 사는 곳도 알고 있었다. 그들은 못난이가 걱정되어 찾아와서는 밖으로 나가지 못하는 못난이에게 "나 좀 봐요", "나도 그래요~" 하며 자신들의 못난 점을 줄줄 이야기한다. 못난이가 보기엔 다들 예쁘고 단점 하나 없을 것 같던 사람들인데 모두 단점을 가지고 있었다. 아무도 못난이의 못난 모습을 신경 쓰지 않았다. 못난이의 마음에 진심 어린 위로가 닿은 순간이다. 더 이상 바나나 껍질을 뒤집어쓰지 않아도 되는 그날, 못난이는 퍼레이드의 주인공이 된다.

✱ 그림책 더 보기 ✱

『고약한 결점』(안느 가엘 발프, 파랑새어린이)
작은 결점을 가지고 태어난 아이는 결국 자신의 결점에 갇히게 된다. 도무지 이 결점을 해결할 수 없을 때 만난 한 의사 선생님은 아이처럼 자신도 작은 결점이 있었다고 고백하며 그 결점을 어떻게 다루었는지 이야기해준다.

뛰어넘기

『얼룩진 아이』(다니엘 루샤르, 마주별)의 겉표지에는 몸 이곳저곳에 하얀 얼룩이 있는 아이가 시무룩하게 앉아 있다. 얼룩이 싫어서 "저리 가!", "제발 나를 떠나 줘!" 하고 소리쳐 보지만 얼룩은 사라지지 않는다. 한껏 움츠러든 아이는 커져가는 얼룩이 원망스럽기만 하다. 그저 모습이 조금 다를 뿐인데 다름을 받아들이지 못하는 친구들로부터 외면 당한다. 아이는 큰 귀를 가진 친구와 큰 코를 가진 친구들을 통해 다름으로 인한 좌절을 공감 받는다. 공감과 위로를 얻었지만 따돌림으로부터 자유로울 수는 없었다. 외모를 바꿀 수 없는 상황에서 이들은 큰 귀 모양과 큰 코 모양을 만들어 장식을 하고는 자신들의 열등함을 즐거운 놀이로 승화한다. 더욱 화려한 얼룩을 그려 열등함을 독특함과 유쾌함으로 뛰어넘자 비로소 당당해진다.

캐나다의 슈퍼모델 위니 할로우는 어린 시절 백반증 피부로 인해 얼룩말 같다는 놀림을 받았다. 4살에 백반증을 진단받고 고통스러운 유년시절을 보내며 전학도 여러 번 다녔다. 16살에 학교를 중퇴한 뒤 그녀는 더 이상 숨어 지내지 않기로 다짐한다. 그녀는 모델이 되어 자신의 백반증 피부를 드러냈다. 따돌림의 원인이 됐던 얼룩덜룩한 피부 반점을 몸의 디자인

『얼룩진 아이』

으로 승화시켰다. 지금은 전 세계 런웨이와 유명 잡지에서 환영 받는 유명 모델이 되었다. 그녀는 백반증을 포함한 피부질환에 대한 대중의 인식을 바꾸기 위해 연설이나 캠페인 활동을 적극적으로 하고 있다. 세계 최초 백반증 모델로 사람들에게 희망을 주는 사람이 된 것이다.

지금 현재를 살아가기

삶은 어떤 일이 펼쳐질지 알 수 없는 시간의 연속이다. 앞으로 어떤 일을 하게 될지, 언제쯤 날개를 펼쳐 날아오를 수 있을지 모른다.

『그래봤자 개구리』(장현정, 모래알)의 개구리도 때를 기다린다. 지금이야! 하고 뛰어올랐지만 "그래봤자 개구리"이다. 눈앞에서 다른 개구리가 잡아먹힌다. 또다시 점프해 날아오르기를 시도하지만 "그래봤자 개구리"일 뿐, 나보다 뛰어나고 강한 상대의 힘에 두려움을 느낀다. 나는 그저 보잘것없는 개구리이다. 주위 개구리가 하나둘 잡아먹히고 이제 표적은 "그래봤자 개구리"이다. 목숨의 위협을 받는 순간 최선을 다해 점프를 한 개구리는 겨우 목숨을 건진다.

『그래봤자 개구리』

그렇게 들어간 풀숲에서 자신의 보잘것없음을 직면하고 내면의 접촉이 일어난다. '나는 작은 개구리구나.' 자신을 돌아보고 작고 보잘것없음을 인정하고 받아들이는 시간을 통과하고 나서 개구리는 비로소 더 크게 뛰어오른다. "그래! 나 개구리다!" 그림책의 강렬한 타이포그라피는 개구리의 강력한 의지와 깊은 내면의 통찰에서 나오는 외침이라는 것을 알게 해준다. 작은 개구리 떼가 모여 개굴개굴개굴 외치는 '개굴'이라는 글자의 향연은 열등감으로 '쭈굴'해져 있는 사람들이 함께 모여 보잘것없는 '작음'이 아닌, 충분히 자신의 가치를 알고 높이 뛰어오를 수 있는 존재임을 외치는 구호처럼 보인다.

이 책의 마지막 페이지, '나는 개구리'에 '나는 ○○○'라고 내 이름을 넣어보자. 열등감에 발목 잡혀 초라한 내가 아닌, 스스로의 존재 가치를 마음껏 뽐내는 내 이름을 넣어보자.

열등감을 극복하는 데 순서나 단계는 없다. 주어진 상황에서 일어나는 마음의 역동을 그때그때 잘 대처하고 다스리는 것이 중요하다. 마음을 꼭 안아주고 보듬어주어야 할 때는 여유롭게 나를 바라봐주고, 힘차게 앞으로 나아갈 수 있도록 힘을 내야 할 때는 스스로에게 용기를 훅 불어 넣어주며 힘을 내보자. 당신은, 삶의 모든 순간에 여러 모양으로 자극하는 열등감을 마주하고, 열등감을 해결하기 위해 애쓰는 멋진 사람이다.

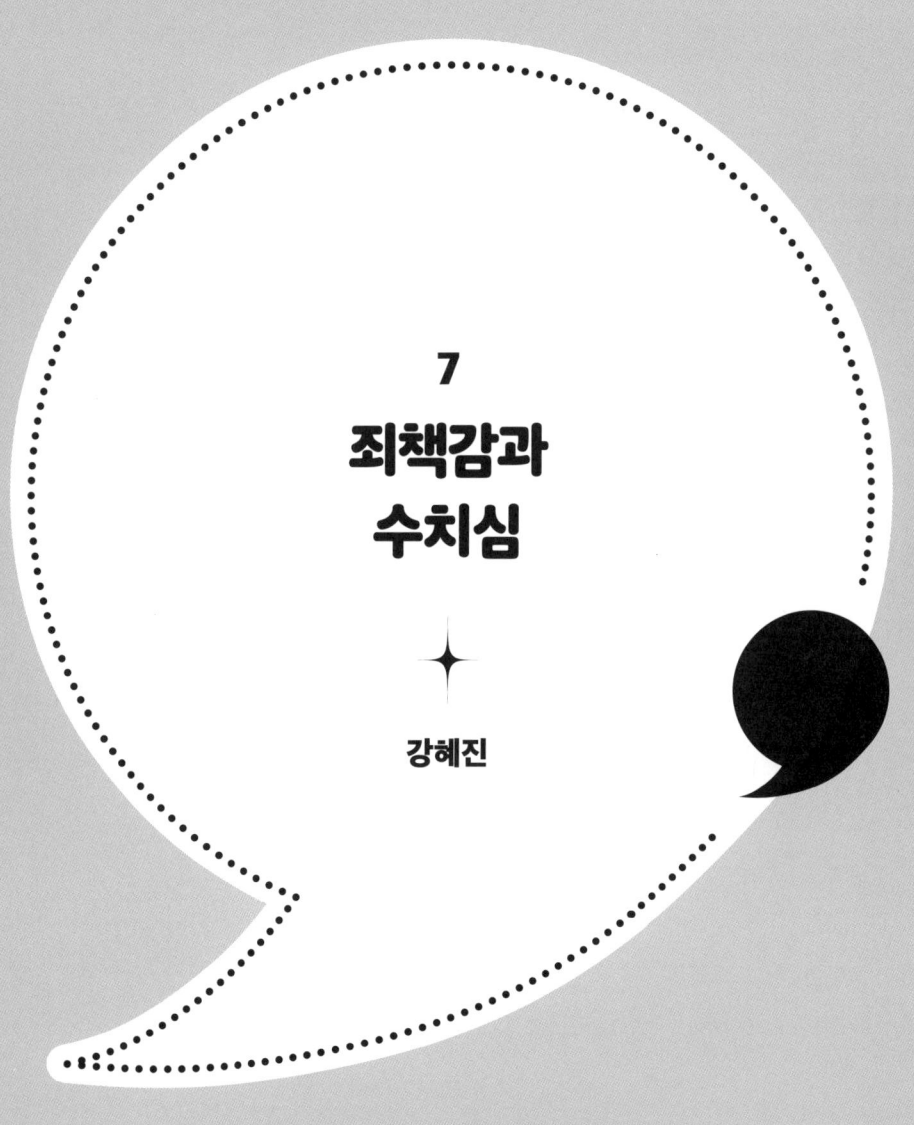

7
죄책감과 수치심

강혜진

최초의 인류가 느낀 감정

1

아담과 이브의 마음

죄책감과 수치심이라는 감정이 잘 드러난 장면으로 아담과 이브 이야기가 있다. 아담과 이브는 에덴동산에 있는 모든 열매를 먹어도 되지만 선악을 알게 하는 나무의 열매만은 먹을 수 없었다. 하지만 뱀의 유혹으로 선악과를 따 먹게 된 아담과 이브는 최초로 죄를 저지르게 된다. 아담과 이브가 느낀 최초의 감정이 바로 실존적 죄책감이다. 죄책감은 이처럼 금기를 위반한 행위에 대해 후회하는 감정이다.

죄책감에 이어 아담과 이브가 느낀 감정은 부끄러움이었다. 선악과를 먹은 이후에야 자신들의 벗은 몸이 부끄러워 나뭇잎으로 몸을 가린다. 이 부끄러움이 바로 수치심이다. 최초의 인류가 느낀 감정이 바로 죄책감과 수치심인 것이다.

죄책감은 사회적 규범이나 양심 혹은 자신이 정한 규정을 위반한 데 대해 책임감을 느끼는 인지적, 정서적 경험이다. "하지 말았어야 했는데", "조심해야 했는데"처럼 죄책감은 일종의 후회 같은 것이다. 심리학자 브래지어(Brazier, 2012)는 죄책감은 좋고 나쁨이나 선과 악에 관한 판단 기능과 직접 관련이 있다고 말한다.

그림책 『데미안』(정아원, 헤르만 헤세, 고래의숲)에 죄책감에 대한 묘사가 잘 드러나 있다. 엄숙하고 부유한 기독교 가정에서 태어난 주인공 싱클레어는 세상에 두 세계가 있음을 알게 된다. 하나는 자신의 집 안처럼 밝고 따뜻한 '선의 세계'이고, 다른 하나는 집 밖의 금지되고 어두운 '악의 세계'다. 싱클레어가 창밖을 바라보는 장면에서 선과 악의 대비를 잘 보여주는데, 싱클레어가 서 있는 집 안은 고급스러운 벽지와 따뜻한 색감으로 선(善)의 세계를 상징화하여 보여준다. 창문 밖으로 보이는 숲에는 까마귀 한 마리가 앉아 있다. 숲은 어둡고 황량하고 스산한 모습으로 악(惡)의 세계를 상징적으로 보여준다. 싱클레어는 안에 있으면서도 창문 밖 어두운 세계로 시선이 향해 있다. 어두운 숲속 까마귀 떼 속에 빨간 사과 하나가 매달려 있는데, 아담과 이브의 선악과가 연상된다.

『데미안』

어느 날 마을 과수원에서 사과를 도둑맞은 일이 발생한다. 주인은 사과를 훔친 사람을 현상금을 걸어 놓고 찾는다. 싱클레어는 어둠의 세계에 있는 친구 크로머를 만난다. 그 친구에게 지고 싶지 않은 마음에 자기가 사과를 훔쳤다고 거짓말을 한다. 이후 싱클레어는 죄책감에 시달린다. 싱클레어는 크로머에게 협박을 당하게 되고 상황을 모면하기 위해 더 많은 거짓말과 잘못을 저지른다. 싱클레어는 죄책감으로 악몽에 시달리고 처음부터 거짓말을 하지 않았더라면 하고 후회한다. 데미안의 도움을 받아 위기에서 벗어난 싱클레어는 어머니를 찾아가 죄를 고백하고 죄책감에서 벗어난다.

숨고 싶은 수치심

수치심은 자신의 존재가 거부되고, 조롱당하고, 존중받지 못한다는 데서 오는 고통스러운 정서를 말한다. 수치심이라는 단어 자체만으로도 '이 감정은 숨겨야 해'라는 본능적인 느낌이 든다. 그래서 수치심은 불안, 두려움, 우울 뒤에 움츠리고 있는 감정이기도 하다.

우리는 보통 수치스러웠던 상황을 떠올리면 까발려져서 창피한 느낌이라고 표현한다. 내가 보이고 싶지 않은 모습을 외부의 시선이 바라보고 있는 느낌인 것이다. 이럴 때 수치심은 불안, 두려움, 분노 등의 감정을 앞세우고는 무의식 깊은 곳에 숨어버린다. 죄책감이 금기를 어긴 행위에 대한 후회나 책임감에서 오는 후회의 감정이라면, 수치심은 본능적인 죄책감으로 '나는 쓸데없는 인간이다'와 같이 자신의 존재를 부정하는 감정이라는 차이가 있다.

『감정은 무얼 할까?』는 감정 단어를 설명한 그림책이다. 수치심은 땅에 구멍을 파고 그 속에 두더지처럼 들어가 있지, 라고 쓰여 있다. 땅속에 웅크린 채 두 눈을 가리고 있는 두더지가 그려져 있다. 두더지는 눈이 작고 시력이 매우 나빠 겨우 빛을 감지할 정도라고 한다. 그러한 두더지가 땅속에서 눈까지 가리고 있는 모습을 보니 무언가로부터 도망쳐 온 듯하다. 부끄럽거나 수치스러움을 느낄 때 쥐구멍에 숨고 싶은 마음을 적절하게 표현하고 있다.

이처럼 수치심은 다른 사람이 자신을 결점이 있는 사람으로 바라본다고 판단할 때 발생하는 정서이다. 이때 "내가 그렇지 뭐", "내가 해봐야 뭘 하겠어" 하면서 자신의 존재 자체를 부정한다. 수치심은 자신의 행동이나 느낌, 사고 등을 형성하고 있는 자아상이 자신의 기대에 미치지 못할 때 느낀다.

그림책 『양심 팬티』(마이클 에스코피어, 꿈터)에서 주인공 레옹은 밥을 너무 많이 먹어서 급하게 화장실에 간다. 볼일을 본 뒤 휴지를 찾았는데 휴지는 없고 나무에 걸린 팬티 한 장을 발견한다. 레옹은 누군가가 버리고 갔다고 생각하고 팬티를 휴지 대신 사용한다. 뒤돌아 가는데 어디선가 소리가 들려온다. "나는 네 마음속의 양심이다." 마음속 양심의 소리를 듣게 되면

『양심 팬티』

서 레옹은 부끄러움을 느끼고 죄의식을 알게 된다.

　프로이트의 지형학적 모델은 인간의 성격 구조를 빙산에 비유하여 세 가지 영역인 의식, 전의식, 무의식으로 분류한다. 구조론적 이론은 이들에게 영향을 주는 힘으로 원초아(ID), 자아(EGO), 초자아(SUPEREGO)로 구분한다.

　『양심 팬티』에서 레옹이 한 행동은 유아의 행동에서 흔히 발견할 수 있다. 원초아(ID)는 성격의 원초적인 부분으로 모든 본능의 저장소이며 쾌락 원리에 따라 행동한다. 성장하면서 자아(EGO)와 초자아(SUPEREGO)가 분화된다. 레옹에게 말을 건넨 양심은 초자아다. 초자아는 사회적 규범을 철저히 지키고 이상적인 자기 모습을 추구한다. 본능적인 이드를 초자아가 잡아주는 역할을 한다. 배변이라는 원초아의 욕구에 대한 수치심과 남의 팬티를 함부로 사용했다는 죄책감이 충돌하는 것을 잘 보여주는 그림책이다.

죄책감과 수치심의 차이점

수치심은 자기가 어떤 사람인지에 관한 것이고, 죄책감은 자신이 한 일에 대한 것이다. 수치심은 자신의 존재가 중심이 되고 죄책감은 자신이 한 행동이 중심이 된다. 자신이나 타인의 기대에 미치지 못하면 수치심과 죄책감을 경험한다. 하지만 두 감정은 다르게 인식된다. 수치심은 무력감을 느끼고 소극적인 기분이 드는 반면 죄책감은 어떤 행동을 해야겠다는 생각을 동반한다.

　자신이 한 일에 대해 타인에게 사과하거나 용서를 구하면 죄책감을 수용하는 데 도움이 되지만 수치심은 도움이 되지 않는다. 용서를 구하면 죄책감은 보상, 만회가 된다.

죄책감	수치심
특정한 행동에 대한 학습된 평가를 포함한 복합적인 감정	인간으로 자신의 가치나 중요성에 대한 핵심적 근본 감정
자신이 한 행동이나 생각이 다른 사람이나 사회 안정을 해칠 수 있다는 도덕적 규범과 관련	자기 자신의 존엄성이 훼손되었다는 자의식에서 출발

✳ 그림책 더 보기 ✳

『공룡이 왔다』(박주현, 노란상상)
친구가 가져온 공룡 장난감을 만져보고 싶었던 주인공은 친구 몰래 공룡에 손을 댄다. 만지는 순간 공룡의 손이 부러진다. 하지만 자신이 그랬다고 말하지 못하고 죄의식을 느낀다. 망가진 공룡 장난감은 그림자가 되어 주인공에게 나타난다. 죄책감을 용감하게 대면한 주인공을 통해 죄책감을 해소하는 방법을 알 수 있다.

『오늘 내 마음은… 가나다 감정 그림책』(마달레나 모니스, 열린어린이)
한글 자음을 감정 단어와 연결하여 감정의 이름을 알아보는 그림책이다. 'ㅂ'에 소개된 감정 단어는 '부끄럽다'이다. 아이가 커다란 커튼 뒤에 숨어서 얼굴만 빼꼼히 내밀고 있다.

태어나는 순간부터 함께하는 감정 2

원초적 죄책감: 출생

인간은 태어나는 순간 원초적 죄책감을 느낀다. 심리학자 노이만은 아이가 엄마로부터 분리될 때 원초적 죄책감을 느낀다고 말한다.

인간은 성장하는 것에도 죄책감을 느낀다. 태아는 엄마와 분리된 후에도 엄마의 젖으로 생명을 유지한다. 그러다가 스스로 먹고 자고 용변을 가리면서 생명의 근원인 엄마로부터 독립하게 된다. 생명의 근원이던 엄마의 존재를 필요로 하지 않는다는 데 원초적 죄책감을 느끼는 것이다.

『모두 다 싫어』(나오미 다니스, 후즈갓마이테일)는 생일파티를 배경으로 아이의 심정을 이야기하는 그림책이다. 성장을 기념하는 기쁜 생일날, 아이는 좋기도 하고 싫기도 한 양가감정을 드러낸다.

그림책 오른쪽 면에서는 과자 그릇을 들고 "쳐다보지 마!" 하며 노려보는가 하면 왼쪽 면에서는 과자 그릇을 머리에 뒤집어쓰고 자신을 봐달라고 한다. 아이가 신발장에서 신발을 신는 장면을 보면 한쪽 면에서는 어른 신발을, 반대쪽 면에서는 작은 신발을 신고 있다. 아이는 "이제는 내가 몇 살이지?" "엄마 아빠는 언제는 내가 다 컸다고 하고, 언제는 너무 어리다고 해"라며 자신의 성장에 대한 불안감과 성취감의 양가감정을 표현한다. 이처럼 아이는 성장이란 생명의 근원인 엄마로부터 분리되는 것이라는 본능적인 불안감과 성장에 대한 원초적 죄책감을 느낀다.

그림책 『나쁜 짓이 하고 싶어』(사와키 고타로, 담푸스)를 보면 알 수 있다. 주인공은 "나쁜 짓이 하고 싶어"라고 말하며 화장지를 마구 풀어헤치고, 더욱더 나쁜 짓이 하고 싶다고 말하며 맨손으로 음식을 먹고, 벽에 낙서를 한다. 엄마는 "안 돼"라고 하지 않고, "재미있었어?"라고 물어본다. 아이들은 이 그림책을 보며 꼭 자기 이야기인 듯 좋아한다. 속으로 '어! 나도 이런 적 있었는데' 하며 카타르시스를 느끼는 듯하다.

현실에서 엄마는 그림책 속 엄마처럼 "재미있었어?"라고 묻기 힘들다. 잘못된 행동인 줄 알면서도 짓궂게 행동하면 처벌을 받는다. 아이들은 개구쟁이 짓을 해서 처벌을 받으려는 충동이 있다. 부모와의 분리에 대해 갖

『모두 다 싫어』,
『나쁜 짓이 하고 싶어』

게 된 분노와 복수 감정을 공격적인 행동으로 표현하는 것이다. 이후 부모에게 처벌을 받으면서 아이는 죄책감을 덜어낸다.

대상관계이론의 창시자 멜라니 클라인은 건강한 아이의 정상적인 죄책감은 성장을 위한 밑거름이라고 말한다. 그림책 속 엄마처럼 "재미있었어?"라고 말해주기란 쉬운 일이 아니다. 하지만 아이의 의도적인 공격성도 성장하는 과정이라고 인지한다면 양육에 도움이 될 것이다.

분리, 유기로 인한 죄책감: 난 사랑받지 못하는 존재구나

심리학자 베어는 융의 전기에서 융이 어린 시절에 느낀 죄책감을 소개한다. 건강이 좋지 않았던 융의 엄마 에밀리가 오랫동안 요양원에 머문 적이 있다. 융은 "에밀리의 신체 질환은 융을 출산할 때 얻은 병과 관련이 있다"라는 아버지의 말을 우연히 듣게 된다. 아버지는 어머니가 집에 없을 때마다 융을 이모에게 데려다 두었고, "어머니가 너를 사랑한단다"라고 하면서 곧 돌아올 것이라고 말했다. 이후 융은 사랑이라는 단어가 나올 때마다 자신이 버림받고 다시 헤어지는 일이 생길까 봐 불안했다.

부모의 의도적인 유기나 방치가 아니더라도 부모에게서 떨어지는 일을 겪으면 아이는 버림받은 것으로 느낀다. 이로 인해 존재 가치에 대한 의심과 멸절에 대한 두려움을 경험한다.

그림책 『미영이』(전미화, 문학과지성사)에서 미영이 엄마는 화장실에 다녀온다며 나간 뒤에 돌아오지 않는다. 미영이는 사촌 집에서 머문다. 글씨를 잘 못 쓰는 미영이를 보고 동갑내기 사촌은 엄마에게 미영이는 글씨를 왜 못 쓰는지, 왜 고집이 센지, 고집이 세서 엄마가 버린 건지 묻는다. 미영이는 그 순간 유기된 자신의 존재 가치에 대해 의심을 하고, 버려지는 것에 대한 엄청난 두려움을 경험했을 것이다. 존재 가치에 대한 훼손은 수치심과 연결된다.

아동은 부모의 돌봄 없이 살아갈 수 없다. 계획된 유기나 방치에서만 아이가 수치심과 죄책감을 느끼는 것은 아니다. 부모의 양육 환경에서도, 부모의 별생각 없는 말에도 아동은 민감하게 반응한다.

부모의 갈등으로 인한 죄책감: 나 때문인가?

그림책 『나 때문에』(박현주, 이야기꽃)에서 아이들은 자신들이 할 일이 많은 엄마와 피곤한 아빠를 자꾸 불러서 엄마 아빠가 싸운다고 생각한다. 엄마와 아빠는 아이들과 좀 놀아주라고, 아이들을 조용히 시키라고 언성을 높이며 싸운다. 이 모습을 본 아이들은 존재감을 느끼지 못한다. 실제로 유기하지는 않았지만, 존재감의 결핍으로 인한 수치심이 내면화된다. 부모가 이혼하면 자녀는 죄책감을 갖게 된다. 아이들은 부모의 이혼을 자신의 잘못으로 생각하는 경향이 있다. 드라마나 영화를 보면 이런 상황에서 아

『나 때문에』

이들은 "제가 말 잘 들을게요", "공부 열심히 할게요" 같은 말을 한다. 부모의 불화가 자신 때문이라는 생각은 죄책감에서 시작된다. 이처럼 자녀는 양육 환경에 따라 죄책감과 수치심을 느낀다.

✳ 그림책 더 보기 ✳

『줄어드는 아이 트리혼』
(플로렌스 패리 하이드, 논장)
심리발달단계에 따르면 아이들은 새로운 활동을 시도하며 자발성과 능동성을 발휘하는데 이때 부모가 아이의 주도적 행동을 과도하게 제재하거나 처벌하면 좌절과 죄책감을 느낀다. 그림책에서 부모는 트리혼의 의견을 무시하거나 제재하는데 그럴 때마다 트리혼의 몸이 작아진다.

『지나치게 깔끔한 아이』
(마릴리나 카발리에르, 두레아이들)
엄격한 부모의 과도한 기대로 인해 아이는 수치심을 느낀다. 그 수치심은 자신이 설정한 수준에 이르지 못할 때 오는 비판의식에서 시작된다. 이 책은 불안한 양육 환경과 엄격한 기준에 영향을 받고 자란 아이가 불안하고 강박적으로 생활하는 모습을 보여준다.

3 죄책감과 수치심의 유형

개인적 죄책감, 집단적 죄책감

죄책감은 자신의 잘못된 생각이나 행동에 대한 책임에서 시작된다. 개인적 죄책감은 사회문화적 기준, 종교적 기준, 심지어는 자신이 세운 도덕적·윤리적 규범이나 금기를 어겼을 때 느끼는 인지적 혹은 정서적 감정이다. 집단적 죄책감은 다른 집단이나 구성원에게 비합법적으로 위해를 가했을 때 느끼는 집단 감정이다.

그림책 『노란 별』(카르멘 애그라 디디, 봄소풍)은 덴마크의 크리스티안 왕에 관한 이야기이다. 크리스티안 왕은 유대인의 가슴에 노란 별을 붙이고는 학살하는 것을 막기 위해, 모든 국민에게 노란 별을 붙이게 하는 지혜를 발휘한다. 집단적 죄책감은 집단 간의 화해와 상생을 도모하는 동기를 유발한다는 점에서 긍정적인 측면이 있다.

『노란 별』
『불행이 나만 피해갈 리 없지』

존재적 수치심, 행위적 수치심

수치심은 존재적 수치심과 행위적 수치심으로 나뉜다.

존재적 수치심은 살아있다는 것 자체만으로 부끄럽고 수치스럽다고 느끼는 감정이다. 심리학에서 수치심의 첫 경험은 엄마 배 속에서 태어나는 순간이라고 말한다. 엄마의 몸에서 분리되는 순간 아이는 엄마와의 연결고리가 끊어지면서 느끼는 불안과 함께 거절감을 느끼게 되고 이 감정은 수치와 연결된다. 아기는 대소변을 본 뒤 본능적으로 울음을 터트려 기저귀를 갈아달라는 신호를 보낸다. 보통 양육자는 아이의 울음에 반응하여 기저귀를 갈아주지만, 그렇지 못한 경우 '내가 이렇게 울어도 아무도 나에게 와주지 않는구나!' 하며 거절감으로 인한 수치심을 느낀다. 애착 형성 시기에 아이의 애착 행동에 양육자가 반응을 보이지 않아도 수치심을 느낀다.

행위적 수치심은 내가 당한 행위 또는 내가 한 행동으로 인해 부끄럽거나 수치스럽다고 느끼는 감정이다. 그림책 『불행이 나만 피해갈 리 없지』(정미진, 엣눈북스)에서 주인공은 불길한 꿈을 꾸고 난 뒤 불운을 예상하며 집을 나선다. 예상처럼 사소한 일들이 벌어진다. 계단에서 넘어지고, 껌을 밟고, 새똥이 머리 위로 떨어진다. 그렇게 찾아간 장소는 문이 닫혀 있다. 주인공은 이때 "불행이 나만 피해갈 리 없지"라고 말한다. 이때 주인공이 느낀 수치심은 행위적 수치심이다.

길을 가다 발을 헛디디는 바람에 사람들이 많은 장소에서 넘어졌다고 해보자. A는 "아! 창피해. 조심하지 못했네"라고 생각하고, B는 "아! 내가 그렇지 뭐" 하고 생각한다. A는 행위적 수치심을 경험한 것이고 B는 존재적 수치심을 경험한 것이다. 이처럼 같은 상황에서 사람에 따라 존재적 수치심과 행위적 수치심을 다르게 경험한다.

존재적 수치심은 어떤 상황에서 느끼는 수치심은 아니다. 존재적 수치심은 자기를 공격하게 된다. 때문에 존재적 수치심이 자주 발생하면 자존감이 낮아진다. 수치심은 자아존중감과 밀접한 관계가 있기 때문이다. 존재적 수치심을 견디지 못하면, 자신을 과대포장하거나 자신의 모습을 가리는 가면을 쓰게 된다. 수치심은 일종의 본능적 죄책감이다. 죄책감으로 인해 움츠러드는 자아를 숨기고 보호하려는 욕구에서 발생하기 때문이다.

✷ 그림책 더 보기 ✷

『거짓말 손수건, 포포피포』(디디에 레비, 이마주)
거실에서 신나게 축구 묘기를 선보이던 클로비는 엄마가 아끼는 하마 도자기 인형을 깨뜨리고 만다. 놀라기도 하고 두렵기도 해서 얼떨결에 손수건에 깨진 조각을 싸서 주머니에 감춰둔다. 깨진 조각은 사라지고 손수건에 도자기 무늬가 남아 있다. 그 뒤에 일어난 실수도 손수건에 감추어두자 무늬로 남는다. 손수건의 크기가 점점 커지더니 급기야 클로비를 덮치게 된다.

『어느 작은 사건』(루쉰, 두레아이들)
누구보다 잘나고 뛰어나다고 자만하는 주인공은 초라하다고 생각한 인력거꾼의 선한 행동을 보고 부끄러움을 느낀다. 자신보다 못하다고 생각하는 사람의 선한 모습을 보고 수치심을 느낀다.

4 죄책감과 수치심은 다르다

수치심과 죄책감은 차이점이 명확하다. 하지만 두 감정은 보이지 않는 고리로 연결되어 있다. 두 감정을 분리하여 수용하지 않으면 어떤 결과로 나타나는지 살펴보자.

〈오은영의 금쪽상담소〉에 출연한 래퍼 우원재는 지인들과 함께한 자리에서 뒷담화를 말리지 못한 것에 죄책감을 느낀다고 하소연했다. 그런 날이면 집에 돌아와서 내가 조금만 더 완벽한 인간이라면 이렇게 후회할 일을 하지 않았을 텐데, 하는 생각에 우울감에 시달린다고.

이처럼 죄책감을 느끼는 개인적인 판단기준은 사회적인 판단기준과 다르다. 개인적인 판단기준이 사회적인 판단기준보다 강하면 자신의 행동, 사고, 감정에 대한 기준이 엄격해짐으로써 죄책감이 강화된다. 반대로 자신에 대한 지나친 관대함은 도덕 불감증이나 무책임한 태도로 나타날 수 있다.

그림책 『그림자는 어디로 갔을까?』(이주희, 한림출판사)의 첫 장을 넘기면 "네 그림자는 딱 붙어 있니? 발밑을 잘 살펴봐. 내가 그림자를 잃어버린 적이 있거든" 하고 독자에게 말을 건넨다. 아이는 바람이 불던 어느 날 자신이 그림자를 서서히 잃어버리고 있다는 것을 알아차리고 그림자를 찾아 나선다. 사라진 그림자는 익숙한 곳에 있었다. 아이는 그림자를 교실에서, 놀이터에서, 거실에서 만난다. "그림자야 왜 거기 있니?" 하고 아이가 묻자 그림자는 "나는 실수투성이야. 놀다가 아빠 안경을 깨뜨렸어"라고 대답한다. 아이는 안경을 깨뜨린 그림자에게 괜찮다고, 다음에 조심하면 된다고 말을 건넨다. 그렇게 여기저기에 두고 온 내 그림자를 찾아 돌아오는 이야기이다.

이 그림책에서 '나'는 내 행동에 대한 후회나 책임감으로 인해 느끼는 죄책감을 그 자체로 인정하지 못하고 존재적 수치심으로 확대해 내 존재를 거부하고 자아의 일부분을 그 자리에 놓아둔다. 이처럼 수치심과 죄책감은 친구처럼 가까이 붙어 있는 감정이지만 서로 다른 감정으로 분리하여 바라보아야 한다. 수치심과 죄책감은 일상에서 다양한 모습으로 나타난다. 일상에서 발견할 수 있는 수치심과 죄책감을 살펴보자.

『그림자는 어디로 갔을까?』

본능에 의한 죄책감

인간은 생명을 유지하기 위해 식용하는 동물에 대한 죄책감을 느낀다. 식욕과 성욕 같은 본능에 의한 죄책감은 보편적이지만, 사회문화적 환경에 따라 죄의식을 느끼는 강도가 다르다. 건강을 위해 비건을 선택하는 사람도 있지만, 동물의 생명 존중과 동물에 대한 죄의식으로 인해 비건을 선택하는 이들도 있다.

그림책 『돼지 이야기』(유리, 이야기꽃)는 농장에서 사는 돼지의 일상과 2010년 구제역 살처분 사태를 보여준다. 돼지가 병에 걸리자 살아 있는 동물들을 땅속에 묻어야만 했던 사람들의 비극을 이야기한다. 제 손으로 돼지를 묻은 사람들의 죄책감, 나아가 공장식 축산에 대해 생각하게 해준다.

살아남은 자의 죄책감

세월호 생존자 김동수 씨는 마지막까지 아이들을 구한 세월호의 영웅이다. 하지만 동수 씨는 몇 년이 지나도 악몽에 시달린다. 아이들을 남겨두고 살아남은 것, 더 많은 아이를 구하지 못한 죄책감이 동수 씨를 깊은 바

 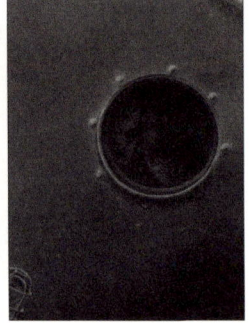

『돼지 이야기』, 『응시』

다로 가라앉게 만든다.

그림책 『응시』(김휘훈, 필무렵)는 깊은 물속에 잠겨 있는 세월호와 그 안에 남아 있는 반짝이는 별을 찾아내는 거북의 시선을 그린다. 저 밑에 가둬 놓은 별들은 마음속에 간직하고, 살아남은 자의 내면에 묶어놓은 죄책감은 내려두어도 된다는 메시지를 담고 있다.

가면 뒤의 수치심

사회적으로 부여된 지위나 직업, 사회적 역할에 대한 페르소나는 수치심·죄책감과 깊은 관련이 있다. 사회적인 페르소나가 자아의 존재를 대신하고 있을 때 수치심과 죄책감을 동반한다. 예를 들어 교육자라는 사회적 페르소나는 모범이 되어야 한다는 생각을 한다. 퇴근하고 집으로 돌아오면 사회적 페르소나인 교육자에서 벗어난다. '교육자는 도덕적으로 모범이 되어야 해'라는 페르소나가 강하게 자리 잡으면 자신의 모습에서 괴리감을 느끼게 된다. 괴리감은 자아에 영향을 미치고 자기파괴로 이어질 수 있다.

『마음샘』

그림책 『마음샘』(조수경, 한솔수북)의 늑대는 마음속에 살고 있는 토끼를 발견하고 혼란스럽다. 늑대는 강해야 되는데 약한 토끼의 모습을 누군가 볼까 봐 불안하고 수치스럽다. 마음샘에 비친 토끼를 없애기 위해 샘의 물을 다 마신다. 결국 늑대는 토끼의 모습이 자신의 일부임을 인정하고 받아들인다.

우리는 사회적 위치와 역할을 위해 여러 가지 가면을 쓰고 살아간다. 직장에서는 모범적인 교육자로, 집에서는 다정한 아빠로, 동호회에서는 열정적인 예술가로…. 사회적 페르소나와 나의 자아를 구분해야 나를 온전히 수용할 수 있다.

다름에 대한 수치심

수치심은 사회적인 편견이나 차별에서 발생하기도 한다. 어렸을 적 부모가 자녀들을 차별한 데서 비롯된 수치스러운 경험도 포함된다. 그 수치스러운 기억은 무의식 어딘가 내면 아이의 모습으로 존재한다. 생각이나 가치관이 다르거나, 대다수 사람과 다르다는 데서 비롯되는 수치심도 있다.

최근에는 주변에서 다문화 가정을 쉽게 찾아볼 수 있다. 다문화 가족은 사회적 차별과 편견으로 어려움을 겪는다. 언어와 피부색이 다르다는 이유로 멸시와 차별을 경험할 때 수치스러움을 느낀다. 이때 느껴지는 수치심은 자아 이상과는 관계없이 발생하는 것이기 때문에 절망과 좌절을 일으키고, 때로는 이유 없는 분노와 격분을 동반한다.

그림책 『검은 행복』(윤미래, 다림)은 가수 윤미래의 노래를 배경으로 한

『검은 행복』

그림책이다. 윤미래의 아빠는 흑인 군인으로, 윤미래는 어렸을 적 사람들에게 손가락질을 받았다. 엄마의 얼굴에 깃든 슬픔을 보고, 거울에 비친 자신의 얼굴을 보며 나 때문인 것 같은 죄책감에 수십 번 얼굴을 씻어냈다고 한다. 무언가 다르고 특별할 때, 우리는 집단으로부터 분리되는 느낌을 받는다. 이때 수치심과 죄책감을 느낀다.

✳ 그림책 더 보기 ✳

『가족앨범』
(실비아 디이네르트, 티네 크리그, 사계절)
가족 내 아동 성폭력을 다룬 그림책이다. 주인공 단비는 바쁜 엄마 아빠보다 예쁜 인형을 주는 삼촌과 잘 논다. 단비는 인형과 노는 게 즐겁다. 단비는 삼촌에게 뽀뽀를 하고 인형을 받았다. 단비에게 비밀이 생겨버린다. 아동기의 성적 수치심은 성인이 되어도 일상생활에 큰 영향을 미칠 수 있다.

『너도 갖고 싶니?』
(앤서니 브라운, 웅진주니어)
가정 형편이 다른 두 아이 중 부유한 집 아이는 친구에게 자랑을 늘어놓는다. 두 아이를 보면서 경제적인 어려움에서 느낄 수 있는 수치심이 내부의 열등콤플렉스와 연결된다는 것을 알 수 있다.

죄책감과 수치심이 드러나는 방식 5

죄책감과 수치심은 두 가지로 표출된다.

첫째, 분노나 격분과 같은 공격성으로 드러난다. 죄책감에 대한 자기비판은 자기 처벌이나 자기 거절로 이어진다. 자기 처벌적인 모습을 보이는 이유는 자신에 대한 처벌을 통해 죄책감을 덜어내고자 하는 본능적 욕구에서 비롯된다. 자기 처벌은 죄책감을 유발한 대상에 대한 분노를 자기 내부로 향하게 하는 것이다. 공격성이 내부로 향하면 죄책감에서 벗어나지 못하고 자기 학대와 자기 비하로 이어져 우울해진다.

둘째, 죄책감이 건강한 에너지로 변화될 때 자기 자신을 용서하고 화해한다. 그림책 『빨간 매미』(후쿠다 이와오, 책읽는곰)의 주인공은 문방구에서 주인아주머니가 전화를 받을 때 새빨간 지우개를 훔친다. 새빨간 지우개를 보고 있자니 무서움이 밀려온다. 수영도 매미 잡기도 즐겁지 않다. "숙제를 다 했냐"는 친구의 말을 듣자 문방구 아줌마도 똑같은 질문을 한 것이 떠올라 숨겨둔 죄책감이 밀려온다. 매미를 집어 드는 순간 분노가 밀려와 날개를 떼어버린다. 지우개를 돌려주고 싶은 마음이 가득하지만, 무섭고 창피한 마음이 든다. 꿈에서 문방구 아줌마의 손이 고무처럼 늘어나 주머니 속으로 들어온다. 손바닥 위에 날개 없는 빨간 매미가 있다. 아주머니는 접착제로 날개를 붙이면서 너무했다고 말한다.

주인공은 악몽에서 깨어난 후 더 못된 행동을 한다. 결국, 엄마에게 빨간 지우개를 보여주고 훔친 사실을 고백한다. 엄마와 함께 문방구에 가서 용서를 구하고 잘못된 행동을 하지 않기로 약속한다.

그림책에서 아이는 쉽게 자신의 잘못을 수용하고 용서를 구하지 못한다. 결국 아이는 문방구에서 지우개를 훔친 사실을 엄마와 아주머니에게 털어놓고 용서를 구하면서 죄책감을 덜어낸다. 상대방의 용서나 수용적인 태도가 죄책감을 낮추는 데 효과적이다.

자신의 잘못이나 실수를 있는 그대로 수용하고, 죄책감을 타인에게 전가하거나 다른 방식으로 은폐하지 않아야 한다. 그림책 속 아이가 지우개를 훔친 잘못을 수용하지 못하고 매미에게 그 감정을 전가하여 분노로 표출한 것처럼 말이다.

그림책 『나는 까마귀』(미우, 노란상상)에서 까마귀는 날개를 다친 채 깊은 숲속으로 들어간다. 누구의 눈에도 띄고 싶지 않고 아무 말도 듣고 싶지 않아 주변에서 이것저것을 모아 자신의 모습을 가린다. 까마귀는 사랑받기 위해 다른 새의 깃털로 꾸민 채 지내다가 공작새가 나타나자 웃음거리가 된다. 귀를 막아도 어디선가 목소리가 들려온다. '너 까마귀로구나. 까맣고 불길한 까마귀' '그렇게 숨겨도 다 알아볼 수 있어.' '또다시 까마귀가 아닌 척하는구나!' '그래 봐야 너는 너야, 새까만 까마귀.'

『나는 까마귀』
『거대얼굴』

수치심은 이상화된 자기 이미지에 미치지 못했을 때 자기 경멸, 자기 비하, 자기 심판의 모습을 보인다.『나는 까마귀』에서 까마귀는 아름다운 깃털을 가진 공작새를 이상화하여 자신의 모습을 숨기고 살아간다. 진짜 공작새가 나타나자 이상화된 자기 모습과 실제 모습 간의 괴리에서 오는 수치심으로 인해 깊은 어둠 속으로 숨어버린다.

죄책감을 표현하지 않거나 억압하면 대개 꿈으로 표출된다. 그림책『거대얼굴』(경자, 고래뱃속)에서 주인공은 엄마가 마시지 못하게 하는 콜라를 밤에 몰래 마신 후 어둠 속에서 거대얼굴을 발견한다. 금기를 어긴 아이는 죄책감에 거대얼굴을 가진 형상을 보게 되는데, 그것은 아빠 바지였다. 이불 속에서 밤새 죄의식과 싸우다가 잠든 아이는 이불에 실수를 하게 되고 수치심을 느낀다. 엄마 몰래 젖은 이불을 해결하려다 들키고 만다. 아이는 어제 거대얼굴을 만났을 때보다 더 놀란다. 그림책에서 표현된 것처럼 죄책감을 수용하고 표현하지 않거나 억압하면 꿈에서 표출된다.

※ **그림책 더 보기** ※

『얼굴이 빨개져도 괜찮아』(로르 몽루부, 살림어린이)
부끄러움은 수치심을 함의하는 감정이다. 부끄러움을 자주 느끼는 아이는 친구들이 이름만 불러도 얼굴이 빨개진다. 얼굴이 자주 빨개져서 친구들에게 토마토라고 놀림을 받는다. 부끄러움을 느낄 때 보이는 신체 변화를 잘 보여준다.

『빨간 풍선』(황수민, 상출판사)
부끄러움을 많이 타는 아이는 얼굴을 빨간 풍선으로 가리고 다닌다. 아이는 늘 외롭다. 어느 날 서커스를 보러 갔다가 자기처럼 부끄럼을 타는 코끼리를 만난다. 코끼리를 만나 용기를 내어 세상을 살아가는 지혜를 배운다.

죄책감과 수치심을
성장의 기회로 만들려면

6

부정적인 감정을 활용해 좋은 결과를 얻는 긍정적인 사례도 있다. 수치심과 죄책감을 이용한 금연 캠페인이다. 예전 금연 광고가 흡연으로 인한 사망을 강조하였다면, 요즘은 아이와 청소년이 금연 광고에 자주 등장한다. 담배를 피우는 것은 건강을 위협하는 데 그치지 않고 간접흡연의 폐해로 인해 사랑하는 가족의 건강도 해칠 수 있다는 죄책감을 활용한 것이다.

아이 앞에서 담배를 피우는 것은 부끄러운 행동이라는 점, 학생으로 지켜야 할 도덕적 윤리를 내세워 캠페인에 활용한다. 죄책감과 수치심을 이용하여 금연 효과가 더 좋아졌다는 연구 사례가 있다. 이 사례에서 알 수 있듯이 부정적인 감정이 부정적인 영향만 주는 것은 아니다. 죄책감과 수치심을 긍정적 에너지로 사용할 수 있는 방법은 다음과 같다.

상실로 인한 죄책감 애도하기

『커다란 포옹』(제롬 뤼예, 달그림)은 특별한 가족의 형태를 원형으로 표현한 그림책이다. 가족의 결합은 색으로 표현하고 가족의 융합은 원형으로 표현했다. 부모가 헤어지자 아이는 둘로 갈라진 듯한 아픔을 겪는다. 하지만 이별 이유를 솔직하게 표현하고 새로운 가족을 맞이하는 계획을 이해시킴으로써 아이는 또 다른 포옹으로 가족을 수용하고 안전감을 느낀다.

　우리는 보통 아이에게 상실과 이별의 고통을 느끼지 않게 하려는 마음에서 진실을 숨기기도 한다. 하지만 숨기거나 외면할 것이 아니라 부모의 이혼이나 갈등을 충분히 설명하고 이해시켜야 한다. 부모의 이혼으로 아이는 큰 상실을 경험한다. 상실은 충분한 애도 시간이 필요하며, 상실에 대한 예고는 죄책감을 줄여주고 심리적 불안감을 예방할 수 있다.

『커다란 포옹』

죄책감 용서하기

죄책감을 수용하는 방법은 내가 한 일에 대해 용서를 구하는 것이다. 자기 자신을 용서하고 화해하는 과정을 거쳐 죄책감은 건강한 인격체의 일부가 된다.

심리학자 볼라스는 죄책감에 치유 기능이 있다고 말한다. 죄책감은 손상을 회복하는 능력을 지원해주며, 자기 자신에 대한 동정과 용서는 파괴적인 실수를 하지 않도록 인도한다. 부정적인 감정도 있는 그대로 수용하고, 긍정적 에너지로 사용하여 자기 성찰의 기회로 삼는 것이 좋다.

부끄러운 나의 수치심 수용하기

융은 자신의 그림자에 대한 통찰력이 없으면 아무것도 얻을 수 없다고 말했다. 수치심의 긍정적인 면은 자신의 그림자를 직면하게 하는 것이다.

『팔순에 한글 공부를 시작했습니다』

『팔순에 한글 공부를 시작했습니다』(박재명, 카시오페아)는 평균 나이 80세인 늦깎이 학생들이 모여 한글을 배우며 쓴 시와 일기, 자서전을 묶어낸 에세이다. 평생 한글을 몰라 이름 석 자도 못 쓰는 것이 수치스러워 차마 주변 사람들에게 말하지도 못한 어르신들 이야기이다. 전금주 할머니는 "글씨도 모르는 내가 화장은 뭐하러 하노", "남편이 욕해도 나는 글씨도 모르는데 욕을 들어도 싸지"라고 생각하셨다고 한다. 글자를 모르는 것에 대한 열등감, 피해의식, 분노, 수치심은 할머니를 괴롭혔다. 하지만 할머니

※ 그림책 더 보기 ※

『커다랗고 커다란 물고기』
(다카시나 마사노부, 북극곰)
아빠랑 낚시를 처음 가는 아이는 설레는 마음이 가득하다. 아이는 큰 물고기를 잡을 거라고 친구들에게 말하지만 물고기를 잡지 못한다. 다음날 아이는 친구들에게 거짓말을 한다. 그 소문이 더욱 커지고 아이의 걱정과 죄책감도 커진다. 이 경험을 통해 아이는 배우고 성장한다.

『악어의 비닐 가방』
(정경숙, 길벗어린이)
악어 도롱이는 소심한 성격이다. 도롱이는 사람들을 만날 때 가방에서 가면을 꺼내 자신의 모습을 감춘다. 가면을 쓰고 생활하니 가슴이 답답하고 무겁다. 어느 날 도롱이의 가방 속 가면들은 자신이 도롱이라고 외친다.

는 자신을 괴롭히는 감정을 성장 에너지로 사용한다.

　수치심과 죄책감은 자신을 보호하거나 성장의 기회를 제공한다는 점에서 긍정적이라고 볼 수 있다. 적당한 수치심과 죄책감은 성찰과 성장을 위한 좋은 밑거름이 된다.

8
분노와 격분

차연주

분노에 대한 몇 가지 오해 1

착한 아이는 화를 내지 않아

가장 부정적인 이미지를 갖고 있는 감정은 아마 '분노'일 것이다. 우리는 분노는 표현하면 안 된다고 교육받아왔다. 그래서 대부분의 사람들은 '참자, 참는 게 이기는 거야', '분노하지 않아야 인성이 좋은 사람이다'라고 자기최면을 걸면서 꾹꾹 참는다. 이렇게 자란 사람들은 마음 깊이 억눌려 있는 화가 많다.

부모가 되어 자녀를 양육할 때도 자녀가 '부정적인' 감정을 표현하면 그 감정을 어떻게 받아줘야 하는지 몰라 당황한다. 결국 나도 모르게 교육받은 대로 '참고', '표현하지 말라'고 가르친다. 그래서 우리나라에는 화병*이란

---

* '정신질환 진단 및 통계 편람(DSM-4)'에 문화 관련 증후군으로 등재. 현재 DSM-5에서는 분노증후군의 일종으로 다뤄짐.

병이 있다. 분하고 억울한 마음을 표현하지 못하고 참고 살아서 마음에 생긴 병이다. 이러한 심인성 질환은 병원에 가도 원인이 안 나온다. 몸에서 보내는 스트레스 신호를 알아차리고 반응하지 못해서 신체로 나타난 것이기 때문이다. 지금은 다른 문화권에서도 나타나는 보편적인 증상이라고 알려졌지만, 한때 화병은 한국인에게만 있는 증상이라고 알려질 정도였다.

지원이(가명)는 인사도 잘하고 친구들에게 다정하고 친절하다고 칭찬을 들으며 자랐다. 지원이네는 언제나 지원이 형의 스케줄에 맞춰 움직였다. 부모는 똑똑한 지원이 형을 지원하느라 늘 바빴다. 부모는 교대로 영재원, 학원, 체험학습장으로 지원이 형을 픽업하러 다녔다. 지원이는 혼자 그림도 그리고 책도 보고 조용히 잘 노는 대견한 아들이었다. 초등학교에 입학해서도 씩씩하게 혼자 등하교를 하고, 학원도 스스로 잘 챙기며 다녔다. 물론 숙제도 꼬박꼬박 빠트리지 않았다. 책상과 방은 늘 깔끔하게 정리정돈이 되어 있었다. 그야말로 나무랄 데 없는 아이였고, 안팎으로 칭찬이 자자했다.

문제는 지원이의 사춘기와 함께 시작되었다. 지원이는 어느 날부터 학원에 가지 않겠다고 했다. 청소도 하지 않아 책상과 방이 점점 엉망이 되어갔다. 온순했던 지원이는 신경질과 짜증을 달고 살았다. 주말에는 거의 침대에서 누워만 지냈고, 식사를 거부하고 방 밖으로 나오지도 않았다. 갑작스러운 변화에 당황한 부모는 야단을 쳤지만 그때마다 지원이는 소리를 질렀다. 왜 형만 챙겨주냐고, 왜 형이 하고 싶은 대로만 해야 하냐고, 왜 형이 먹고 싶은 것만 먹으러 가고, 왜 여행도 형이 가고 싶은 곳만 가냐고 말이다.

지원이는 형처럼 부모의 관심을 받고 싶었지만, 형보다 뛰어난 것이 없었다. 지원이는 부모의 관심과 사랑을 받기 위해 부모가 좋아하는 행동을 하며 자랐다. 그러다 사춘기가 되자 그동안 억눌러왔던 설움과 분노가 폭발했다. 지원이는 갑자기 거실로 나와 분노를 쏟아내고 방에 들어가 문을 잠그고 나오지 않는 행동을 반복했으며, 부모 역시 갑자기 달라진 지원이의 행동으로 힘들어했다.

유명한 그림책 한 권이 퍼뜩 떠오른다. 『착한 아이 사탕이』(강밀아, 글로연)에서도 사탕이는 '우리 사탕이는 착하지'라는 엄마의 말에 길들여져 자신의 감정을 표현하지 못한다. '착한 아이'라는 프레임에 갇힌 사탕이는 화가 나는데도 화를 내지 못한다. 예쁘고 착하다는 주변의 칭찬을 받았지만, 사탕이 눈에서는 점차 생기가 없어지고 웃음도 사라진다. 그러던 어느 날, 꿈에 나타난 괴물이 사탕이에게 화가 나면 화를 내도 된다고 말해준다. 사탕이는 감정을 표현해도 괜찮다고 말해준 괴물 덕분에 더 이상 '분노'를 누르지 않고 자유롭게 표현한다. 그리고 나서야 눈빛이 반짝이는 생기 있고 건강한 사탕이로 돌아올 수 있었다.

지원이도 단지 부모의 사랑과 관심을 얻기 위해 부모가 좋아할 만한 행동을 계속했을 뿐이다. 그런데 그 결과가 마음이 아프다. 영국의 정신과

『착한 아이 사탕이』

의사 위니콧은 양육자에게 사랑과 인정을 받기 위해 거짓 자기를 형성한다고 했다. 지원이도 사탕이도 자신의 진짜 감정과 욕구를 억압하고 부모가 원하는 행동을 하는데, 이렇게 해서 장기적으로 거짓 자기가 형성되면 참 자기가 발현되지 못해 심리적 문제를 일으키기도 한다. 사탕이처럼 꿈에서라도 내면의 감정을 알아차리고, 감정을 솔직하게 표현했다면 지원이가 사춘기가 되어 분노를 폭발하는 일은 없었을 것이다.

이렇듯 억울하고 화가 나는 감정은 참는다고 사라지지 않는다. 물론 어느 정도 시간이 지나면 사그라드는 일시적인 감정인 경우도 있겠지만, 대부분은 무의식 속에 넣어두고 잊어버리고 있다가 어떤 순간에 그 감정이 건드려지면 불쑥 튀어나온다.

그림책 『감정 호텔』(리디아 브란코비치, 책읽는곰)에 다음과 같은 글이 나온다.

"분노는 가두어 놓으면 온갖 감정으로 변신해요. 죄책감, 우울감, 심지어 수치심으로 바뀌기도 하지요. 분노는 마음껏 소리 지를 곳이 필요해요. 그러면 오히려 금방 훌훌 털고 떠난답니다."

『감정호텔』

가면을 쓴 분노

우리가 분노라고 생각하는 감정 이면에는 다양한 감정이 숨어 있다. 다른 감정을 숨기고 분노로 표현하기 때문에 분노를 오해할 수밖에 없다. 두려움, 슬픔, 죄책감, 수치심, 질투, 실망, 좌절감, 부끄러움 등 마주하고 싶지 않고, 인정하고 싶지 않은 감정이 분노라는 가면을 쓴다. 상황에 맞는 자연스러운 감정의 표현인지, 진짜 내 감정을 들키고 싶지 않아서 분노라는 가면을 쓰고 하는 행동인지 구별할 필요가 있다.

P는 초보 엄마이다. 100일 정도 된 아기는 신생아답게 거의 잠만 잤다. 그러던 어느 날, 아기가 갑자기 울기 시작했다. 수유도 하고, 기저귀도 갈아주었고, 잠자리도 살펴주었지만 아기는 계속 울었다. P는 최선을 다해 아기를 달랬으나 아기는 울음을 멈추지 않았다. 결국 P는 아기에게 고래고래 소리를 질렀다.

"아악!!! 왜? 왜? 왜? 대체, 왜 우냐고? 왜 울어? 왜? 나보고 뭘 어쩌라고!!"

P가 알아듣지도 못하는 신생아에게 크게 소리를 지르며 분노한 이유는 무엇일까? P는 울면 혼이 나는 가정에서 자랐다. 언니, 동생과 다툼이 있으면 전후 사정 관계없이 무조건 함께 혼났고, 공동 책임을 져야 했으며, 체벌을 받기도 했다. 잘못한 게 없을 땐 너무 억울해서 화가 나고 눈물이 났는데, 그럴 땐 운다고 더 혼이 났다. 그래서 울음을 꾹꾹 참으며 눈물을 삼켰다.

그런데, 내 아이가 계속 운다. 아이의 울음 소리에 어린 시절에 느꼈던 불안이 올라왔다. 울면 혼났기 때문에 울음 소리가 듣기 싫었다. 그동안 참아왔던 억울함과 분노가 갑자기 올라왔고 자신도 모르게 폭발했다. P는 아이가 성인이 된 지금도 미안해서 그날의 기억이 잊히지 않는다고 했다.

'나는 억울해도 울면 안 됐었는데, 너는 내가 모든 걸 다 해주는데도 왜 울어? 왜? 왜?' 신생아를 돌보느라 몸도 마음도 지친 P에게 계속되는 아기의 울음소리는 어린 시절 상처를 떠올리게 했고, 그럴 상황이 아님에도 분노하게 만들었다. 그 고함은 자녀를 향한 것이 아니었다. 과거에 울고 싶었지만 울지 못했고 화가 났지만 화내지 못한 억울함의 발산이다.

분노 뒤에 숨은 진짜 감정, 진짜 분노한 원인을 찾아내지 못한다면 우리는 분노 자체가 나쁜 감정이라는 생각을 바꿀 수 없다. P는 그날의 사건이 자녀를 향한 분노가 아니라, 억눌러왔던 과거의 감정이 올라왔기 때문이라는 사실을 깨닫고 난 후 자녀에 대한 미안함을 덜어낼 수 있었다.

분노와 격분은 어떻게 다른가　2

분노는 부정적인 감정이 아닌 자연스러운 감정이지만, 분노로 인한 행동을 통제하지 못할 때는 문제가 된다. 분노를 억압하면 화병과 같은 심인성 질환이 발생하고 밖으로 표출하면 타인을 공격하게 된다. 분노와 격분에 대해 잘 알아야 하는 이유이다.

감각이 보내주는 신호: 분노의 증상

그림책 『감정은 무얼 할까?』에서는 분노를 폭발하는 것으로 표현한다. 우리가 화가 났을 때 보이는 신체 반응을 잘 보여준다. 심장이 빠르게 뛰면서 얼굴이 화끈거리고 목소리가 거칠고 커진다. 눈을 크게 뜨거나 가늘게 뜨고 입술을 깨문다. 어떤 사람은 혼자 중얼거리는가 하면 어떤 사람은 욕이 튀어나온다. 미간을 찌푸리거나 눈썹을 추켜올리기도 한다. 자세가 경직되거나 방어적으로 팔짱을 낀다. 또는 공격적으로 상대방에게 손가락질을 하거나, 앞으로 가까이 다가가기도 한다. 나도 모르게 불끈 주먹을 쥐기도 한다.

이렇게 분노는 보편적이면서도 다양한 신체 반응을 일으킨다. 상대방이 화가 났는지 그렇지 않은지는 이런 신체 언어 덕분에 알 수 있고, 더 나쁜 상황이 닥치지 않도록 내 행동을 조절할 수도 있다. 역으로 내 신체 언어를 미리 알아차리는 것은 분노를 조절하는 데 도움이 된다. 내 감각을 알아차리는 것은 내 감정을 다스리는 시작이다.

『볼 빨간 아이』(에마뉘엘 트레데즈, 빨간콩)는 화가 난 아이의 신체 변화를 일인칭 시점에서 표현한다. 뜨거운 물에 빠진 가재처럼 얼굴이 빨개지고 눈도 점점 빨개지고, 때로는 눈에서 레이저를 쏘기도 한다. 너무 화가 나면 어항에서 튀어나온 물고기가 헐떡대는 것처럼 숨을 쉬기 힘들다고 표현한다. 화가 날 때의 신체 변화를 이해하기 쉽게 잘 보여준 책으로, 아직 감정 표현에 미숙한 유아는 물론 내 신체 감각을 알아차리는 데 익숙하지 않은 성인에게도 도움이 된다.

방패: 나를 지키는 분노

분노의 사전적 정의는 '분개하여 몹시 성을 냄, 또는 그렇게 내는 성'이다(표준국어대사전). 노여움, 화, 분, 열, 노발대발, 부아도 비슷한 말이다. 한자로는 두 가지로 표기하는데(忿怒, 憤怒), 모든 글자에 '마음 심(心)'자가 들어간다. 그 어떤 감정 단어도 이렇게 마음을 강조하는 글자는 없는 것 같다. 화라는 감정이야말로 마음의 작용과 깊은 관계가 있다는 것을 알 수 있다.

우리말에 '열불나다'라는 표현이 있는데, 옛날 사람들도 분노가 마음속 깊은 곳에서부터 생겨나 위로 올라오는 불같은 감정이라고 생각한 모양이다. 다른 나라의 경우도 비슷하다. 가까운 나라 중국과 일본에서는 분노를 '간에 쌓인 화기'라고 표현한다. 저 멀리 멕시코에서는 '화기가 가득 찬 심장', 인도 남부에서는 '과열된 머리, 엉뚱한 데로 향하는 몸 안의 불'이라고 표현한다. 세계 여러 나라에서 분노를 불이나 화기로 표현한다는 공통점을 발견할 수 있다. 불이나 화기가 몸 안에 있다고 생각하는 것도 동일하다.

간, 심장, 머리는 인체에서 중요한 부위이다. 그 안에 뜨거운 불이 갇혀 있다면, 폭발하는 것이 어쩌면 당연한지도 모른다. 불을 계속 담고 있으면 몸이 상할 것이다. 뜨거운 것을 내 안에 계속 담아두면 안 된다. 몸 안에 끓는 것을 담아두고 괴로워하다가 견디다 못해서 나도 모르게 엉뚱한 데로 분출시키지 말고, 그때그때 적절하게 온도 조절을 해야 한다. 그리고 그 뜨거운 에너지가 필요할 때는 꼭 사용해야 한다.

『불 뿜는 용』(라이마, 천개의바람)은 분노를 시각적으로 잘 표현하고 있는데, 많은 그림책에서 몸속의 불을 밖으로 뿜어내는 방식으로 분노를 표현

『볼 빨간 아이』,
『불 뿜는 용』

한다. 짜증을 잘 내는 동물의 피를 먹고 사는 모기 '보타이'. 보타이에게 물리는 동물은 나도 모르게 불을 뿜게 되어 자신은 물론 주변 사람에게 피해를 준다. 용이 뿜어내는 빨간 불이 시각적으로 강렬해 그림책에 집중하게 만든다. 집의 절반을 태우고 친구에게 화상을 입히고 마을 일부를 태우기도 한다. 용이 뿜어내는 불의 크기는 접힌 책장을 펼칠수록 점점 거대해지고 이것은 분노의 크기를 보여준다. 결국 고립된 용은 혼자서 불을 끄려고 노력하는데, 과연 용은 불을 끄고 다시 일상으로 돌아갈 수 있을까?

분노는 자연스러운 정서이다. 그리고 우리가 살아가는 데 꼭 필요한 방어 수단이며 생존 본능이다. 갓 태어난 아이도 생존을 위해 분노를 표현한다. 배가 고픈데 젖을 주지 않으면 아기의 울음은 점점 거세진다. 처음엔 배가 고프다는 의사 표현의 수단으로 울음을 택했으나 욕구가 채워지지 않고 계속해서 거절당하면 울음의 강도가 달라진다. 우리는 생존을 위해 분노한다.

거절당했을 때, 배신당했을 때, 내 권리를 침해당했을 때도 분노한다. 누군가 신체를 이유 없이 공격한다면 나도 모르게 손과 발이 올라간다. 나를 방어하는 동작을 취할 수도 있고 더 이상 나를 해치지 못하게 공격할 수도 있다. 타인에게 도움을 청하는 목소리를 낼 수도 있다. 이런 생존 본능, 방어 수단으로서의 분노는 당연하고 꼭 필요한 감정이다.

분노는 몸을 보호하기 위한 행동을 하기 위해 에너지를 만들기도 한다. 만약 분노하지 않고 아무런 행동도 취하지 않는다면, 계속 공격받을 수도 있고 생명에 위협을 받을 수도 있다. 그러므로 분노는 자신을 지키기 위한 본능이며 인간이 살아가는 데 필수적이다.

같은 사건을 겪더라도 화가 나는 사람이 있고, 대수롭지 않게 여기는 사람이 있다. 즉, 사람마다 반응이 다르다. 나도 모르게 주먹이나 발이 나갈 수도 있고, 큰 소리를 내거나 욕을 할 수도 있고 도망을 가는 등 다양한 반응이 있다. 이렇듯 같은 상황을 대하는 태도는 사람마다 다르며, 분노의 강도 역시 스펙트럼이 다양하다.

상황에 비해 과하게 고래고래 소리를 지르며 갑자기 상대방의 멱살을 잡는다면, 물건을 던지거나 상대에게 해를 입힌다면, 자기방어를 위한 정당한 분노로 볼 수 있을까? 자연스러운 행동이 아니라면 분노가 아닌 격분 상태라고 보는 것이 맞다.

앞에서 언급한 『불 뿜는 용』에서 짜증을 자주 내는 용이 모기에 물려 제어가 안 되는 불을 뿜는 병에 걸린 것처럼, 사소한 짜증과 화가 내면에 숨겨진 콤플렉스와 만나면 제어할 수 없는 격분이 된다. 용이 가는 곳마다 보타이가 숨어 따라가는 것처럼, 우리의 콤플렉스도 마음 깊은 곳에 숨어 우리와 함께 다닌다. 불 뿜는 용이 되지 않으려면 해결되지 못한 콤플렉스를 찾아야만 한다. 그래야 콤플렉스에 지배당하지 않기 때문이다. 유아가 그림 속에 숨어 있는 보타이를 찾아내는 것처럼 우리도 내면을 잘 들여다보면 숨어 있는 콤플렉스를 찾아낼 수 있을 것이다.

칼: 무기가 되는 격분

격분(激奮)이란 '통제가 불가능하고 폭발적인 형태의 분노'로 표준국어대사전에서는 '몹시 분하고 노여운 감정이 북받쳐 오름'이라고 정의한다. 우리가 우스갯소리로 말하는 '폭발한다', '뚜껑이 열린다' 상태라고 볼 수 있다. 만화에서는 얼굴이 새빨개지다가 머리에서 연기가 나기 시작하고 '펑' 하고 터지는 장면으로 재미있게 묘사되기도 한다. 하지만 실제로는 전혀 웃긴 상황이 아니다. 격분은 이성적인 판단이 불가능한 상태에서 일어난다. 사고가 멈추고 언어 표현도 불가능한 상황이기 때문에 스스로 통제가 어렵다. 주변에서 말려도 소용이 없다. 모두가 그런 것은 아니지만 분노가 과해 이성을 잃으면 격분 상태가 되고, 돌이킬 수 없는 일을 저지르기도 한다.

세간을 떠들썩하게 했던 신림역 묻지마 살인은, 세상에 불만을 품은 가해자의 분노가 극에 달해 격분한 상태로 불특정 다수를 공격한 사건이다. 범인은 사건 전날 망치로 컴퓨터를 부수고, 당일에는 흉기 2개를 훔쳐 신림역까지 택시를 타고 갔다. 내리자마자 마주치는 남성들을 무차별적으로 공격했다. 가해자는 흉기를 내려놓으라는 경찰의 말에 열심히 살려고 했는데 안 되더라, 그래서 죽였다고 짜증을 냈다고 한다. 사회의 구조적인 문제에 대한 불만, 부조리와 불평등에 분노하는 사람은 많다. 하지만 분노를 다스리지 못하고 극단적으로 표출하는 격분이 되면 끔찍한 사건이 발생하기도 한다.

러시아의 황제 이반 4세는 격분한 상태로 자신의 아들을 죽인다. 화가 일리야 레핀의 명화 〈이반 4세와 그의 아들 이반〉을 보면 자신이 무슨 일을 저질렀는지 뒤늦게 알게 된 이반 4세의 망연자실한 표정을 볼 수 있다. 처음부터 아들을 죽일 의도는 단연코 없었다. 단지 자신도 모르게 분노가 폭발했을 뿐이고 이런 격분 상태는 걷잡을 수 없는 폭력으로 이어진다. 칼 융은 "우리가 격분으로 인해 이성을 상실할 때는 이미 우리 자신이 악한 영에 사로잡힌 상태다"라고 말했다. 즉, 제정신이 아니라는 말이다. 이런 격분은 분노와 미해결된 콤플렉스가 결합하여 발생한다.

이반 4세는 어린 시절 아버지를 여의고, 정권을 잡은 귀족들의 권력 싸움을 지켜보며 자랐다. 어머니는 독살당하고 가깝게 지내던 신하마저 잔

일리야 레핀, <이반 4세와 그의 아들 이반>

인하게 죽어가는 모습을 보면서 늘 불안하고 두려웠다. 왕위에 오른 초기에는 아내 덕분에 훌륭한 정치를 했으나, 아내마저 귀족들에게 독살당하자 자신을 지키기 위해 잔인하고 사악하게 변해갈 수밖에 없었으리라.

그림 속 사건의 발단은 이렇다. 임신한 며느리의 옷이 마음에 들지 않았던 이반 4세가 며느리를 욕했고 이에 아들이 항의했다. 단지 그뿐이다. 이반 4세는 순간 격분해 아들을 향해 쇠막대를 휘둘렀고 결과는 끔찍했다. 아들의 항의를 권위에 대한 도전, 위협이라고 느꼈던 것일까? 이반 4세의 무의식에 있던 두려움과 공포, 불안이 분노와 만나 결국 아들을 죽게 만들었다.

『괜찮아, 나의 두꺼비야』(이소영, 글로연)는 빨강 두꺼비의 분노가 극에 달해 격분에까지 이르는 과정을 잘 보여준다. 빨강 두꺼비는 함께 사는 하양 두꺼비가 친구들에게 인기가 많은 것이 불만이다. 그럼에도 불구하고 빨강 두꺼비는 하양 두꺼비에게 맞춰주며 지낸다. 그러던 어느 날, 빨강 두꺼비는 하양 두꺼비처럼 외향적이지 못한 데 대한 열등감이 폭발한다. 거기에 나보다 다른 친구들이 우선인 것 같아 버려질 것 같은 불안감이 극에 달해 격분하고 만다. 떠나려는 하양 두꺼비를 향한 격분은 우발적인 사고로 이어

『괜찮아, 나의 두꺼비야』

졌고, 하양 두꺼비는 병원에 실려 갈 정도로 크게 다친다.

이 두 친구의 운명은 어떻게 될까? 서로 성향이 다른 두 친구 사이에 사소한 분노가 차곡차곡 쌓여 결국 격분까지 가게 되는 이야기에서 내 모습을 발견할 수 있다. 우리 모두에게 빨강 두꺼비의 모습, 혹은 하양 두꺼비의 모습이 있다. 사랑받고 싶고, 소유하고 싶은 욕구가 채워지지 않을 때 생기는 감정, 후회스러운 일에 대한 죄책감마저도 우리 안에 있는 감정과 꼭 닮았다.

앞서 언급했듯이 우리는 다양한 감정을 '분노'라는 가면 뒤에 숨기고 있다. 누구에게 들킬세라 꽁꽁 숨겨두고 외면하고 있었던 감정, 그것이 미해결된 콤플렉스다. 우리가 진짜 감정을 드러내지 않고 무의식으로 보내는 이유는 간단하다. 직면하고 싶지 않은 감정을 받아들이는 것보다 분노하는 것이 더 쉽기 때문이다. 분노가 격분이 되지 않기 위해서는 분노 뒤에 숨겨둔 진짜 감정, 미해결된 콤플렉스를 찾아야만 한다.

화재는 사람이 조심하면 막을 수 있는 인재지만, 화산 폭발은 자연재해다. 화재보다 거대하고 한번 시작하면 제어가 불가능한 천재지변이다. 분노가 화재라면 격분은 화산 폭발과도 같다. 작은 불씨가 화산 폭발의 시작이 되지 않도록 나의 불씨를 잘 살펴야 한다.

분노	격분
의식 상황에서 인식(Hall, 2008)	무의식적이고 본능적인 방어기제(Hall, 2008)
자연스러운 정서, 덜 위협적	충동적, 파괴적, 심각한 위험 상황 초래
정당성 훼손, 거부당하거나 배반당했을 때 발생하는 반응적 정서(Monick, 1991)	내, 외부의 자극이나 공격에 대처할 수 없거나 능력이 없을 때 느끼는 절망

3 분노의 유형

특성 분노와 상태 분노

자주, 습관적으로 분노하는 사람들이 있다. 『꿀오소리 이야기』(쁘띠삐에, 씨드북)에 나오는 꿀오소리가 그렇다.

날카로운 이빨과 양 손톱을 드러낸 날카로운 표정의 꿀오소리, 흑백의 그림은 마치 꿀오소리의 심리 상태를 말해주는 듯하다. 활활 타오르는 진행형의 분노가 아닌, 이미 다 타버린 재 같은 느낌이다. 꿀오소리는 만나는 모두에게 화를 낸다. 나보다 작은 동물에게는 나보다 덩치가 작다고 위협하고 덩치가 크면 크다고 덤벼들고 느리면 느리다고 빠르면 빠르다고 화를 낸다. 심지어 친구들이 주는 선물도 내팽개친다. 그 이유가 참으로 황당하다. 단지 그들이 친절하기 때문이다. 꿀오소리는 어떤 원인 때문에 화를 내는 것이 아니라 분노하는 성향을 갖고 있다고 추측해볼 수 있다.

주변에 사소한 일에도 화를 내고 짜증을 내는, 분노가 기본으로 장착된 사람이 있다면, 가까운 가족에게서도 소외감을 느낄 확률이 높다. 주변 사람들이 이유 없이 자신을 핍박한다고 여기기 때문에 항상 방어적이고 공격적이다. 자신을 비하하거나 부모를 향한 원망이 결국은 불특정 다수로 이어져 극단적으로는 외부 세계와 단절하게 된다. 꿀오소리의 결말과도 비슷하다.

분노는 특성 분노와 상태 분노로 구별할 수 있는데, 상태 분노는 일시적인 정서 상태를 말한다. 외부 요인에 의해서 정서가 변화하는 것으로 신체 반응이 나타나면서 분노의 스펙트럼이 다양하다. 일반적이고 자연스러운 감정이다. 그런데 꿀오소리처럼 늘 분노하고 있는 상태, 지속적인 분노 유발 기질과 경향성이 있다면 이것은 개인의 분노 성향이라고 볼 수 있다. 특성 분노이다. 개인이 갖고 있는 특성이기에 쉽게 변하지 않고 상태 분노보다 분노의 정도가 심하고 더 자주 분노를 느낀다.

특성 분노는 개인의 유전적인 특질이나 성별의 차이에 의해서도 생긴다. 진화적 설명에 따르면 남성이 야생동물을 사냥하고, 전쟁을 주도했

『꿀오소리 이야기』

던 공격적 성향으로 인해 여성보다 분노를 잘한다고 한다. 또 환경에 의해서도 영향을 받는데, 가정 환경은 직접적으로 영향을 준다. 관찰학습, 간접경험 역시 중요한데, 최근에는 미디어의 영향력이 더 커졌다. 폭력적이고 자극적인 영상을 쉽게 접할 수 있어 사회적으로 문제가 된다. 개인마다 분노의 강도가 다른 것, 스펙트럼의 다양성은 이러한 여러 가지 이유가 복합적으로 작용하기 때문이다.

『아빠의 술친구』(김홍식, 씨드북)는 아빠의 주취 폭력을 직접 겪은 아이가 성인이 되는 과정을 독백 형식으로 풀어간다. 그림책에서 주인공의 분노는 직접적으로 드러나지 않는다. 아버지의 폭력과 폭언을 겪어내며 속으로 쌓이는 분노, 엄마를 지켜주지 못했다는 죄책감, 떠나간 엄마에 대한 배신감과 분노 등은 직접 글로 표현되지 않았지만 충분히 느낄 수 있다. 아직 겉으로 표출되지 않았을 뿐, 주인공의 내면에 쌓인 분노와 원망으로 보아 특성 분노 성향을 갖게 될 가능성이 높다. '나를 기다리는 빈 술통이 떠올랐다'는 마지막 장의 문장이 안타깝다.

반면 『앵그리맨』(그로 달레, 내인생의책)은 세대를 이어 전해지는 격분의 모습을 가정폭력이란 주제로 직접적으로 보여준다. 아빠의 내면 깊은 곳

『아빠의 술친구』

에서 올라오는 앵그리맨은 또 다른 아빠의 모습이다. 아빠의 커다랗고 따뜻한 손이 주먹이 되고 코에서는 김이 나오고 눈에서는 불꽃이 튄다. 앵그리맨의 격분은 이유가 없고, 아빠가 정신을 차렸을 땐 후회와 자책만이 남는다. 앵그리맨이 보여주는 격분은 어린 시절 가정환경에서 경험한 두려움, 공포, 분노 등의 감정이 해결되지 못했기 때문이다. 아빠의 내면에는 현재의 앵그리맨, 어린 시절의 작고 여린 아빠, 늙고 화난 노인이 있다. 분노를 다루지 못해 격분이 일상이 된 부모가 세대를 이어 전수하는 것은 안타깝게도 가정폭력이다. 격분한 상태에서 일어나는 신체적인 변화와 주변 상황을 적나라하게 보여주며 경종을 울리는 그림책이다.

발달과정과 분노

분노는 인간의 발달과정에서 나타나는 자연스러운 감정일 뿐 아니라 성장과정에 필요한 에너지가 된다. 갓 태어난 아기도 욕구가 충족되지 못하면 울음으로 분노를 표현하는 것처럼 우리 인생에서 분노는 늘 함께한다. 그림책으로 발달과정 속 분노를 만나보자.

| 영아기(0~1세) |

먹고, 자고, 주의를 끄는 것과 관련된 좌절이 분노 및 공격을 유발한다. 먹고, 자는 것은 생존에 관련된 행동이고 주의를 끄는 것은 생존과 동시에 관계 욕구를 보여주는 행동이다. 말로 자기 감정을 표현할 수 없는 아기는 배가 고픈데 우유를 주지 않는다거나 자고 싶은데 편안한 환경(축축한 기저귀를 갈아주거나 조용하고 편안한 공간으로 이동)이 제공되지 않으면 당연히 짜증이 나고 화가 날 것이다. 욕구를 충족하지 못했다는 좌절감이 분노를 만들고 그 분노는 울음으로 표현되거나 무의식에 저장된다.

| 유아기(1~6세) |

초기 유아의 분노는 대상이 없는 감정 폭발에서 시작해서 점차 대상이 있는 공격으로 발달한다. 신체적인 폭력에서 상징적인 공격 표현으로 변화한다. 1~4세는 거칠고 다듬어지지 않은 날것 같은 분노 표현이 많은데, 특히 배변 훈련 과정이 지나치게 강압적이면 공격성을 유발하기도 한다. 또 양육자가 권위적으로 아이의 행동을 저지하거나, 아동 스스로 능력이 부족해 원하던 것을 이루지 못한 경우에도 공격성이 생긴다. 3세 초반까지는 신체를 사용한 분노 표현이 많다가 점차 줄어들며 언어 형태로 나타나기 시작한다. 욕하기, 언쟁하기, 거절하기 등으로 표현된다. 어린이집에서 생활하는 아이들은 자기 물건을 나눠 써야 하고 친구 물건을 마음대로 하지 못하는 데 분노를 느끼기도 한다.

『나 진짜 화났어』(폴리 던바, 비룡소)는 실패로 인한 욕구 좌절 때문에 분노하는 아이의 모습을 잘 보여준다. 표지에 귀여운 아이가 "나 진짜 화났어!"라고 소리를 지르는데, 문장이 온통 빨간색이다. 그 빨간 문장에서 아이의 분노와 떨림이 느껴진다. 게다가 아이가 빨간색 문장과 함께 빨간 공간 안에 갇혀 있는 것 같은 느낌마저 든다. 마치 빨간 기운 안에 갇힌 듯, 아니면 분노 에너지가 주변을 감싸는 것처럼 보이기도 한다. 면지 역시 빨간 크레파스로 낙서한 것처럼 혼란스럽다. 아이의 마음 상태도 그랬으리라. 도대체 이 귀여운 아이는 왜 이렇게 화가 나 있는 걸까?

아이는 선반에서 과자 통을 발견한다. 별로 높지도 않으니 빨리 가지고 내려오려던 계획은 실패로 끝난다. 그때부터 아이는 삐뚤어지기 시작한다. 양말은 자꾸 내려가고, 바지도 불편하다. 짜증을 내던 아이는 결국 과자가 먹고 싶다며 투정을 부리기 시작한다. 엄마가 안아줘도 화가 나고, 과자 뚜껑이 열리지 않는 것도 화가 난다. 마침내 아이는 소리를 지르고 으르렁거리고 바닥을 차기에 이른다. 그리고 진짜 화났다고 소리 지르며 폭발한다.

엄마는 아이에게 차분하게 분노를 가라앉히는 방법을 알려준다. 방법은 간단하다. 1부터 10까지 천천히 세기. 그 과정에서 아이의 머리 위에 있던 빨간 크레파스 자국은 점점 사라진다. 그리고 엄마와 함께 누워 심호흡을 한다. 그제서야 내려갔던 양말이 올라가고, 바지의 불편함도 사라진다. 열리지 않던 과자 뚜껑도 쉽게 열린다. 숫자를 세며 쿠키를 먹다 보니 쿠키가 사라졌다. 하지만 아이는 괜찮다고 말하며 엄마에게도 쿠키를 나눠준다. 지금까지 아이의 분노를 표현하던 빨간 크레파스 자국은 빨간 하트로 변해 있다. 앞 면지는 혼란스러운 느낌의 빨간 크레파스 낙서 자국이었는데, 뒤 면지는 아이가 빨간 크레파스로 그린 듯한 하트가 한가득이다. 유아기 아이의 분노를 이해하지 못해 힘이 들 때, 과격한 분노 표현을 어떻게 도와줘야 할지 모를 때 도움이 되는 그림책이다.

『나 진짜 화났어』

아동기(7~12세)

의도적, 보복적, 상징적인 공격성이 증가하는 반면 공격 반응을 늦추고 오래 참을 수 있게 된다. 자신의 권리를 인정받으려는 시기이기 때문에 무시당할 때 분노한다. 독립적이고 정의에 관심을 보인다.

경쟁에서 뒤처진 아동기 아이의 분노를 다룬 그림책 『친구랑 싸웠어!』(시바타 아이코, 시공주니어). 다이는 힘이 센 친구와 싸운다. 싸움에서 진 다이는 분해서 집으로 달려와 엉엉 운다. 친구가 사과해도 오랫동안 분이 안 풀렸지만, 엄마가 싸 온 만두를 먹고 눈물도 그치고 마음도 풀린다. 그리고 친구에게 사과한다. 억울하고 분했던 감정, 절대로 끝날 것 같지 않던 감정이 만두를 먹고 눈 녹듯 사라진다는 이야기가 아이들의 꾸밈없는 순수한 감정을 잘 나타낸다. 아이들이 화내고 고집 피운다고 무조건 야단치지 말고 분노를 해소할 수 있도록 기다려주는 지혜가 필요하다.

『색깔을 찾는 중입니다』(키아라 메잘라마, 다그림책)에서 여성적인 성향이 강한 주인공 발랑탱은 여자 친구들과 노는 것이 더 편하고 남자 친구들처럼 스포츠를 좋아하지 않는다. 그러던 어느 날, 남자 친구들이 공을 잡지 못하는 발랑탱을 놀린다. 심지어 발을 걸어 넘어트려 망신을 주기까지 한다. 넘어진 발랑탱은 억울하고 분한 마음에 이를 악물고 일어나 친구의 티셔츠가 찢어질 정도로 세게 잡아당긴다. 이때 발랑탱의 마음속 색깔 카드가 전부 붉은색과 검은색으로 물들어 뒤죽박죽되어 있는데, 발랑탱에게는 이 순간이 이성적으로 생각할 수 없는 격분 상태였다. 온순한 성격의 아동이 어떤 상황에서 분노하고 그 후 어떻게 극복하는지 보여주는 그림책. 서로의 다름을 인정해주는 지혜가 필요한 아동들에게 추천한다.

『친구랑 싸웠어!』
『색깔을 찾는 중입니다』

| 청소년기(13~18세) |

이 시기에는 대체로 분노를 언어로 표현한다. 권리 침해, 불공평한 대우를 참기 힘들어하며 특권을 거부한다. 어린애 취급을 당하거나 목표를 이루지 못하는 경우에 분노한다. 정체성을 확립하는 시기로 감정 기복이 심하며 자신과 부모, 타인에 대한 분노가 생기기도 한다.

중학교 2학년 A. 등교 시간이 다가오는데도 방에서 나오지 않자, 엄마가 방문을 노크한다.
"A야~ 학교 가야지."
A는 갑자기 소리를 지르며 화를 낸다.
"내가 알아서 갈 거니까 신경 쓰지 마!"
"밥은?"
"안 먹어! 신경 쓰지 말라고!"
A의 분노 뒤에는 불안이 숨어 있다. 이날은 학교에서 수행평가를 하는 날이었고, A는 수행평가인 발표를 망칠까 봐 불안해서 잔뜩 긴장하고 있었다. 예민한 A는 불안이 극에 달해 자기도 모르게 분노를 표출했다.
학교 점심 시간, 단짝 친구가 며칠 전 전학 온 친구와 웃으며 교실로 들어왔다.
"A야! 우리가 매점에서 과자 사 왔어. 같이 먹자."
A는 교과서를 책상에 세게 내리치면서 소리를 질렀다.
"됐거든. 너희끼리 많이 먹어!"
자기만 빼고 둘이 매점에 다녀와서 A는 질투가 났다. A의 진짜 감정은 질투지만 화를 냈다.

하교 후 A는 인사도 없이 방으로 들어갔다. 엄마는 A에게 학교 잘 다녀 왔냐고 말을 걸었지만 A는 여전히 화를 내며 소리를 질렀다.

"나가, 나가라고!"

사실 A는 긴장을 너무 많이 한 탓에 발표 시간에 준비한 것을 다 보여주지 못했다. 수행평가를 망쳤다는 생각에 A는 좌절했다. A는 좌절감을 분노로 표현했다.

A는 불안, 두려움, 좌절감, 질투의 감정을 모두 분노로 표현했다. 내가 두려워하고 불안해한다는 것, 발표를 망쳐서 좌절했다는 것, 친구 사이를 질투한다는 것을 인정하는 것보다 화를 내는 것이 더 편하기 때문이다. 특히 청소년기는 급격한 감정 변화를 겪기 때문에 질풍노도의 시기라고 불린다. 진짜 감정을 인식하기란 쉽지 않은 일이고 에너지를 많이 소비하기 때문에 대부분의 감정을 쉽게 짜증과 분노로 표현한다. 무엇보다 청소년기에는 뇌에서도 많은 변화가 있는데, 감정조절 기능을 담당하는 전전두엽이 아직 완성되지 않아 감정조절이 더 어렵다. 청소년기에 유난히 부정적이고 공격적이며 파괴적인 행동을 하는 것은 이 때문이다.

『나, 정말 화났어』(줄리아 페사벤토, 다봄)의 레오는 아무것도 아닌 일에 툭

『나, 정말 화났어』

하면 화를 낸다. 레오와 똑같이 생겼지만 레오 안에서 튀어나온 지저분한 사자를 보면 이랬다 저랬다 행동하며, 감정이 왔다 갔다 하는 사춘기 청소년이 떠오른다. 청소년기에는 감정 조절이 잘 되지 않아 크게 분노하기도 한다. 부모를 향한 것일 수도, 또래 친구나 형제 자매를 향한 것일 수도 있다. 레오는 안에서 튀어나온 커다란 사자를 보고 처음에는 놀라 도망치지만 용기를 내어 화해를 시도한다. 엄청나게 크고 정리되지 않은 자신의 분노에 당황해 좌절하는 것으로 끝나지 않고, 함께 잘 지내기 위해 노력하는 모습은 청소년기의 분노 해소 과정과 닮아 있다. 다양한 시도를 통해 스스로 해결하며 한 단계 성장하는 청소년기의 모습 말이다. "난 너의 몸속에 살고 있는 너의 분노야"라고 말하며 분노가 레오의 입 안으로 들어간 것처럼, 도저히 끝나지 않을 것 같던 사춘기의 분노도 결국은 다스려질 것이다. 분노의 실체를 확인하고 분노를 돌보는 과정을 경험하며 평화롭게 지낼 수 있다는 것을 깨닫게 해주는 그림책이다.

지금까지 살펴본 대로 영아기, 유아기, 아동기, 청소년기를 거치는 동안 분노는 늘 존재한다. 다른 감정도 마찬가지겠지만 특별히 분노는 성장하는 과정 중에 적절하게 표현하고 다루는 방법을 배워야 한다. 왜냐하면 분노를 어떻게 표현하느냐는 타인과의 관계에 결정적인 영향을 미치는 동시에 나를 보호하는 수단이기 때문이다. 자라면서 확장되는 인간관계를 위해서는 발달 시기에 생길 수 있는 분노를 이해하고 적절하게 다룰 필요가 있다.

최근 감정에 대한 관심이 늘어나다 보니 정신과 의사나 상담사의 조언을 받아 기획해서 나오는 감정 그림책 시리즈도 있다.

| 참고할 만한 감정 그림책 시리즈 |

타임주니어 감정 그림책
A BIG HUG 안아주기 그림책
I Really Want 감정 그림책 시리즈
괜찮아, 괜찮아 시리즈
마음날개 그림책 시리즈
네버랜드 감정 그림책 세트

정신분석 관점에서는 오이디푸스 시기를 주목한다. 유아기(남근기) 남자 아이는 아버지 때문에 사랑하는 엄마를 소유할 수 없다는 생각에 아버지에 대한 분노가 생기고 이 분노가 거세 공포를 유발한다고 한다. 자라면서는 또래 집단 내 경쟁에서 뒤처지고 좌절할 때 타인에 대한 공격성이 생기고 이는 자신과 부모에 대한 분노로 연결된다. 사춘기에는 부모, 형제를 이유 없이 공격하고 분노한다. 성장 과정에서 나타나는 이러한 분노는 독립된 개체가 되기 위해 나타나는 필수적인 과정이다. 성인이 되어서는 불공평한 사회 구조에 대한 분노와 함께 미래에 대한 불안감을 느낀다.

칼 융에 따르면 인생 전반부에는 주로 성장을 방해하는 요인에 분노를 느낀다면, 인생 후반부에는 이루지 못한 것들에 대한 자책과 자신에 대한 분노가 우울증이나 무기력으로 나타난다. 노년기에는 신체 노화로 인해 정신과 몸의 부조화가 발생하고 은퇴 이후에는 자연스럽게 사회적 역할이 감소하는데, 이 두 가지가 분노 발생의 원인이 된다.

인생 후반기의 분노를 살짝 엿볼 수 있는 그림책 『자코미누스』(레베카

『자코미누스』

도트르메르, 다섯수레)를 소개한다. 어린 시절 친구들과 놀다가 장애가 생겼지만, 단 한번도 누군가를 원망하지 않고 묵묵히 삶의 무게를 감당하던 자코미누스. 중년의 어느 날, 과거의 기억 때문에 괴로워하기 시작한다. 무의식 깊은 곳에 넣어두었던 해소되지 못한 감정이 하나둘 올라오자 짜증이 나고 견딜 수 없었다. "버럭 화를 낼 수밖에 없었어"라고 표현했지만, 다행히 자코미누스의 분노는 격분으로까지 가지 않았다. 무의식 속에 넣어두었던 분노를 직면하고 표출한 후 기분이 천천히, 조금씩 나아졌다. 자라면서 분노할 때 분노하지 못하고 무의식에 밀어넣은 감정이 있다면, 겉으로는 괜찮은 것 같아도 언젠가는 터져나오게 된다. 자코미누스도 장애를 갖게 되었을 때 충분히 분노를 표출했었다면, 중년 시기에 알 수 없는 분노에 휘둘리지는 않았을 것이다.

　인간은 태어나서 죽을 때까지 발달한다. 그 과정 중 분노는 반드시 생기는 감정이고 얼마나 적절하게 표현하고 창조적으로 승화시키는지가 중요하다. 분노를 더 나은 방향성을 찾기 위한 성장 에너지로 사용해야 한다. 감추려고 하지 말고 건강하게 발산하고 해소할 수 있는 방법을 찾고, 또 찾을 수 있게 도와주는 건강한 사람이 되어야 한다.

자신에 대한 분노 VS 타인, 사회에 대한 분노

스스로 세운 기준이 높거나 기대에 부응하지 못한다고 판단될 때 자신에게 분노를 느낀다. 중요한 약속을 깜빡했거나 같은 실수를 반복할 때, 꼭 해야 하는 일을 마치지 못했을 때, 목표에 도달하지 못하고 실패했을 때, 스스로에게 화를 내거나 다른 사람에게 책임을 전가하며 화를 낸다. 자신에 대한 분노는 완벽주의 성향, 자존감과도 관련이 있다. 완벽하려는 생각이 강할수록, 자존감이 낮을수록 스스로에 대한 분노가 커진다. 자아에 대한 비판에서 시작되는 분노는 전체 인격인 자기에게 긍정적으로 작용할 수도 있고 부정적으로 작용할 수도 있다. 사회적 인격인 페르소나에 대한 분노는 부정적으로 작용하는데, 자신의 능력을 뛰어넘는 감당할 수 없는 책임감을 느낄 때 스스로에 대한 분노가 활성화된다. 자기와 자아가 건강한 관계일 때, 스스로에 대한 분노는 자아의 성장을 돕기도 한다.

『호텐스와 그림자』(나탈리아 오헤라, 다산기획)에서 호텐스는 밤이 되면 커지고 섬뜩해지는 그림자가 싫다. 호텐스는 따뜻하고 용감한 소녀인데, 맘에 들지 않는 검은 그림자가 자꾸만 따라다니기 때문이다. 기

『호텐스와 그림자』

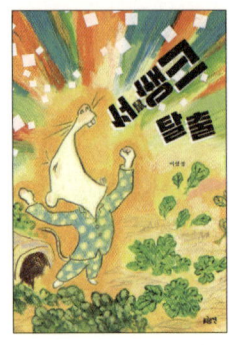
『서쌩크 탈출』

준에 미치지 못하는 그림자에 대한 불만과 분노는 결국 보여주고 싶지 않은 스스로의 모습에 대한 분노와 같다. 호텐스는 그림자를 떼어놓는 데 성공하지만, 그림자가 없어서는 안 될 존재라는 것을 깨닫고 화해한다. 호텐스와 그림자의 화해는 자신에 대한 분노가 자아의 성장을 돕는 긍정적인 예로 볼 수 있다.

사회 악에 대한 분노는 개인의 신념이나 양심에 따라 기준이 다르다. 종교적 관점, 이윤 추구 관점, 지배원리 관점 등 사회문화적으로 습득해온 기준에 따라 다를 수밖에 없다. 사회 악에 대한 분노는 자신의 신념이나 가치관이 무너질 것에 대한 방어기제로 발생한다.

✷ 그림책 더 보기 ✷

『빨간 마음』(브리타 테켄트럽, 위고)
내적인 분노를 시각적으로 잘 표현한 그림책으로 분노 에너지를 승화시키면 세상을 변화시킬 수 있다는 메시지를 담고 있다.

『서쌩크 탈출』(이영경, 글로연)에서 서쌩크는 실험실에 갇혀 살다가 탈출에 성공한다. 우연히 본 신문 기사를 통해 실험실 박사의 계략을 알게 되고, 크게 분노한다. 서쌩크는 이 분노를 에너지로 사용해 힘을 키워 연구소에 쳐들어가 다른 쥐들을 탈출시킨다. 서쌩크는 자신의 신념과 양심에 따라 분노를 긍정적인 에너지로 사용해 사회 악에 대항한다.

신경증적 분노, 정신증적 분노

신경증적 분노는 자신의 정당성이 훼손되었을 때 자신에 대한 실망감이나 수치심 혹은 죄책감으로 인해 발생하는 정상적인 분노이다. 정신증적 분노는 겉으로는 냉정하고 차분하고 이성적이며 합리적인 것처럼 보이지만 내면에 분노를 감추고 있다.

모든 것을 자기중심적으로 해석하는 자기애성 인격은 특별한 대우를 받지 못한다고 여길 때 분노한다. 스스로를 옭아매는 편집성 인격은 악의가 있는 것으로 느껴지는 지적 행동이나 농담을 들을 때 분노한다. 완벽주의를 추구하는 강박성 인격은 누군가 자신의 행동을 비웃거나 계획을 방해할 때 분노한다. 신경증과 정신증 사이의 경계성 인격은 자신이 버려졌다는 느낌을 받을 때, 다른 사람과 너무 가깝거나 너무 통제적인 관계를 맺을 때 분노한다.

4 분노의 원인

분노는 욕구가 좌절되거나 상처를 받았을 때, 스스로에게 실망했을 때, 왜곡된 사고, 학습된 분노, 문화적인 요인 등에 의해 생긴다. 일차적으로 다른 사람들에게 무언가 잘못되었다는 것을 알리는 데 목적이 있다. 부당하다고 경고함으로써 타인의 도움을 받을 수 있기 때문이다. 분노는 부당함에 맞설 에너지를 주는데, 『서쌩크 탈출』에서 본 것처럼 사회 정의 구현의 수단이 되기도 한다. 분노 에너지를 승화한 경우라고 볼 수 있다. 인간은 누구나 존중받고 싶은 기본 욕구를 갖고 있는데, 이런 욕구가 충족되지 않을 때도 분노한다. 결국 우리는 존중받고 싶은 욕구가 충족되지 않았을 때 분노하며, 내 위상을 전달하려는 목적이 있다.

통제하고 싶은 나

대상을 자신의 영향력 아래 두려는 지배욕은 분노를 불러일으킨다. 앞에서 신체를 마음대로 움직이고 싶은 유아가 뜻대로 되지 않자 분노하는 『나 진짜 화났어!』를 소개했다. 비슷하게 자녀를 소유물로 생각하는 부모는 자녀를 마음대로 통제하고 싶은데, 계획대로 되지 않을 때 분노한다.

『엄마가 화났다』(최숙희, 책읽는곰)에서는 말 안 듣는 자녀에게 분노하는 엄마가 등장한다. 아이는 음식을 흘리면서 먹고, 벽지에 낙서를 하고, 욕실에서도 장난을 친다. 상황을 통제하고 싶은 엄마의 분노를 볼 수 있다.

『진정한 챔피언』(파얌 에브라히미, 다그림책)에는 자녀를 챔피언으로 키우고 싶은 챔피언 집안의 아버지가 등장한다. 자녀의 의견이나 적성은 아랑곳하지 않고 집안의 명맥을 잇기 위해 운동선수가 되기를 원하는 아버지가 마지막 장에서 분노하는 장면은 많은 생각을 하게 한다.

『엄마가 화났다』,
『진정한 챔피언』

보호하고 싶은 나

『빨간 매미』는 문방구에서 빨간 지우개를 훔친 소년이 도둑질을 했다는 죄책감 때문에 분노하는 장면을 보여준다. 소년의 진짜 감정은 지우개를 훔친 일이 들킬까 봐 불안한 마음과 죄책감이지만 공격성과 분노로 표현된다. 죄 없는 매미의 날개를 떼고, 동생에게 화를 내고, 목욕할 때조차 마음이 편하지 않다. 불안과 죄책감으로부터 나를 보호하기 위한 방어기제로 나타나는 분노를 잘 보여준다.

『가시 소년』(권자경, 천개의바람)에서 소년은 친구를 사귀고 싶은데 먼저 다가가지 못한다. 소년은 상처받지 않기 위해 사전 방어로 분노를 표현한다. 연약한 자신을 보호하기 위해 뾰족하게 가시를 세우는 소년의 모습이 안타깝기도 하고, 누구에게나 자신을 보호하는 가시가 있지만 드러내지 않는다는 것을 깨닫고 가시 옷을 벗어던지고 먼저 말을 거는 모습이 기특하기도 하다.

『가시 소년』

복수하고 싶은 나

『올리가 변했어요!』(김은주, 국민서관)에는 동생이 태어나 가족의 사랑과 관심을 모두 빼앗겼다고 생각한 올리가 동생을 괴롭히는 장면이 나온다. 동생을 기다리던 올리는 피해자라는 생각에 빠져 사랑을 빼앗은 가해자 동생에게 복수하려고 한다. 올리의 분노는 올리를 점차 괴물로 변하게 하는데, 올리가 동생을 향한 복수의 마음을 어떻게 되돌리게 되었는지 그림책에서 확인해보자.

『잠이 오지 않는 밤』(홍그림, 창비)에는 학교에서 친구와 다투고 분노하는 아이가 등장한다. 나는 한 대만 때렸는데, 다섯 대를 맞은 게 억울해서 잠을 이루지 못한다. 주인공은 밤에 나타난 유령 친구들의 도움으로 시원하게 복수를 한다. 그런데 알고 보니 꿈이었다는 이야기. 우리는 이렇게 현실에서 이루지 못하는 소원을 꿈에서 이루기도 하는데, 마음껏 표현하지 못한 감정은 무의식 깊은 곳에 있다가 꿈으로 나타나기도 한다. 꿈에서 시원하게 복수하고 감정을 해소한 아이는 다음 날 친구에게 어떤 행동을 했을까?

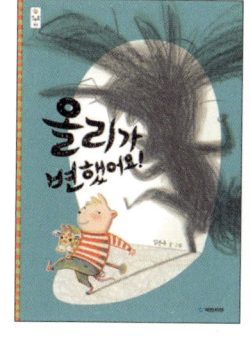 

『올리가 변했어요!』
『잠이 오지 않는 밤』

5 분노 표현 방식

내적 억제 VS 외적 표출

분노를 표현하는 방식에는 부적응적인 분노 표현과 적응적인 분노 표현 두 가지가 있다. 첫째, 부적응적인 분노 표현 행동은 신체적 행위나 욕설, 비난, 언어폭력, 모욕 등 화를 겉으로 드러내 분노를 표출하는 것, 그리고 분노를 자기 내부로 돌리면서 억압하고 감정을 부정하며 화를 겉으로 드러내지 않는 것이다. 둘째, 적응적 분노 표현은 분노를 조절하고 통제하는 행동이다. 화난 상태를 자각해서 감독하고, 진정시키기 위해 노력하여 상대를 이해하고 냉정을 유지한다. 분노를 표출하거나 억압하는 어느 한쪽을 선택하는 것이 아닌, 두 양극을 적절히 조절할 필요가 있다.

『나는 집에 가기 싫어요』(소년사진신문사, 다봄)에 등장하는 두 소년은 분노 억압형과 공격형을 잘 보여준다. 아버지에게 신체적 학대를 받는 아이는 친구와 곤충에게도 폭력적인데, 친구를 함부로 밀치거나 개미를 마구 짓밟아

죽인다. 어머니의 방치와 무관심 속에 지내는 아이는 분노를 안으로 쌓기만 할 뿐, 밖으로 표현하지 못한다. 공격형 아이는 자신의 어려움을 밖으로 표현해 기관의 도움을 받지만, 억압형 아이는 자신의 어려움조차 표현하지 못해 도움을 받지 못한다. 너무도 다른 두 소년을 통해 분노 표현 방법을 비교해볼 수 있고, 아동기에 어떤 환경에서 자라는지가 분노 성향에 영향을 미친다는 것을 알 수 있다.

| 억압형 |

결정하는 것을 좋아하지 않고 추종한다. 분노를 회피하고 마음에 담아둔다. 적응을 잘하고 우호적이며 사교적이지만 우유부단하고 속을 잘 모른다는 단점도 있다. 각종 심인성 질환을 유발한다. 『완벽한 아이 팔아요』(미카엘 에스코피에, 길벗스쿨)에는 분노를 억압하는 완벽한 아이가 등장한다. 마트에서 팔린 완벽한 아이는 아이다움을 꾹꾹 눌러 담으며 완벽해지려고 노력한다. 노력하면 할수록 내면에는 자신도 모르는 분노가 계속 쌓인다. 결국 쌓이고 쌓인 분노를 폭발하게 된다. 『착한 아이 사탕이』와 맥을 같이 한다.

『나는 집에 가기 싫어요』, 『완벽한 아이 팔아요』

| 수동공격형 |

소극적으로 교묘히 표현하는데, 자기 상처를 최소화하면서 가치와 욕구는 보존한다. 동시에 타인을 조종하려는 욕구를 갖고 있어 타인을 괴롭힌다. 깊이 생각하고 신중하며 배려심이 있어 희생적이고 필요할 때 도움을 주지만, 우울, 불안, 관계 악화 우려가 있다.

『두고 보라지!』(클레르 클레망, 고래이야기)는 친구와 부모에게 서운하고 화난 아이가 분노를 드러내지 않고 안으로 품고 들어가면서 벌어지는 이야기이다. 죽어버리면 모두가 슬퍼할 거라고 생각하고 죽은 척 연기하기로 한다.

『두고 보라지!』

✵ 그림책 더 보기 ✵

『부루퉁한 스핑키』(윌리엄 스타이그, 비룡소)
엄마, 아빠, 형, 누나에게 토라진 스핑키의 모습을 익살스럽게 표현하고 있다. 가족들이 아무리 달래주어도 풀어지지 않을 것만 같은 스핑키, 가족들이 계속해서 관심 갖고 신경 써주기를 은근히 바란다. 스핑키는 어떻게 풀어졌을까?

| 적극공격형 |

분노 감정을 노골적으로 표현하며 자신이 옳다고 믿는다. 타인의 의견과 감정을 무시하지만 자기 확신에 차 있고 성과가 좋다. 용기와 지구력이 있다. 그러나 이기적이고 난폭해서 관계에 어려움이 있을 수 있다.

『화를 참지 못하는 페르갈』

『화를 참지 못하는 페르갈』(로버트 스탈링, 키즈엠)은 『불 뿜는 용』처럼 분노를 불로 표현한다. 스스로 분노를 조절하지 못해 주변을 태워버리고 주변 사람들을 불편하게 했던 페르갈이 도움을 받아 불 조절을 잘하게 되는 이야기. 표지 가운데가 뻥 뚫려 있어 시각적·촉각적으로 재미를 주는 책이다. 분노로 표현되는 불을 조절하지 못해 책 표지에 구멍이 뚫린 모습을 보고 그림책 속 친구들은 놀라고, 페르갈은 난처해한다.

이처럼 분노를 표현하는 그림책은 유아가 분노를 조절할 수 있도록 구체적인 방법을 제시하고 있어 양육자에게 도움이 된다.

✽ 그림책 더 보기 ✽

『고함쟁이 엄마』(유타 바우어, 비룡소)
엄마 펭귄이 고함을 치자 아기 펭귄의 몸이 산산이 부서져 날아간다. 양육자의 분노가 자녀의 마음을 갈기갈기 찢어놓을 수 있다는 점에서 양육자의 언어 습관을 돌아보게 한다.

6 내 마음을 화(火)병이 아닌 화(花)병으로 가꾸는 방법

J는 어린 시절 엄격한 가정에서 체벌을 받으며 자랐다. 자라면서 반항심과 분노가 쌓였던 J는 자녀에게는 절대 체벌을 하지 않겠다고 다짐했다. 다짐대로 아이에게 큰 소리 한 번, 체벌 한 번 없이 잘 양육하는 듯했다. 그러나 아이가 사교육을 시작하면서 문제가 생기기 시작했다. 아이가 수학 학원 숙제를 하면서 답지를 베껴 갔다는 사실을 알게 되었고 J는 침착하게 자녀에게 물었다. 자녀는 능청스럽게 거짓말을 하며 짜증까지 냈다. J는 믿었던 아이에게 배신 당했다는 생각에 분노했고, 자신을 속이고 끝까지 무시했다는 생각에 수치심까지 올라왔다. 결국 J는 이성을 잃고 아이에게 손찌검을 했다. 그날 밤, J는 자책하며 눈물을 흘렸다. 죄책감에 빠진 J는 다시는 자신의 부모처럼 행동하지 않겠다며 굳게 결심했다. 그러나 그 후로도 자녀는 종종 답지를 베껴 갔고, 그럴 때마다 혼이 날까 두려워 거짓말을 했다. J는 그 다음에도 또 그 다음에도 매번 후회했지

만, 자동적으로 손이 먼저 나갔다. 자녀의 사춘기와 맞물리며 모자 관계는 극도로 나빠졌다.

사례에서 보듯 분노와 격분은 중독적인 성향이 있으며 만성화되면 특별한 이유도 없이 지속적으로 발생한다. 격분 중독은 후회, 결심, 또다시 격분이 반복되는 패턴을 보인다. 그래서 우리는 분노와 격분에 중독되지 않도록 내 안에 미해결된 콤플렉스를 찾아야 한다.

분노 인식하기

분노 성향은 습관적이고 무의식적이며 유아 시절의 경험에 뿌리를 두는 경우가 많아서 자신의 분노 성향에 문제가 있다는 것을 모를 수 있다. 나는 어떤 상황에서 분노하는지, 그럴 때 어떤 생각이 드는지 적어보자. 분노할 때 신체 반응이 어떠한지, 주로 어떤 식으로 분노를 표현하는지 파악하는 것도 중요하다. 화를 절대 내지 않는지, 참다가 폭발하는지, 화가 나면 오히려 침묵하는지, 화가 났다는 사실에 죄책감을 갖는지 스스로 고민하는 시간이 필요하다. 덧붙여 가까운 사람에게 같은 질문을 해서 답변을 듣는다면 조금 더 객관적인 파악이 가능하다.

분노 분석하기

앞서 인식한 나의 분노 성향을 있는 그대로 받아들인다. 분노를 인식한 후에는 분노의 기원에 대해 추적하는 작업이 필요하다. 미해결된 콤플렉스를 해결하는 중요한 과정이다. 분노가 언제, 무엇 때문에 발생했는지를 생각하면서 자신의 모습을 돌아보는 과정에서 분노의 정체가 명확하게 드러난다. 때로는 아주 오래된 과거로 거슬러 올라가야 할 수도 있다. 그래야 왜 분노했는지 진짜 감정을 알게 되는데, 이것을 '미분화된 정서가 구체화된다'고 표현한다. 나도 모르게 분노하게 되는 진짜 원인 감정을 찾고 극복하면, 더 이상 과거 사건에 얽매이지 않고 자유로워진다.

분노 다스리기

왜 화를 내는지 목적을 인식해야 한다. 그리고 진정한 화의 원인을 찾는 과정을 거친 후 적절한 의사 표현 기술을 익혀야 한다. 무엇보다 상대방을 변화시킬 수 없다는 사실을 명심하자. 이 세상에서 절대 바꿀 수 없는 것은 과거와 타인이다. 과거는 바꿀 수 없지만 미해결된 콤플렉스는 찾아서 극복할 수 있다. 타인은 바꿀 수 없지만 내 생각은 바꿀 수 있다. 스스로 성찰하고 부정적인 패턴을 끊어내려는 노력이 필요하다.

『소피가 화나면, 정말 정말 화나면』(몰리 뱅, 책읽는곰)은 분노를 다스리는 방법을 알려주는 그림책이다. 소피는 언니와 장난감을 갖고 노는 순서 때문에 화가 난다. 발달과정에서 일어나기에 누구나 겪는 자연스러운 분노이다. 소피는 문을 쾅 닫고 나와 숲을 향해 달리기도 하고, 소리 내어 울고 새소리를 듣기도 하고 숲의 공기도 마신다. 그리고 좋아하는 나무에 올라 넓은 바다를 바라본다. 소피의 분노 해소 방법은 자연에서 위로를 받는 것이다. 소피처럼 화가 날 때마다 찾는 나만의 비밀 장소를

『소피가 화나면, 정말 정말 화나면』
『화가 호로록 풀리는 책』

갖는 것도 좋다.

『화가 호로록 풀리는 책』(신혜영, 위즈덤하우스)에 나온 방법을 따라 하면 화가 안 풀릴 수가 없다. 화가 풀릴 수밖에 없는 모든 방법이 총망라되어 있는 책으로 마음에 드는 방법을 골라서 몇 개 따라 하다 보면 어느새 화가 풀려 있는 나를 발견할 것이다.

『내 안에 공룡이 있어요!』(다비드 칼리, 진선아이)는 방 청소를 하라는 말만 들으면 괴물로 변하는 아이의 이야기이다. 화가 나서 괴물로 변했을 때는 아무도 말릴 수 없다. 그 누구도 말릴 수 없는 격분 상태인 아이를 원래대로 되돌릴 수 있는 유일한 방법은 바로 할머니의 파이이다. 파이 냄새를 맡은 아이가 점점 평정심을 찾으며 사람으로 변신하는 장면이 참 재미있다. 분노했을 때 마음을 달래주는 음식이 있으면 위로가 될 것이다. 달콤한 디저트도 좋고, 따뜻한 차 한잔도 좋다.

책이 화가 났다. 그림책 속 생쥐의 안내에 따라 독자가『화난 책』(세드릭 라마디에, 길벗어린이)의 분노를 풀어주는 기발한 그림책이다. 생쥐가 하라는 대로 따라 하다 보면 어느새 빨갛게 화가 났던 책이 색이 점점 연해지는

 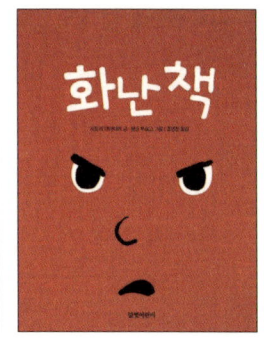

『내 안에 공룡이 있어요!』
『화난 책』

것을 알아차리게 된다. 자연스럽게 화난 감정을 가라앉히는 방법을 배우는 놀이책이다.

『감정스위치: 화날 때』(임진재,이경언, 코비컴)는 부정 스위치를 끄고 긍정 스위치를 켠다는 독특한 콘셉트를 가진 그림책이다. 부정적인 감정 단어를 긍정적인 감정 단어로 전환할 수 있게 도와준다. 단순한 캐릭터 그림 위에 도형 모양으로 뚫린 카드를 올려 감정을 알아맞히는 게임도 할 수 있다.

『사르르 화를 풀어주는 파랑』(이은서, 뜨인돌어린이)은 색채 심리학을 적용한 그림책으로, 책 전체가 마음을 차분하게 가라앉혀 주는 파랑으로 가득 차 있다. 책장을 넘기는 것만으로도 다양한 파란색을 볼 수 있다. 화가 났을 때 일상생활 속에서 파랑을 어떻게 활용할 수 있는지도 소개한다. 파란 컵으로 물 마시기, 파란 공 가지고 놀기, 파란색 색칠하기 등 아이들이 쉽게 시도해볼 수 있다.

『화난 마음 다스리기』(가비 가르시아, 타임주니어)는 '화르르 마음의 불을 꺼요'라는 부제가 달린 그림책이다. 주인공 아마야는 화난 감정 아래 부글부글 끓고 있는 다양한 감정을 이모와 함께 요리하면서 알아차린다. 상상 속 따뜻한 수프 그릇을 후후 불며 분노를 다스리는 '수프 호흡법'을 제시한다. 그림책 속 주인공이 분노를 해소하는 과정을 보며 동일시와 카타르시스를 느낄 수 있다. 그림책을 통한 이러한 경험은 분노를 다스리고 분노와 평화롭게 동행하기 위한 첫걸음이 될 것이다.

지금까지 우리는 분노라는 감정에 대한 오해를 풀었다. 분노는 우리를 보호하고 내 권리를 주장하는 수단이다. 하지만 격분은 분노와 미해결된 무의식 속의 콤플렉스가 결합한 것으로 무의식적이고 폭력적인 성향을 갖

『사르르 화를 풀어주는 파랑』
『화난 마음 다스리기』

고 있다. 미해결된 콤플렉스를 잘 찾아서 분노가 격분이 되지 않도록 노력해야 한다. 내면에 미해결된 콤플렉스를 발견하고 잘 다독여줄 때, 비로소 분노를 건강한 에너지로 사용할 수 있게 된다. 분노를 다룬 이번 장이 미해결된 콤플렉스를 찾는 길라잡이가 되었기를 바란다.

분노를 표현하는 한글의 '화'자는 한자로 불 화(火)도 있지만 꽃 화(花, 華)도 있다. 틱낫한 스님은 우리 마음을 밭이라고 표현했다. 마음 밭에 어떤 감정의 씨앗을 뿌리느냐에 따라 다른 꽃이 핀다. 감정이 씨앗이라면 뿌려진 대로 잘 가꿔서 저마다의 타고난 생명력대로 꽃을 피우게 도와야 한다.

마음을 모든 것을 태워버리는 불지옥으로 놔둘지, 꽃이 피는 꽃밭으로 혹은 꽃을 꽂아두는 화병으로 만들지는 우리가 선택할 수 있다. 마음 밭을 화르륵 다 태우고 재로 날려 보내지 않기를, 멀리까지 향기를 풍기는 아름다운 꽃밭과 꽃병이 되기를 바란다.

9
자존감

강혜진

나를 지켜주는 내면의 힘 1

자존감은 든든한 뿌리 같은 것

자존감은 자아존중감으로 자신이 사랑받을 만한 가치가 있는 존재라고 믿는 마음이다. 자신이 존귀하다고 생각하는 믿음과 자신을 있는 그대로 사랑하고 수용하는 자세는 삶의 질을 좌우한다고 해도 과언이 아니다.

　인간은 살아가면서 수많은 외부 요인을 겪어내야만 한다. 외부 요인에 부딪혔을 때 나를 지탱해주는 힘은 내면에 있다. 내면에 자리 잡은 나를 사랑하는 마음, 즉 자존감은 흔들리는 나무를 잡아주는 뿌리 역할을 한다.

디지털 페르소나의 거짓 자기

전 세계 48.8억 명이 하루 2시간씩 SNS에서 시간을 보낸다는 통계가 있다. 우리는 SNS를 타인과 소통하는 공간으로 사용한다. '좋아요'를 누르면서 타인과

소통하고 일상을 나누는 건강한 공간이 되고 있다면 다행이지만 타인의 삶과 내 삶을 비교하며 불안하고 위축되는 마음이 드는 경우도 많을 것이다.

SNS에서 보여지는 모습이 진짜 모습일까? 나는 어떤가. 있는 그대로 내 모습을 보여주고 있는가, 아니면 내가 원하는 모습만 보여주려 하는가. '좋아요' 수에 연연해하며 관심받고 인정받고 싶은 욕구를 따라가다 보면 어느 순간 디지털 세상의 페르소나와 현실의 나와의 차이로 인해 진짜 내 모습을 잃어버릴지도 모른다.

『좋아요』(시적, 제제의숲)는 나다움을 잃기 쉬운 세상에서 나다움과 진정한 행복은 무엇인지에 대한 통찰을 일깨워주는 그림책이다. 네모 마을에는 다양한 동물이 살고 있다. 네모들은 이웃에게 관심이 많고 발 빠르게 마을의 소식을 전해준다. 동물들은 네모들에게 잘 보이고 싶어 한다. 네모에게 '좋아요'를 많이 받으면 다른 동물에게 잘 보일 수 있기 때문에 서로서로 엄지를 들어 올린다. 사자는 네모가 나타나니 멋지게 보이고 싶어서 단장을 한다. 네모는 농부 얼룩말에게 사자의 황금빛 갈기를 보여주며 사자처럼 모습을 바꾸면 어떨지 제안한다. 얼룩말은 미용실로 가서 사자처럼

『좋아요』

염색하고 네모에게 '좋아요'를 받는다.

청설모는 얼룩말을 보고 하얀색 스카프에 검은색 줄무늬를 그려 넣는다. 청설모의 스카프를 멀리서 지켜보던 비둘기는 지난밤 오리와 싸워 목에 생긴 상처를 네모에게 보이고 싶지 않은 마음에 스카프를 훔친다. 실제로 독수리를 본 동물은 없었지만, 네모 속 독수리는 무척 인기가 많았다. 청설모는 우연히 스카프를 두른 독수리 사진을 보게 되고 그 스카프가 자신의 것임을 한눈에 알아차린다. 스카프 밑으로 삐져나온 털을 본 동물들은 독수리가 아니라 비둘기라는 것을 알게 된다. 스카프를 두른 독수리가 비둘기였다는 소문은 빠르게 퍼져나간다. 결국 네모들은 독수리가 비둘기라는 사실을 밝혀내고 동물들은 빠르게 등을 돌린다. 거짓이 들통난 뒤 비둘기는 집 밖으로 나가지 않는다.

'좋아요'를 많이 받으면 행복할까? 그림책 마지막 장면에 등장한 거북이의 말은 우리에게 큰 일깨움을 준다.

✳ 그림책 더 보기 ✳

『난 그냥 나야』(김규정, 바람의아이들)
초승달은 보름달이 되기 위해 있는 것이 아니다. 아이는 어른이 되기 위해 태어나지 않았다. 나는 무엇이 되려고 존재하는 게 아니라는 메시지를 전달하는 그림책으로 자신의 존재 그대로를 사랑하라고 이야기해 준다. 자존감은 있는 그대로 자신의 모습을 사랑하는 것이다.

『도시 악어』(글라인, 이화진, 요요)
높은 빌딩, 수많은 사람, 불빛이 반짝이는 도시에 악어가 버려진다. 도시와 어울리지 않는 악어는 이곳에 맞추어 살아가기 위해 노력한다. 시대의 인간상을 대표하는 '도시 악어' 캐릭터를 통해 '무언가'가 되기 위해 애쓰며, 나를 잊고 사는 사람들에게 '나라는 존재'에 대해 묵직한 질문을 던지는 작품이다.

2 자존감과 비슷한 감정들

자존심과 자존감

우리는 자존감과 자존심을 구분하지 못할 때가 있다. 자존감은 나를 어떻게 평가하느냐 하는 생각의 개념이고, 자존심은 이에 수반된 감정이다. 자존심의 사전적 의미를 살펴보면 '남에게 굽히지 아니하고 자신의 품위를 스스로 지키는 마음'이다. 일반적으로 자존심은 주로 자존감이 떨어졌을 때 느끼는 상한 감정을 의미한다. 우리는 비난받거나 트라우마가 생겨 일정 선 밑으로 감정이 추락하는 것을 "자존심 상해"라고 표현한다.

그림책 『향기가 솔솔 나서』(노석미, 장영)에는 향기가 매혹적인 백합꽃이 등장한다. 백합은 자기 자신을 꽤 괜찮은 꽃이라고 생각한다. 늘 곤충이 찾아오고 찬사가 끊이질 않으니 우쭐대기 일쑤다. 작은 벌레 한 마리가 날아오는 것을 본 백합은 늘 그랬듯이 그 벌레가 자신에게 날아온다고 생각했다. 하지만 작은 벌레는 이름 모를 작은 풀에게 날아갔다. 나에게 날아오려다 잘

못 내려앉은 건 아니냐고 물었더니 백합을 만나러 온 게 아니란다. 백합은 자존심이 상했고 그 뒤로 그 작은 풀이 계속 신경 쓰였다. 나중에 찾아온 작은 벌레는 백합에게 "저는 그냥 작은 벌레가 아니고 남색주둥이노린재라고 해요. 그리고 저 작은 풀은 그냥 잡초가 아니고 달배기 님이에요. 백합 님은 인기가 많지만, 저는 달개비 님이 좋답니다"라고 말하고 자리를 떠난다.

자존감은 있는 그대로의 모습에 대한 긍정이고, 자존심은 '경쟁 속에서 느끼는 긍정'이다. 그림책 속 백합의 당당한 모습을 보면 자존감이 높아 보인다. 하지만 있는 그대로의 자기 모습에 대한 긍정이 아닌 다른 존재와의 비교에서 느끼는 긍정심이었다. 이 긍정심은 자신이 우위에 있을 때는 자존감으로 착각할 수 있지만 경쟁에서 패배감을 느끼거나 비난을 받으면 그 감정이 추락해 버린다. 자존감이 높았던 것이 아니라 자존심이 강한 것이었다. 자존감이 낮은 사람의 경우 자존심이 그 자리를 채운다. 자존심이 무너지면 낮은 자존감이 얼굴을 드러내기 마련이다.

심리학자 너새니얼 브랜든은 자신을 존중하는 마음이 부족하고 있는 그대로 자신을 즐기지 못하는 이에게는 그저 채워지지 않는 욕구만 있을 뿐,

『향기가 솔솔 나서』

타인에게 베풀 여유는 없다고 말한다. 건강한 자존감을 지닌 사람은 자신을 존중하는 데 그치지 않고 타인을 대할 때에도 존경심과 배려심을 나타낸다. 타인을 경쟁 상대라고 여기지 않고 자기 존중을 토대로 타인 존중도 가능하기 때문이다.

자존감과 정체성

그림책 『뒤죽박죽 카멜레온』(에릭 칼, 시공주니어)에는 자신의 색깔을 자유롭게 바꾸는 동물 카멜레온이 주인공으로 등장한다. 카멜레온은 배가 부르면 초록색으로, 춥고 배가 고프면 회색빛으로 몸의 색이 변한다. 어느 날 카멜레온은 동물원에서 많은 동물을 만난다.

아름다운 동물을 처음 본 카멜레온은 자신과 다른 동물을 비교한다. 저 동물처럼 변했으면 좋겠어, 하고 생각할 때마다 그 동물의 색과 모습으로 변하게 된다. 여러 동물의 모습으로 뒤죽박죽되어 버린 카멜레온의 모습은 어떤 동물이라고 표현하기도 어려워졌다. 상상 속에서나 등장하는 모

『뒤죽박죽 카멜레온』

습이 되어버린 것이다. 결국 카멜레온은 배가 고파도 파리 한 마리도 못 잡는 신세가 되어버렸다.

건강하지 않은 자존감을 형성한 백합과 타인이 부러워 자신의 정체성을 잃어버린 카멜레온을 보면서 건강한 자존감은 무엇인지 확인해볼 수 있다. 건강한 자존감은 나 자신으로서 특별하고, 사랑스럽고, 아름답다고 내 존재를 인정하는 것이다.

✳ 그림책 더 보기 ✳

『여우지만 호랑이입니다』(코리 R.테이버, 오늘책)
호랑이가 부러운 여우는 몸에 무늬를 그려 넣는다. 호랑이처럼 으르렁거리며 호랑이 흉내를 낸다. 비가 오자 무늬가 지워지고, 여우는 실망한다. 여우를 본 다람쥐는 여우를 부러워한다. 다람쥐 이야기를 들은 여우는 자신의 가치를 깨닫는다. 호랑이가 되고 싶어 자신을 부정하던 여우와 친구들의 이야기를 통해 유쾌한 자기 긍정의 메시지를 전해준다.

『평범한 식빵』(종종, 그림북)
식빵은 다른 빵들을 보면 자신이 초라하다고 느껴진다. 크림빵, 단팥빵, 크루와상을 보면 평범한 자기 모습에 움츠러든다. 그때 샌드위치가 식빵은 무엇과도 잘 어우러지는 빵이라는 것을 알려준다. 타인과 자신을 비교하지 말고 자신의 가치를 알고 사랑할 때 효능감을 느끼고 용기가 생긴다는 것을 보여준다.

3 자존감의 시작

자기 개념

자기 개념의 사전적 의미는 의식적·무의식적으로 떠올리는 자기 모습이다. 심리학에서 말하는 자아 개념 또는 자기 개념은 자기와 타인의 관계에서 자기에 대한 인식, 자신의 신체적 특징, 자신의 성격과 능력 따위를 스스로 이해하는 모습이다.

그림책 『난 내가 좋아』(낸시 칼슨, 보물창고)에서 돼지 소녀의 친구는 바로 자기 자신이다. 돼지 소녀는 자신과 함께 그림을 그리고 책을 보고 달리기를 한다. 자신의 도르르 말린 꼬리, 통통한 배, 조그마한 발을 다 좋아한다. 자기 신체에 대한 특징을 알고 그것을 아끼고 돌본다. 내 몸을 위해 씻고 몸에 좋은 음식을 먹는다. 기분이 나쁠 때면 좋아지기 위해 노력하고 실패할 때는 노력하고 또 노력한다. 넘어지려고 할 때는 스스로 자신을 일으켜 세운다. 나는 항상 나이고 그런 내가 좋다고 말한다. 그림책 속 돼지 소

『난 내가 좋아』

녀는 다른 사람의 기준에 자신을 맞추는 것이 아니라 자기 자신을 올바르게 인식하고 그것을 위해 노력하는 모습을 보여준다.

  백설 공주의 왕비는 거울을 보며 세상에서 누가 제일 아름다운지 물어본다. 하지만 돼지 소녀는 왕비와 달리 거울에 비친 자신에게 말한다. "야, 참 멋지구나!" 자존감이 높다는 것은 자기 모습이 어떤지 타인에게 묻는 것이 아니라 스스로 환호성을 지르는 것이다. 거울은 자신을 올바르게 바라보는 직면의 도구이다. 자신을 바르게 인식하는 자기 개념은 자존감을 높이는 첫걸음이다.

자기 감정 알아차리기

  감정은 몸에게 주는 제일 가까운 신호다. 신호등의 신호를 잘못 인식하면 어떻게 될까? 감정을 물어보았을 때 자신의 감정을 잘 인식하고 있는 사람이 있는가 하면 그렇지 않은 사람도 있다. 감정을 인식하지 못하는 사람들의 대답은 "잘 모르겠어요"이다.

내 감정을 인식하는 일은 살아가는 데 중요하다. 불이 나거나 무서운 동물을 만났을 때 느끼는 감정은 무섭다, 두렵다, 공포스럽다 등이다. 이러한 감정은 외부에 위험한 존재가 있으니, 팔다리를 움직여 나를 보호하라는 신호를 보낸다. 감정은 일차적으로 나를 보호하는 역할을 한다. 그것을 행동 경향성이라고 부른다. 즉 어떠한 행동을 할 준비를 취하게 하는 것이다.

『마음 의자』(허아성, 리틀씨앤톡)는 마음속 의자에 누가 앉느냐에 따라서 마음이 바뀌는 마법이 일어난다는 이야기를 들려준다. 마구 먹는 하마가 의자를 차지하면 주인공 철호는 배고프다는 신호를 받고 냉장고에서 음식을 찾는다. 실수로 휴대폰을 떨어뜨리자 불 고릴라가 나타나 누가 날 건드렸냐며 마음 의자를 차지한다. 불 고릴라가 나타나자 철호는 분노를 표출한다. 실제로 우리 마음속에 의자가 존재하는 것은 아니지만 꼭 의자가 있는 것처럼 어떤 감정이 의자에 앉으면 우리는 행동으로, 표정으로, 몸짓으로 그 감정을 표출한다. 감정 의자에 앉은 감정을 올바르게 인식하면 행동도 적절하게 하게 된다. 하지만 내 감정 인식의 스위치가 꺼져버리면 감정을 이해하고 분석하는 능력도 저하된다.

『마음 의자』

그림책에서 살펴본 것처럼 행동은 감정과 연결되어 있다. 감정의 신호를 받은 뇌는 그 신호를 외부로 보내고 그것은 행동이나 말로 표출된다. 외부로 표출된 행동은 의사소통의 수단이 된다. 의사소통은 자존감에 영향을 미치고 자존감 또한 의사소통에 영향을 미치는 상호관계에 있다.

자기 욕구 알아차리기

심리학자 아들러는 감정에 목적이 있다고 말한다. 감정은 어쩔 수 없이 일어나는 것이 아니라 내가 달성하고자 하는 목적을 뒷받침한다고 설명한다.

우리가 불안감을 느끼는 목적은 무엇일까? 캄캄한 밤에 몸이 움츠러들고 신경이 곤두서는 이유는 사고를 예방하기 위해 경계심을 갖추는 것이다. 앞에서 소개한 『향기가 솔솔 나서』에서 백합이 느끼는 감정의 목적은 무엇일까? 백합이 느끼는 질투, 잘난 척이나 분노, 질투에 가려진 열등감에는 남들에게 인정받고 싶은 욕구가 숨어 있다.

심리학자 호나이는 자존감을 진실한 자존감과 방어적 자존감으로 구분한다. 백합에게 나타난 자존감은 방어적 자존감으로 내면에 실재하는 자존감은 부정적이지만, 타인에게 인정받고 싶은 욕구로 인해 자신을 긍정적으로 바라보는 모습을 보인다. 백합의 표면적인 행동으로는 자존감이 높다고 볼 수 있지만 자신의 욕구를 알아차리지 못하면 방어적 자존감만 내세울 뿐 진정한 자존감을 향상시킬 수 없다. 진정한 자존감은 자신의 강점과 약점을 모두 수용한 긍정적 자기 인식이다.

✻ 그림책 더 보기 ✻

『줄무늬가 생겼어요』
(데이비드 섀넌, 비룡소)
아이의 몸에 나타난 병명은 줄무늬병이다. 아이가 그동안 억눌러 두었던 아욱콩을 먹고 싶은 욕구를 해소하자 줄무늬병이 사라진다. 자신이 좋아하는 것을 표현하지 않고 억제하면 어떤 일이 벌어지는지, 자기 이해와 인식을 하기 전에 타인의 시선을 의식하고 살아가면 어떻게 되는지 나타낸 그림책이다.

『거울 속의 나』
(안 말러, 키즈엠)
주인공은 자존감이 낮고 자신감이 부족하다. 거울로 바라본 자기 모습은 실제 자기 모습과 다르다. 주인공은 진정한 자기를 사랑하고 이해하는 방법을 찾아간다. 자기 이해의 발달적 변화를 살펴보면 청소년기에는 내가 되고 싶은 이상적 자기와 실제 자기의 차이가 커서 고통받기도 한다.

자존감은 무엇으로 이루어지는가 4

자존감이 높은 사람은 사회적으로 많은 영역에서 성취를 이룬다. 자신감이 있고, 자기 조절을 할 수 있는 능력이 높다. 자존감은 자기 개념, 자기 효능감, 자기 존중에 영향을 받는다.

자기 효능감

심리학자 브랜든은 자존감이란 생활하면서 기본적인 문제에 대처할 수 있는 능력과 자신이 행복할 만한 가치가 있는가에 대한 경험이라고 말한다. 기본적인 문제에 대처할 수 있는 능력은 자기 효능감과 관련이 있다. 자기 효능감은 자신이 얼마나 쓸모 있는 사람인지 느끼는 것을 의미한다. 즉 자존감은 자기 능력과 가치에 대한 전반적인 자기 평가이다.

그림책 『천천히 해, 미켈레』(엘레나 레비, 여유당)의 등장인물은 나무늘보

『천천히 해, 미켈레』

다. 나무늘보는 매우 조용하고 느린 동물이다. 하지만 주인공 미켈레는 나무늘보의 능력을 한정 짓지 않는다. 원숭이처럼 뛰어다니고 싶어서 노력한 결과 미켈레는 뛸 수 있는 능력을 개발한다.

그런 미켈레를 바라보는 아빠는 늘 걱정이다. 다른 나무늘보들은 미켈레를 인정하지 않는다. 어느 날 숲에 불이 난다. 미켈레는 뛰지 못한다고 생각하는 나무늘보들에게 용기를 주고, 덕분에 모두들 목숨을 구하게 된다.

미켈레가 나무늘보답지 않다고 걱정하는 아빠, 미켈레의 남다른 면모를 수용해주지 않는 어른 나무늘보들의 시선에도 불구하고 그는 자신을 쓸모 있는 나무늘보라고 믿었다. 자기 능력을 인정받지 못할 때는 부정적인 감정을 느꼈을지도 모른다. 하지만 자기 능력을 신뢰하는 미켈레는 높은 자존감으로 아빠를 설득한다. "아빠 죄송해요, 하지만 나중에는 저를 자랑스러워할 거예요." 자기 능력으로 문제를 해결할 수 있다는 신념이나 기대감(자기 효능감), 자신의 힘으로 주변 환경과 사건을 통제할 수 있다는 믿음(통제감)이 더해지면 높은 자존감이 형성된다.

자기 조절감

자기 조절감은 자기 마음대로 하고 싶은 본능이다. 본능을 충족시키지 못하고 억제할 경우 그 본능은 없어지는 것이 아니라 언제 어디서든 반드시 터져 나온다. 자기 조절감이 자주 억제될 때 자신이 원하는 것을 잊어버리게 된다. 우리는 보통 성적이 높은 아이가 자존감이 높을 것으로 생각한다. 하지만 성적은 높은데 자존감이 낮은 경우도 찾아볼 수 있는데 그것은 자기 조절감이 부족하기 때문이다.

그림책『진짜 내 소원』(이선미, 글로연)에서 주인공은 요술 램프를 발견한다. 램프에서 소원을 들어주는 지니가 나와 세 가지 소원을 말해보라고 한다. 첫 번째 소원은 공부를 잘하는 것이었는데, 실은 자신의 소원이 아닌 엄마의 소원이었다. 두 번째 소원은 돈이 많은 것이었는데, 그것은 아빠의 소원이어서 아빠는 차를 바꾸는 소원을 이루게 된다. 자신이 원하는 것이 무엇인지 모르는 주인공에게 지니는 자신에 대해 알아야만 진짜 소원을 말할 수 있다고 알려준다.

본능을 자주 통제당하는 아이는 자기 조절 능력이 저하된다. 자기 조절감은 스스로 선택하고, 허용선을 설정하여 그 안에서 행동하면서 높아진다.

『진짜 내 소원』

자기 존중

자기 존중은 자신의 가치에 대한 확신을 뜻한다. '주인'이라는 단어의 사전적 의미는 책임을 갖고 이끌어가는 사람이다. 반려견의 주인으로서 무엇을 해주냐고 질문하면 "밥을 줘요", "산책을 시켜줘요", "씻겨줘요", "놀아줘요", "사랑해줘요" 같은 대답이 자연스럽게 나온다.

그림책 『나는 나의 주인』(채인선, 토토북)의 주어는 '나'이다. 그렇다면 당신은 주인으로서 행동하고 있느냐고, 그림책은 자연스럽게 독자에게 묻는다. 그림책은 한 여자아이가 거울을 바라보고 있는 장면으로 시작된다. 자신을 존중하는 방법을 시각적으로 보여준다. 감정은 신체에 필요한 신호를 보낸다. 주인으로서 그 신호를 어떻게 받아들이고 행동해야 하는지를 말해준다. 그림책에서 얼굴이 빨갛게 달아오른 아이는 주먹을 불끈 쥐고 있다. 동생이 자신의 물건을 망가트렸기 때문에 화가 난 것이다. 화가 나자 소녀의 신체에 다양한 변화가 일어난다. 슬픈 감정을 수용할 때는 좋아하는 사람 곁에 머물고, 겁이 날 때는 엉뚱한 주제를 생각하며 생각을 전환하라고 말한다. 감정을 인식하고 긍정적으로 해소하는 방

『나는 나의 주인』

310

법을 제시하며, 감정의 종류에 따라 해소하는 방법이 다르다고 말하고 있다. 또한 자기 자신이 잘하는 것, 못하는 것, 좋아하는 것, 싫어하는 것 등등을 잘 인지하고 있어야 한다고 말한다. 그것이 나의 주인으로서 스스로 성장하는 길이다.

✳ 그림책 더 보기 ✳

『마음에도 문이 있어요?』
(에즈기 베르크, 라이브리안)
직면하기 힘든 감정은 무의식적으로 억압하게 된다. 자신의 감정을 직면하고 수용할 때 긍정적인 에너지로 바뀌는데, 그것을 잘 표현한 그림책이다. 감정은 자존감을 측정하는 수단이다. 감정을 인식하고 긍정적으로 표현하는 것은 자존감을 높이는 방법이다.

『마음을 담은 병』
(데버라 마르세로, 나는별)
병에 담아둔 감정들이 모습을 보여준다. 감정을 조절하여 자신을 표현함으로써 변화하는 주인공의 모습을 통해 삶이 변화하는 모습을 보여준다. 감정을 인식하고 표현하는 것은 내면을 사랑하는 첫 번째 방법이다.

5 부모의 자존감, 아이의 자존감

부모가 주는 자존감의 씨앗

심리학자 사티어는 자존감은 인간의 기본적인 욕구이며 에너지의 자원이 된다고 말했다. 양육자는 성장하는 아이의 자존감 형성에 지대한 영향을 미친다. 건강한 자존감을 가진 부모는 일관된 양육 태도로 아이의 존재 자체를 인정하며 사랑해준다. 반면 건강하지 못한 부모는 불안정한 양육 태도를 보이며 아이를 과보호하거나, 자녀에게 과하게 의지하며 희생을 요구하기도 한다. 비판적인 태도를 지닌 부모는 자신이나 자녀에게 만족하지 못하고, 기준이 높다. 아이가 기준에 미치지 못하면 비난하거나 완벽해지길 요구한다.

그림책 『방긋 아기씨』(윤지회, 사계절)에서 왕비의 얼굴은 청록색이다. 엄마 왕비는 아기씨에게 좋은 것만 주고 싶어 값비싼 옷과 풍족한 음식을 해준다. 그런데 왕비는 아기씨가 웃는 모습을 한번도 본 적이 없다. 왕비

『방긋 아기씨』

는 아이를 웃게 할 방법을 찾는다. 마법사가 아기씨를 웃기려고 긴 깃털로 간지럼을 태웠는데 아기씨는 예상과 다르게 울기 시작한다. 왕비는 마법사를 끌어내라고 명령하고, 궁지에 몰린 마법사는 긴 깃털로 왕비님의 콧등을 간지럽힌다. 왕비는 자신도 모르게 웃음이 나왔고 그 모습을 본 아기씨가 방긋 웃는다. 왕비의 얼굴은 살구색으로 바뀐다.

 그림책에서 아기씨의 눈은 늘 엄마를 바라보고 있다. 아이의 성장 과정에서 표상이 되는 존재는 부모이다. 부모가 행복의 물을 주면 아이는 행복하다. 불안의 물을 주면 아이는 늘 불안하다. 건강한 양육을 위해서는 '먼저 뿌리를 만들어주고 그런 다음 날아갈 수 있도록 날개를 달아주라'는 격언이 있다. 영유아 시기의 경험은 매우 중요하다. 우리의 기억 속에는 존재하지 않지만, 영유아기의 경험은 무의식에 저장되어 있다. 이 시기에 부모에게 사랑과 수용을 받으면 안정감을 형성한다. 안정감을 형성한 아이는 외부 세계를 탐색하고 새로운 것을 배우는 호기심이 생긴다.

아이 쑥 자존감 쑥쑥

자존감 높은 아이로 자라게 하려면 어떤 방법이 있을까?
미국의 심리학자 쿠퍼스미스는 건강한 자존감을 지닌 자녀로 키우는 다섯 가지 조건을 제시한다. 첫 번째, 아이의 생각과 감정, 자신이 가치 있는 존재로 온전히 받아들여지는 경험이다. 두 번째, 명확하게 규정되고 실행되는 한계 안에서 자랄 때이다. 한계를 지켰을 때 아이는 한계에 따르는 높은 기준을 충족시킴으로써 자신감을 얻을 수 있다. 세 번째, 한 인간으로서 존엄성을 존중받는 경험이다. 네 번째, 부모가 행동과 실행 측면에서 높은 기준과 높은 기대를 지지할 때이다. 다섯 번째, 부모 스스로 높은 자존감을 즐기는 경향이 있을 때이다. 부모의 자기 효능감과 자기 존중은 아이가 자존감을 형성하는 데 본보기가 된다.

그림책 『엄마가 정말 좋아요』(미야니시 타츠야, 길벗어린이)는 눈을 뜨고 잠이 들 때까지 아이와 엄마의 일상을 보여준다. 아이는 엄마가 정말 좋다고 고백하듯 말한다. 엄마는 "꾸물거리지 말고 얼른 입어! 늦었잖아!"라고 말한다. 아이는 "우와 대단해! 혼자서 잘 입었네" 하고 말해주는 엄마가 더

『엄마가 정말 좋아요』

좋다고 말한다. "흘리지 좀 마! 몇 번을 말해야 알아들어. 얼른 먹어!"라고 말하는 엄마보다 "혼자서도 잘 먹네. 많이 먹어" 하고 말해주는 엄마가 더 좋다고 한다.

아이의 감정을 수용해주고 존중해주었을 때 아이의 모습이 달라진다는 것을 그림책은 보여준다. 아이의 존엄함을 있는 그대로 수용할 때 아이는 건강한 자존감을 형성한다. 어른에게 존중받은 아이는 자기를 존중하는 법을 자연스럽게 배운다.

✳ 그림책 더 보기 ✳

『엄마 껌딱지』 (카롤 피브, 한솔수북)
엄마와 아이의 건강한 애착 형성 과정을 보여주는 그림책이다. 아이에게 애착 상징의 물건은 엄마의 치마다. 치마는 아이에게 안전한 공간이다. 자아 존중감의 발달은 부모-자녀의 관계에서 양육자의 애정 표현 정도, 관심과 관련이 깊다.

『에드와르도 세상에서 가장 못된 아이』 (존 버닝햄, 비룡소)
에드와르도는 개구쟁이다. 어른들은 에드와르도를 세상에서 가장 못된 아이라고 손가락질한다. 에드와르도는 그런 낙인이 찍힐 때마다 보란 듯이 개구진 행동을 한다. 에드와르도는 자신의 행동을 긍정적으로 보고 칭찬한 어른을 만나자 올바른 행동을 하게 된다. 아이를 있는 그대로 존중하고 수용하는 어른의 자세를 일깨워주는 그림책이다. 아동기에는 사회적 관계를 통해 자기를 이해한다. 사회적 관계를 통해 아이의 자아 존중감이 발달하는 것을 볼 수 있다.

6 자존감과 의사소통의 관계

자존감의 모습

최근 부적절한 자기표현으로 인해 발생하는 사건이 눈에 띄게 많아지고 있다. 몇 년 전 한 고교 복도에서 1학년 A군이 주먹으로 40대 여교사 B씨의 머리를 10여 차례 때린 기사가 보도되었다. 이날 B교사는 A군이 수행평가 과제를 제출하지 않자 "다음 시간에 벌 받아"라며 혼을 냈다. 이에 A군은 교무실로 B교사를 찾아가 "잘하겠다. 벌 받지 않게 해달라"라고 말했다. B교사가 받아들이지 않자 A군은 갑자기 화를 내며 교사에게 주먹을 휘둘렀다.

   자존감은 불안감이나 부정적인 감정과 접촉되면 확연하게 드러난다. 자존감이 높으면 부정적 감정을 수용하고 잘 조절한다. 해결이 어려운 일을 극복해나갈 수 있다. 반면 낮은 자존감은 불안하거나 부정적 감정을 느꼈을 때 겁을 먹거나 압도당하게 된다. A군의 부정적 감정과 과제를 제출하지 못한 불안감이 접촉되자 부적절한 행동으로 표출된 것이다. 자기 생각이나 감정을 주장하는 것은 중요한 행위이다. 하지만 자기주장과 아무 생각 없는 반항을 혼동하지 말아야 한다.

그림책 『내가 말할 차례야』(크리스티나 테바르, 다봄)에서 주인공 카를라는 친구들과 공원에서 공놀이를 하고 있다. 루시아가 공을 던지려고 하는데 친구 마리오가 자기 차례라며 공을 달라고 했다. 루시아는 마리오에게 공을 주기 싫었다. 두 아이는 기분이 나빠져 화를 내고 소리를 질렀다. 서로 감정이 격해져 얼굴에 모래를 뿌리고 발길질을 한다. 그 모습을 본 엄마 아빠는 아이들에게 다가와 막대기를 쥐어 주며 대화로 기분을 말하는 방법을 제안한다. 아이들은 서로의 감정을 수용하고 말로 표현하고 나서야 싸우지 않고 문제를 해결하는 방법을 찾는다. 또다시 갈등이 찾아오지만, 긍정적인 경험을 한 아이들은 긍정적으로 자기표현을 함으로써 상황을 극복할 힘을 얻는다.

『내가 말할 차례야』

✴ 그림책 더 보기 ✴

『작은 조각 페체티노』
(레오 리오니, 시공주니어)
작은 조각 페체티노가 사는 세상에서는 모두가 덩치도 크고 용감하며 멋진 일을 척척 해낸다. 페체티노는 힘세고, 빠르고, 높이 날 수 있는 친구들을 보며 자신은 틀림없이 누군가의 작은 조각일 뿐이라고 생각한다. 자신의 조각을 찾아 나선 페체티노는 조각의 크기나 많은 조각을 갖고 있는 것은 중요하지 않다는 것을 깨닫는다.

『왕자님』
(노석미, 시공주니어)
자아 존중감은 사회적 영역과 역할에서 달라지는 것을 확인할 수 있다. 영역별 자존감은 외모나 학업 등 특정 영역에서의 자기 만족감을 말한다. 왕자라는 사회적 영역은 일반적으로 만족감을 느끼지만 그것이 자신의 만족감과 일치하지 않을 때 자존감이 낮아질 수 있다. 주인공은 왕자라는 지위가 자기 만족감을 채워줄 수 없다는 것을 깨닫고 진정한 자기를 찾아 떠나는 용기를 보여준다.

자존감 회복하기 7

영화 〈아이 필 프리티〉는 뚱뚱한 외모가 불만인 르네의 이야기이다. 르네는 예뻐지기만 한다면 무엇이든 다 할 수 있다고 생각한다. 르네는 헬스클럽에 스피닝을 하러 간다. 다른 여자들은 전부 날씬하고 아름다워 보인다. 르네는 예뻐지기 위해 스피닝에 집중한다. 페달을 너무 빠르게 밟아서 자전거에서 떨어져 정신을 잃어버린 르네, 정신을 차리고 거울을 보니 아름다운 외모로 변해 있다. 르네는 자신의 외모에 자신감을 얻고 원하는 일자리도 얻는다. 자신감 넘치고 당당하게 자기를 표현하는 그녀의 태도는 회사 CEO의 마음을 움직이게 만든다. 그러던 어느 날 르네는 화장실 유리문에 머리를 부딪친다. 거울을 본 르네는 원래의 외모로 돌아와버린 자신의 모습을 보고 놀란다.

거울에 비친 못생긴 모습을 보고 르네는 실망한다. 하지만 사실 르네의 외모는 바뀐 적이 없었다. 그 사실을 알게 된 르네는 문제는 외모가 아니라 내면에 있었다는 것을 알게 된다. 삶을 살아가는 태도는 자기 스스로 자신을 어떻게 판단하는지에 따라 달라진다.

그림 에세이 『오늘의 나를 사랑합니다』는 나는 나에게 좋은 사람인가, 질문한다. 우리는 남에게는 친절하지만 나 자신은 냉정하게 대한다. 자신을 대하는 태도와 습관을 바꾸면 내면이 성장한다. 타인의 시선과 세상의 기준에 나를 맞추는 것이 아니라 온전한 나로 살아가는 방법을 알아야 한다. 이 책에서는 "조종당한다거나 제대로 대접받지 못한다고 느끼는 관계라면 건강한 경계를 설정함으로써 힘을 되찾을 수 있어요. 나를 멋대로 휘두르는 부정적인 관계는 내 자존감을 갉아먹지요. 그런 사람들이 함부로 넘어오지 못하도록 경계를 설정하는 것은 꼭 필요한 일"이라고 말한다. 자신의 경계를 설정하는 일은 자존감을 키우는 방법 중 하나이다.

다시 오르는 힘

『회복탄력성』의 저자 김주환은 회복탄력성은 자신에게 닥치는 온갖 역경과 어려움을 도약의 발판으로 삼는 것이라고 말한다. 회복탄력성은 자존감에 영향을 미친다. 자존감이 높을수록 어려운 상황을 버텨내는 힘이 더 강해진다. 반대로 자존감이 낮으면 역경에 직면했을 때 다시 일어서게 해주는 회복탄력성이 약하다.

회복탄력성이 낮은 사람은 자기 안정감을 중요하게 생각한다. 자기 안정감이란 자신이 안전하고 편안하다고 느끼는 것을 말한다. 자존감이 낮은 사람은 자기 안정감이 떨어지면 회복탄력성도 떨어지기 때문에 외부의 변화를 불안해하는 경향이 있다. 그림책 『우뚝우뚝! 회복탄력성』(애나 셰퍼드,

『우뚝우뚝! 회복탄력성』
『너는 어떤 힘을 가지고 있니?』

푸른숲주니어)에서는 힘든 시간을 보낸 후 다시 예전으로 돌아가려는 마음의 힘을 회복탄력성이라고 말한다. 처음에는 어렵게 느껴지던 일을 포기하지 않고 잘 해낸 적이 있다면 회복탄력성을 경험한 거라고 설명한다.

그림책『너는 어떤 힘을 가지고 있니?』(마스다 미리, 책속물고기)에서 작은 자동차는 건강한 자존감을 가지고 있다. 작은 자동차는 높은 언덕을 오를 때 오래 걸리더라도 해낼 수 있다고 말한다. 울퉁불퉁한 길은 어렵지만 잘 해낼 수 있다고 말한다. 자신에 대해 정확하게 인식하고 있고, 어려운 길이 펼쳐지더라도 다른 자동차와 나를 비교하지 않는다. 넘어지기도 하고 속도도 느리지만 할 수 있다는 내면의 힘을 가지고 있다. 처음에는 누구나 어렵고 서툴지만 그것을 이겨내는 힘은 내면의 소중한 상자에 들어 있다고 말한다. 이 그림책의 주인공은 작지만, 어려운 상황이 닥쳐도 해낼 수 있다는 생각, 넘어지고 실수하면 다시 일어나면 된다는 마음가짐을 보여준다.

고무줄의 내구성이 강하면 팽팽하게 잡아당겨도 끊어지지 않고 제자리로 돌아오는 것처럼 자존감이 높으면 어려운 상황을 버텨내는 회복탄력성이 높다. 높은 회복탄력성으로 힘든 상황을 극복해 나가는 성취를 경험하면 자기 효율성도 높아진다.

나를 사랑하는 길

그림책『키오스크』(아네테 멜레세, 미래아이)의 표지는 독특하다. 표지 가운데에 구멍이 뚫려 있고 그 안에 뚱뚱한 여성이 있다. 키오스크에 신문을 배달하는 장면으로 이야기가 시작된다. 주인공 올가는 자기 몸 하나 간신히 들어가는 키오스크에서 신문이나 잡지를 판다. 하루 동안 지나가는 손님들이 무엇을 사고 무엇을 물어볼지 잘 알고 있다. 올가는 잡지에 나오는 석양이 그려진 페이지를 벽에 붙여두고 키오스크에서 잠을 청한다. 올가의 키오스크는 올가의 인생이다.

어느 날 아침, 평소와 달리 신문이 키오스크에서 조금 떨어진 곳에 놓여 있다. 신문을 안으로 들이려는데 반대편에서 소년들이 물건을 훔치려는 게 아닌가. 그것을 막으려다가 키오스크가 뒤집히고 만다. 올가는 쓰러진 키오스크에서 한참을 버둥거리다 일어선다.

올가는 키오스크를 들어올린 채 산책길에 나선다. 산책하는 길에 다리 위에서 단골손님을 만난다. 단골손님은 제 꼬리를 따라 뱅뱅 도는 개와 함께 다닌다. 그 개는 올가가 반가운 나머지 올가의 다리를 줄로 친친 감아버린다. 올가는 중심을 잃고 강으로 빠진다. 처음에는 당황한 표정이더니 시간이 지나면서 흘러가는 강물에 몸을 맡긴 채 바다로 떠밀려 간다. 올가는 바닷가에 다다르게 되었고 바닷가에서 아이스크림을 팔며 석양을 바라본다.

올가는 자신의 직업에 자부심을 느낀다. 그리고 자신의 삶과 외모를 사랑한다. 올가는 키오스크 밖을 나오지 못할 정도로 뚱뚱하다. 하지만 다른

『키오스크』

사람과 자기 모습을 비교하고 위축되지 않는다. 오히려 한 치의 틈도 없는 키오스크에 사는 올가가 더 행복해 보인다.

올가는 위기가 닥쳐도 절망하거나 두려워하지 않는다. 자존감이 높은 사람은 변화를 두려워하지 않고 변화에 빠르게 대처한다. 키오스크가 넘어졌지만 일어선 김에 산책하고, 바닷가에 다다르자 그곳에 맞게 아이스크림을 판다. 자존감은 나의 모습을 있는 그대로 사랑하는 것이다. 올가처럼 말이다.

✷ 그림책 더 보기 ✷

『용감한 아이린』
(윌리엄 스타이그, 비룡소)
고난을 이겨내는 주인공을 보면서 용기를 얻을 수 있다. 용기는 어려운 상황에 처했을 때 다시 일어나 나아가게 하는 힘이 있다.

『꽃무늬 고양이 비누』
(소호랑, 킨더랜드)
꽃무늬 고양이 비누는 예쁘게 태어나 사람들에게 항상 사랑받는다. 사람의 손이 많이 닿아 작아지고 더 이상 예쁘지 않으면 향기로 사랑받는다. 아름다운 모습을 잃어버려 자신감이 상실되었을 때 어떠한 자세로 살아야 하는지 보여준다.

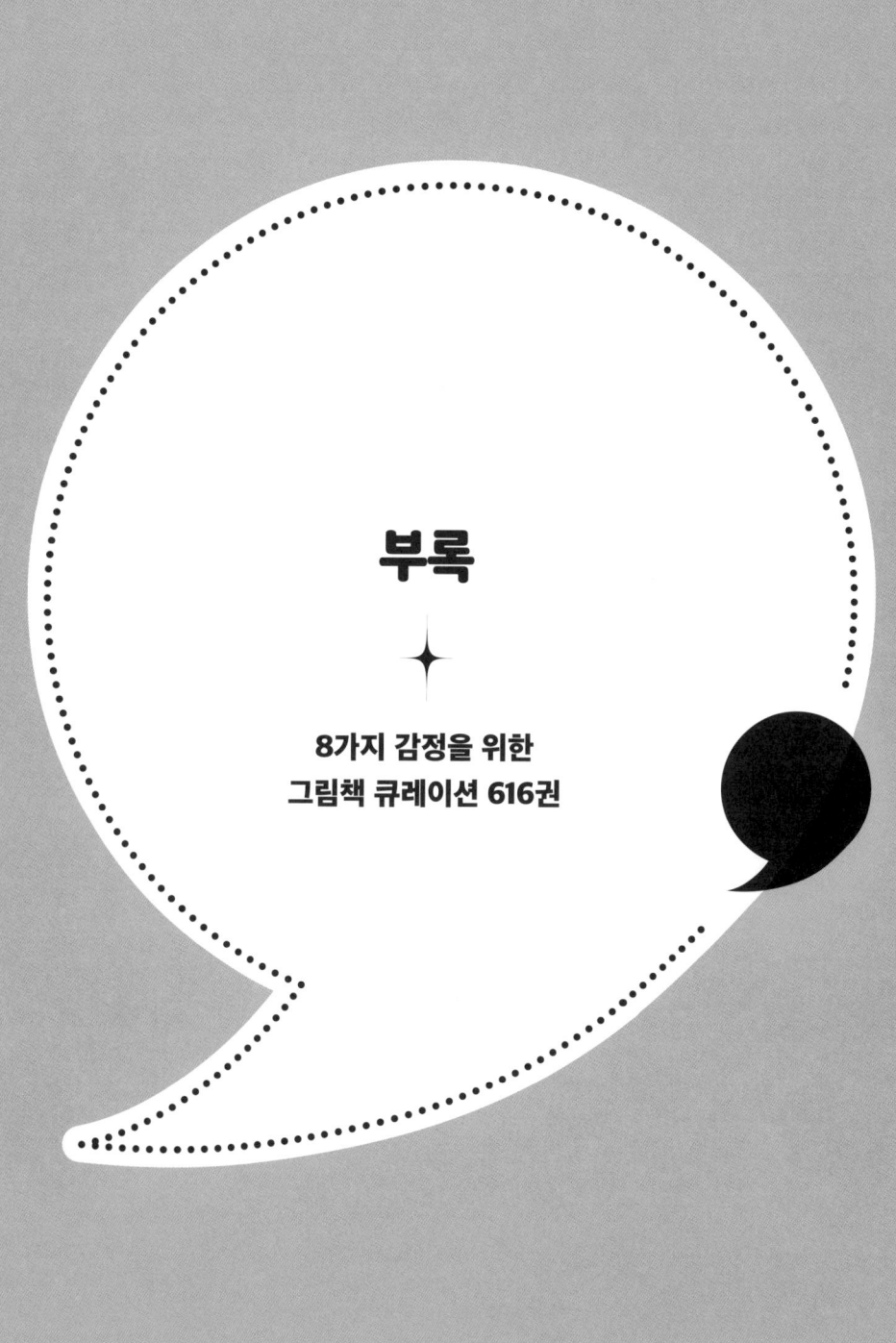

부록

**8가지 감정을 위한
그림책 큐레이션 616권**

2. 불안

	제목	글, 그림	옮긴이	출판사	출판연도
1	가끔씩 나는	조미자		핑거	2020
2	감정은 무얼 할까?	티나 오지에비츠, 알렉산드라 자욘츠	이지원	비룡소	2021
3	거짓말	카트린 그리브, 프레데리크 베르트랑	권지현	씨드북	2016
4	걱정 마 걱정 마	엘리자베스 버딕, 마리카 하인렌	마술연필	보물창고	2022
5	걱정 상자	조미자		봄개울	2019
6	걱정이 따라다녀요	안느 에르보	박선주	담푸스	2015
7	걱정이야아아	미우		올리	2022
8	겁쟁이	김채린, 송영애, (자수)		고래뱃속	2019
9	겁쟁이 빌리	앤서니 브라운	김경미	비룡소	2006
10	구름을 키우는 방법	테리 펜, 에릭 펜	이순영	북극곰	2022
11	그 녀석, 걱정	안단테, 소복이		우주나무	2018
12	꼬마 기사와 걱정 괴물	만카 카샤	김여진	미운오리새끼	2023
13	나는 가끔 겁이 나요	칼레 스텐벡	허서윤	머스트비	2020
14	나의 수줍음에게	세브린 비달, 마리 레지마	신정숙	책연어린이	2021
15	난 곰인 채로 있고 싶은데	요르크 슈타이너, 요르크 뮐러	고영아	비룡소	1997
16	내겐 너무 무거운	노에미 볼라	홍한결	단추	2020
17	내 안에 내가 있다	일렉스 쿠소, 키티 크라우더	신혜은	바람의아이들	2020
18	누가 진짜 나일까?	다비드 칼리, 클라우디아 팔마루치	나선희	책빛	2017
19	다른 사람들	미안		고래뱃속	2019
20	다음엔 너야	에른스트 얀들, 노르만 융에	박상순	비룡소	2001
21	달라질 거야	앤서니 브라운	허은미	아이세움	2003
22	떨어질까 봐 무서워	댄 샌탯	김영선	위즈덤하우스	2019

번호	제목	저자	역자	출판사	연도
23	모리스는 걱정이 많아	칼 요한 포셴 엘린	도현승	쌤앤파커스	2019
24	무슨 일이 일어날지도 몰라	아우로라 카치아푸오티	정화진	국민서관	2022
25	문밖에 사자가 있다	윤아해, 조원희		뜨인돌어린이	2023
26	미영이	전미화		핑거	2015
27	바다에서 M	요안나 콘세이요	이지원	사계절	2020
28	밤의 세계	모디캐이 저스타인	유진	파랑새	2017
29	불안	조미자		핑거	2019
30	블랙독	레비 핀폴드	천미나	북스토리아이	2013
31	블레즈 씨에게 일어난 일	라파엘 프리에, 줄리앙 마르티니에르	이하나	그림책공작소	2020
32	비가 올 거야	안 에르보	이경혜	한울림어린이	2020
33	빨간 나무	숀 탠	김경연	풀빛	2019
34	빨간 벽	브리타 테켄트럽	김서정	봄봄	2018
35	서서 자는 사람	신소라		웅진주니어	2019
36	선아	문인혜		이야기꽃	2018
37	수박만세	이선미		글로연	2017
38	앙통의 완벽한 수박밭	코린 로브라 비탈리, 마리옹 뒤발	이하나	그림책공작소	2021
39	어떡하지?	앤서니 브라운	홍연미	웅진 주니어	2013
40	어려워	라울 니에토 구리디	문주선	미디어창비	2021
41	엄마 껌딱지	카롤 피브, 도로테 드 퐁프레	이주희	한솔수북	2017
42	엄마 마중	이태준, 김동성		보림	2013
43	여름의 잠수	사라 스트리스베리, 사라 룬드베리	이유진	위고	2020
44	오소리의 시간	그로 달레, 카이아 달레 뉘후스	공경희	길벗어린이	2022
45	오싹오싹 크레용!	에런 레이놀즈, 피터 브라운	홍연미	토토북	2022
46	용감한 몰리	브룩 보인턴-휴즈		나는별	2021
47	일어나	김지연		북멘토	2022

	제목	글, 그림	옮긴이	출판사	출판연도
48	잃어버린 영혼	올가 토카르추크, 요안나 콘세이요	이지원	사계절	2018
49	있잖아, 누구씨	정미진, 김소라		앳눈북스	2014
50	작은 생각	멜 트레고닝		우리동네책공장	2023
51	잠자리 편지	한기현		글로연	2016
52	쿵쿵이와 나	프란체스카 산나	김지은	미디어 창비	2019
53	특별한 손님	안나레나 맥아피, 앤서니 브라운	허은미	베틀북	2005
54	하나도 안 무서워!	브리타 테켄트럽	김서정	주니어RHK	2022
55	한숨구멍	최은경, 박보미		창비	2018
56	히마가 꿀꺽	정현진		올리	2021

3. 두려움과 공포

	제목	글, 그림	옮긴이	출판사	출판연도
1	걱정쟁이 제레미가 바람에 휩쓸려 날아간 뒤	파멜라 부차트, 케이트 힌들리	고영이	사파리	2022
2	검은 무엇	레자 달반드	김시형	분홍고래	2020
3	겁쟁이 토끼	하인츠 야니쉬, 헬가 반슈	홍이정	베틀북	2021
4	괴물이 나타났다!	신성희		북극곰	2014
5	구름산	이병승, 천유주		책읽는곰	2019
6	꿈을 먹는 요정	미하엘 엔데, 안네게르트 푹스후버	문성원	시공주니어	2001
7	귀신 안녕	이선미		글로연	2018
8	그날, 어둠이 찾아왔어	레모니 스니켓, 존 클라센	김경연	문학동네	2013
9	그림자의 섬	다비드 칼리, 클라우디아 팔마루치	이현경	웅진주니어	2021
10	까만 토끼	필리파 레더스	최지현	주니어RHK	2013

11	깜깜한 어둠, 빛나는 꿈	크리스 해드필드·케이트 필리언, 팬 브라더스	천미나	다림	2017
12	깜깜한 어둠 속에서	미로코 마치코	고향옥	트리앤북	2022
13	끝의 아름다움	알프레도 코렐라, 호르헤 곤살레스	이현경	소원나무	2021
14	나는 물이 싫어	에바 린드스트룀	이유진	단추	2021
15	나는 죽음이에요	엘리자베스 헬란 라슨, 마린 슈나이더	장미경	마루벌	2024
16	나는 혼자가 아니에요	콘스탄체 외르벡 닐센, 아킨 두자킨	정철우	분홍고래	2015
17	나의 프랑켄슈타인	메		길벗어린이	2021
18	내가 함께 있을게	볼프 에를브루흐	김경연	웅진주니어	2007
19	내 목소리가 들리나요	다시마 세이조	황진희	사계절	2012
20	내 친구 어둠	엠마 야렛	권미자	키즈엠	2017
21	너무너무 무서울 때 읽는 책	에밀리 젠킨스, 염혜원	김지은	창비	2017
22	너, 무섭니?	라피크 샤미, 카트린 셰러	엄혜숙	논장	2017
23	너와 내가	쉰네 레아, 스티안 홀레	김상열	북뱅크	2021
24	너의 눈 속에	필립 잘베르	정순	웅진주니어	2018
25	높은 곳으로 달려!	사시다 가즈, 이토 히데오	김소연	천개의바람	2013
26	누가 따라오는 걸까?	앙투안 기요페		어린이작가정신	2005
27	누가 사자의 방에 들어왔지?	아드리앵 파를랑주	이경혜	봄볕	2021
28	눈보라	강경수		창비	2021
29	늑대와 오리와 생쥐	맥 바넷, 존 클라센	홍연미	시공주니어	2017
30	도망치는 아이	핌 판 헤스트, 아론 데이크스트라	김경희	길벗어린이	2020
31	돌풍	모옌, 리이팅	류희정	다림	2021
32	돼지왕	닉 블랜드	김혜진	천개의바람	2015
33	마르게리트 할머니의 크리스마스	인디아 데자르댕, 파스칼 블랑셰	이정주	시공주니어	2014
34	매미	숀 탠	김경연	풀빛	2019

35	무서운 이야기	이갑규		창비	2020
36	무서워, 무서워	노경실, 김영곤		씨즐북스	2013
37	붉은신	오승민		만만한책방	2022
38	벽지괴물	토우 람		어린이아현	2018
39	빼앗긴 사람들	아민 그레더	윤지원	지양어린이	2018
40	사과나무 위의 죽음	카트린 셰러	박선주	푸른날개	2016
41	섬	아민 그레더	김경연	보림	2009
42	상자 세상	윤여림, 이명하		천개의 바람	2020
43	세상에서 가장 용감한 소녀	매튜 코델		비룡소	2018
44	수영장 가는 날	염혜원		창비	2018
45	수영 팬티	샤를로트 문드리크, 올리비에 탈레크	김영신	한울림어린이	2019
46	숲속에서	클레어 A.니볼라	김기택	비룡소	2004
47	시저의 규칙	유준재		그림책공작소	2020
48	아름다운 우리 섬에 놀러와	허아성		국민서관	2022
49	아무리 먹어도 배고픈 사람	쿠어트 바우만, 스타시스 에이드리게리치우스	이용옥	마루벌	2003
50	아주 무서운 날	탕무니우	홍연숙	찰리북	2014
51	안녕, 외톨이	신민재		책읽는곰	2016
52	어둠 속에 꼭꼭 숨어요	엘리자베스 드 랑빌리, 마리알린 바뱅	이정주	시공주니어	2020
53	어둠 속에 혼자서	콘스탄체 외르벡 닐센, 외위빈 토르세테르	정철우	본홍고래	2022
54	어둠을 무서워하는 꼬마 박쥐	게르다 바게너, E.우르베루아가	최문정	비룡소	1997
55	어둠이 무섭다고?	피터 베이거스, 벵자맹 쇼	김지은	여유당	2022
56	어려워	라울 니에토 구리디	문주선	미디어창비	2021
57	어른이 되면 괜찮을까요?	스티안 홀레	이유진	웅진주니어	2007
58	어쩌다 여왕님	다비드 칼리, 마르코 소마	루시드 폴	책읽는곰	2014
59	엄마! 괴물이야!	릴리아나 시네토, 폴리 베르니테네	엄혜숙	다림	2013

60	여섯 사람	데이비드 매키	김중철	비룡소	1997
61	영원히 사는 법	콜린 톰슨	이지원	논장	2010
62	양들의 왕 루이 1세	올리비에 탈레크	이순영	북극곰	2016
63	앵그리맨	그로 달레, 스베인 뉘후스	황덕령	내인생의책	2014
64	오필리아의 그림자 극장	미하엘 엔데, 프리드리히 헤헬만	문성원	베틀북	2001
65	오싹오싹 거미 학교	프란체스카 사이먼, 토니 로스	김주연	살림어린이	2016
66	오싹오싹 당근	에런 레이놀즈, 피터 브라운	홍연미	주니어RHK	2023
67	용기 모자	리사 데이크스트라, 마르크 얀선	천미나	책과콩나무	2014
68	왕이 되고 싶었던 호랑이	제임스 서버, 윤주희	김서정	봄볕	2021
69	이빨 사냥꾼	조원희		이야기꽃	2014
70	입 없는 아이	박밤		이집트	2020
71	적	다비드 칼리, 세르주 블로크	안수연	문학동네	2008
72	죽고 싶지 않아!	안느-가엘 발프, 이자벨 카리에	김지연	보랏빛소어린이	2021
73	천둥케이크	패트리샤 폴라코	임봉경	시공주니어	2000
74	태풍이 찾아온 날	린다 애쉬먼, 유태은	이지유	미디어창비	2020
75	파란파도	유준재			문학동네
76	폭설	존 로코	이충호	다림	2014
77	폭풍우 치는 밤에	키무라 유이치, 아베 히로시	김정화	미래엔아이세움	2005
78	폭풍이 지나가고	댄 야카리노	김경연	다봄	2022
79	플라스틱 섬	이명애		상출판사	2020
80	플라스틱 인간	안수민, 이지현		국민서관	2022
81	피트와 그림자	안리오		길벗어린이	2022
82	혼자는 무서워!	줄리아 페사벤토, 수지 자넬라	문송이	다봄	2021
83	9:47	이기훈		글로연	2021

4. 상실과 애도

	제목	글, 그림	옮긴이	출판사	출판연도
1	고요한 나라를 찾아서	문지나		북극곰	2014
2	곰이 사는 섬	매튜 코델		비룡소	2021
3	구름을 키우는 방법	테리 펜, 에릭 펜	이순영	북극곰	2022
4	그레이엄 할아버지께	크리스틴 에반스, 그레이시 장	박지예	봄날의곰	2023
5	기억 상자	조애너 롤랜드, 테아 베이커	신형건	보물창고	2023
6	기억의 풍선	제시 올리베로스, 다나 울프카테		도서출판 나린글	2019
7	나는 죽음이에요	엘리자베스 헬란 라슨, 마린 슈나이더	장미경	마루벌	2024
8	나비 엄마의 손길	크리스티앙 볼츠	이경혜	한울림어린이	2008
9	나와 없어	키티 크라우더	이주희	논장	2022
10	내가 기억할게	로라 유프비크, 외위빈 토르세테르	장미란	그레이트북스	2021
11	내가 함께 있을게	볼프 에를브루흐	김경연	웅진주니어	2007
12	너무 보고 싶어	아이세 보쎄, 안드레아스 클람트	이명아	북뱅크	2022
13	너무 울지 말아라	우치다 린타로, 다카스 가즈미	유문조	한림출판사	2012
14	네가 분수가 된 것처럼 펑펑 울어 버린다면	노에미 볼라	홍연미	웅진주니어	2022
15	노란 달이 뜰거야	전주영		이야기꽃	2016
16	누가 상상이나 할까요?	주디스 커	공경희	웅진주니어	2017
17	눈물닦개	정주희		기린미디어	2024
18	눈물문어	한연진		위즈덤하우스	2023
19	다시 만나는 날	수 림, 그레구아르 마비르	양진희	한림출판사	2022
20	다시 만날 수 있을까요?	미야우치 후키코, 이세 히데코	김소연	천개의바람	2016
21	달을 삼킨 코뿔소	김세진		모래알 (키다리)	2017

22	당신과 함께	잔디어	정세경	다림	2019
23	돌아갈게 너에게	이반디		책과콩나무	2024
24	라라의 바다	헬렌 켈록	김정용	아트앤아트피플	2022
25	마음이 아플까 봐	올리버 제퍼스	이승숙	아름다운사람들	2010
26	망가진 정원	브라이언 라이스	이상희	밝은미래	2020
27	무릎딱지	샤를로트 문드리크, 올리비에 탈레크	이경혜	한울림어린이	2010
28	뭉치와 나	알리시아 아코스타, 메르세 갈리	김혜진	명랑한책방	2022
29	바다가 있는 창문	로라 겔, 우다야나 루고	김정윤	애플트리태일즈	2023
30	별이 된 누나	박영옥, 전주영		쉼어린이	2017
31	보고 싶은 엄마	레베카 콥	이상희	상상스쿨	2011
32	블루 이야기	홍민서		현북스	2021
33	빨간 나무	숀 탠		김경연	2019
34	사라지는 것들	베아트리체 알레마냐	김윤진	비룡소	2021
35	사랑하는 당신	고은경, 이명환		곰세마리	2020
36	사랑한다고 말하고 싶었는데	장프랑수아 세네샬, 오카다 치아키	박재연	위즈덤하우스	2024
37	사자 놀이를 할까	엔스 맛손, 엔뉘 루칸데르	김상열	뜨인돌어린이	2021
38	산다는 건 뭘까?	채인선, 서평화		미세기	2021
39	상자 속으로 들어간 여우	안트예 담	유혜자	한울림어린이	2022
40	설탕 한 컵	존 J. 무스	박소연	달리	2021
41	세상에 둘도 없는 반짝이 신발	제인 고드윈, 안나 워커	신수진	모래알 (키다리)	2018
42	손톱	유청, 무르르		달그림	2023
43	숲으로 간 루비	이채린, 김규희		걸음동무	2022
44	슬픔아 안녕	열매		봄봄출판사	2023
45	슬픔을 건너다	홍승연		달그림	2018
46	슬픔을 만난 개	루따 브리에데, 엘리나 브라슬리나	엄혜숙	봄별	2019

47	슬픔의 모험	곤도 구미코	신명호	여유당	2023
48	슬픔이 찾아와도 괜찮아	에바 엘란트	서남희	현암주니어	2019
49	씩씩해요	전미화		사계절	2010
50	아빠나무	김미영		고래뱃속	2016
51	아빠를 빌려줘	허정윤, 조원희		한솔수북	2021
52	아이다, 언제나 너와 함께	캐론 레비스, 찰스 산토소	이정아	우리동네책공장	2021
53	안녕, 나의 꼬맹이	데릭 와일더, 카티아 친	공경희	토토북	2023
54	안녕, 나의 보물들	제인 고드윈, 안나 워커	신수진	다그림책 (키다리)	2024
55	안녕, 모그!	주디스 커	이순영	북극곰	2021
56	안녕, 울적아	안나 워커	신수진	모래알 (키다리)	2019
57	안녕, 죽음아	이윤희, 배정식		하마	2022
58	안녕, 초코	최재웅, 강성일 글, 이보람 그림		폴앤마크	2021
59	안녕, 코끼리	로랑스 부르기뇽, 로랑 시몽	안의진	바람의아이들	2023
60	어느 날 아침	이진희		글로연	2018
61	어느 날, 죽음을 생각했어요	콘체 코디나, 오로르 프티	김수영	트리앤북	2023
62	어젯밤에 누나하고	예프 애르츠, 마리트 퇴른크비스트	강이경	한마당	2015
63	언제나 난 여기 있단다	안 에르보	이경혜	한울림어린이	2023
64	엄마가 유령이 되었어!	노부미	이기웅	길벗어린이	2016
65	엄마에게	서진선		보림	2014
66	엄마의 생일	천즈위엔	김지선	북극곰	2021
67	엉엉엉	오소리		이야기꽃	2022
68	여우 나무	브리타 테켄트럽	김서정	봄봄출판사	2013
69	여행 가는 날	서영		위즈덤하우스	2018
70	여행을 떠난 밀로	나탈리아 메디시	성초림	블루래빗	2024
71	열무와 할머니	정문주		딸기책방	2021

72	오늘 아침 우리에게 일어난 일	에밀리 보레, 뱅상	윤경희	문학동네	2024
73	오늘은 아빠의 안부를 물어야겠습니다	윤여준		다그림책 (키다리)	2024
74	오소리의 이별 선물	수잔 발리	신형건	보물창고	2009
75	올챙이	맷 제임스	황유진	원더박스	2024
76	우리 다시 만나요	생 미아오	박소연	달리	2020
77	이사 안 가기 대작전	수지 모건스턴, 세르주 블로크	이정주	미디어창비	2020
78	이젠 안녕	마거릿 와일드, 프레야 블랙우드	천미나	책과콩나무	2010
79	잘 가! 할머니	정은영, 박성원		밥북	2021
80	잘 가요, 안녕	투씨 브러커, 카롤린 웨스터만	안지원	봄의정원	2018
81	전학 가는 날	김선정, 조원희		길벗어린이	2018
82	좋아하는 건 꼭 데려가야 해	세피데 새리히, 율리 필크	남은주	북뱅크	2021
83	천 개의 바람 천 개의 첼로	이세 히데코	김소연	천개의바람	2012
84	철사 코끼리	고정순		만만한책방	2018
85	청소기에 갇힌 파리 한 마리	멜라니 와트	김선희	여유당	2016
86	코딱지 할아버지	신순재, 이명애		책읽는곰	2019
87	하늘꽃이 내 동생을 데려옵니다	잉거 마이어, 마리아 보가데	길상효	씨드북	2015
88	하루살이가 만난 내일	나현정		글로연	2023
89	할머니 어디 있어요?	안은영		천개의 바람	2019
90	할머니의 노란 우산	릴리 샤르트랑, 파스칼 보낭팡	양진희	미래아이	2018
91	할머니의 이별	클라우스 엥브링, 이본 호페-엥브링	백훈승, 백다라	리시오	2023
92	할머니의 팡도르	안나마리아 고치, 비올레타 로피스	정원정, 박서영	오후의소묘	2019
93	할아버지 안녕	엘레케 라이끈, 매크 반호동	이태영	좋은꿈	2017

	제목	글, 그림	옮긴이	출판사	출판연도
94	할아버지는 바람 속에 있단다	록산느 마리 갈리에, 에릭 퓌바레	박정연	씨드북	2015
95	할아버지는 어디로 갔어요?	스텔라 미카일리두, 마리오나 카바사	서영조	터치아트	2018
96	할아버지의 마지막 여름	글로리아 그라넬, 킴 토레스	문주선	모래알(키다리)	2020
97	함께한 시간을 기억해	재키 아주아 크레이머, 신디 더비	박소연	달리	2020
98	햇살 같은 안녕	아멜리 자보 외 3, 아니크 마송	명혜권	북극곰	2021
99	행복한 장례식	맷 제임스	김선희	책빛	2020
100	혼자 가야 해	조원희		느림보	2011

5. 질투와 시기

	제목	글, 그림	옮긴이	출판사	출판연도
1	개구쟁이 아치 11: 동생이 있어서 좋아	기요노 사치코	고향옥	비룡소	2010
2	개와 바이올린	데이비드 리치필드	김경미	재능교육	2018
3	거울책	조수진		반달	2018
4	괜찮아, 나의 두꺼비야	이소영		글로연	2022
5	그 소문 들었어?	하야시 기린, 쇼노 나오코	김소연	천개의바람	2017
6	나, 아기 안 할래!	김동영		키다리	2020
7	나는 둘째입니다	정윤정		시공주니어	2008
8	나도 꼭 잡을 거야	박소정		보리	2017
9	나도 아프고 싶어!	프란츠 브란덴베르크, 알리키 브란덴베르크	이수연	시공주니어	1995
10	나도 최고가 되고 싶어요	앨리슨 워치, 패트리스 바톤	천미나	책과콩나무	2024
11	나만 없어 토끼!	토베 피에루, 마리카 마이알라	기영인	블루밍제이	2023
12	난 네가 부러워	영민		뜨인돌어린이	2012

13	난 형이니까	후쿠다 이와오	김난주	미래엔아이세움	2002
14	내 동생과 할 수 있는 백만 가지 일	스테파니 스투브-보딘, 팸 드비토	한진영	한울림스페셜	2014
15	내 동생은 늑대	에이미 다이크맨, 자카리아 오호라	서남희	토토북	2015
16	내 마음이 왜 이럴까?	베로니크 코시, 소피 북솜	박정연	라이카미	2021
17	내가 언제 동생 낳아 달랬어	마사 알렉산더	서남희	보림	2007
18	내가 형이랑 닮았다고?	정진이, 소윤경		사계절	2005
19	너도 갖고 싶니?	앤서니 브라운	허은미	웅진주니어	2008
20	다시 아기가 되고 싶어!	루 피콕, 크리스틴 핌	김현희	사파리	2021
21	더 높은 곳의 고양이	이주혜		국민서관	2019
22	동생만 예뻐해!	제니 데스몬드	이보연	다림	2014
23	동생이 미운 걸 어떡해!	로렌 차일드	김난령	국민서관	2015
24	동생이 없어졌으면 좋겠어	안 포르슬린드	최선경	고려원북스	2007
25	동생이 태어날 거야	존 버닝햄, 헬렌 옥슨버리	홍연미	웅진주니어	2010
26	두발자전거 배우기	고대영, 김영진		길벗어린이	2009
27	라푼첼	펠릭스 호프만, 그림 형제 원작	한미희	비룡소	2009
28	마법사의 예언	호르헤 부카이, 구스티	김유진	키위북스	2018
29	무슨 생각 하니?	로랑 모로	박정연	로그프레스	2015
30	무지개 물고기	마르쿠스 피스터	공경희	시공주니어	1994
31	무지무지 질투 나요	오렐리 쉬엥 쇼 쉰느	이정주	한빛에듀	2020
32	밀로의 질투 괴물	톰 퍼시벌	장우봉	두레아이들	2023
33	바람과 달	이지숙 글그림, 조지 맥도널드 원작		책고래	2017
34	백설공주와 일곱 난쟁이	그림 형제 원작, 랜달 자렐 엮음, 낸시 에콤 버커트 그림	이다희	비룡소	2004
35	복슬개와 할머니와 도둑고양이	제니 와그너, 론 브룩스	최순희	느림보	2003
36	비밀의 방	유리 슐레비츠	강무홍	시공주니어	1999
37	새빨간 질투	조시온, 이소영		노란상상	2023

38	샘이 나서 그랬어	카트린 돌토, 콜린 포르푸아레 글, 조엘부셰	이세진	비룡소	2007
39	세상에서 제일 힘센 수탉	이호백, 이억배		재미마주	1997
40	수연	소윤경		웅진주니어	2021
41	수짱과 고양이	사노 요코	황진희	길벗어린이	2022
42	숟가락이면 충분해	남동완		웅진주니어	2022
43	심술쟁이 내 동생 싸게 팔아요!	다니엘 시마르	이정주	어린이작가정신	2017
44	아기가 온 날	이와사키 치히로	엄혜숙	미디어창비	2020
45	아기를 바꾸시겠습니까?	레트 밀러, 댄 샌탯	김여진	오늘책	2022
46	아기만 좋아해	이은경		느림보	2018
47	알 속으로 돌아가!	경혜원		한림출판사	2020
48	알렉산더와 장난감 쥐	레오 리오니	김난령	시공주니어	2019
49	언니는 돼지야	신민재		책읽는곰	2018
50	엄마, 누가 더 좋아요?	오리타 리넨, 나카다 이쿠미	유하나	곰세마리	2022
51	엄마를 빌려줄게	최재숙, 강전희		미래엔아이세움	2005
52	여우	마거릿 와일드, 론 브룩스	강도은	파랑새	2012
53	여우지만 호랑이입니다	코리 R. 테이버	노은정	오늘책	2023
54	오늘부터 다시 친구	나마 벤지만	김세실	불광출판사	2022
55	올리가 변했어요!	김은주		국민서관	2014
56	왈칵, 질투	가사이 마리, 고이즈미 루미코	김숙	북뱅크	2021
57	왜 동생만 예뻐해?	R.W. 앨리	노은정	비룡소	2020
58	외톨이 뱀파이어 울릭	라파엘르 바르바네그르	김혜영	푸른나무	2021
59	왼손에게	한지원		사계절	2022
60	이 의자 주인은 나야!	캐럴린 크리미, 마리사 모레아	손시진	에듀앤테크	2020
61	자꾸만 샘이 나요	파키타, 마리그리부이유	양아름	풀빛	2019
62	자매는 좋다!	파울라 메카프, 수잔 바튼	이동준	고래이야기	2018

	제목	글, 그림	옮긴이	출판사	출판연도
63	전나무가 되고 싶은 사과나무	조아니 데가니에, 쥘리에트 바르바네그르	명혜권	노란돼지	2019
64	질투 애벌레	정은경, 하일권		소담주니어	2014
65	질투가 나는 걸 어떡해!	코넬리아 스펠만, 캐시 파킨슨	마술연필	보물창고	2017
66	질투 나서 속상해!	기슬렌 될리에, 베랑제르 들라포르트	정순	나무말미	2021
67	질투는 나의 힘	허은실, 김고은		미래엔아이세움	2010
68	질투는 아웃, 야구 장갑!	유설화		책읽는곰	2024
69	천만의 말씀	스즈키 노리타케	김숙	북뱅크	2016
70	초원의 왕 대 숲속의 왕	기무라 유이치, 미야니시 다쓰야	이지현	키즈엠	2015
71	큰 늑대 작은 늑대	나딘 브룅코슴, 올리비에 탈레크	이주희	시공주니어	2008
72	큰 배와 작은 배와 오렌지	안나 맥그리거	한소영	키즈엠	2022
73	피터의 의자	에즈라 잭 키츠	이진영	시공주니어	1996
74	하늘공주	리노 알라이모	김미선	키위북스	2019
75	향기가 솔솔 나서	노석미		장영(황제펭귄)	2012
76	형보다 커지고 싶어	스티븐 켈로그	조세현	비룡소	2008
77	홈런을 한 번도 쳐 보지 못한 너에게	하세가와 슈헤이	김소연	천개의바람	2021
78	흔한 자매	조아나 에스트렐라	민찬기	그림책공작소	2017
79	42가지 마음의 색깔	크리스티나 누녜스 페레이라, 라파엔 R. 발카르셀	남진희	레드스톤	2015

6. 열등감

	제목	글, 그림	옮긴이	출판사	출판연도
1	가슴이 뻥 뚫린 아이	이주안		봄볕	2023
2	감정은 무얼 할까?	티나 오지에비츠, 알렉산드라 자욘츠	이지원	비룡소	2021

3	거북아, 뭐 하니?	최덕규		푸른숲주니어	2015
4	검은 반점	정미진, 황미옥		엣눈북스	2016
5	검은 행복	윤미래, 루시		다림	2020
6	고약한 결점	안느 가엘 발프, 크실	이성엽	파랑새	2017
7	곤충화가 마리아 메리안	마르가리타 앵글, 줄리 패치키스	엄혜숙	담푸스	2011
8	곱슬곱슬 머리띠	이현영		사계절	2006
9	귀 없는 그래요	스테판 세르방, 시모네 레아	김현아	한울림스페셜	2018
10	귀 없는 코끼리 알퐁소	앙브르 라방디에, 플로랑스 보겔	이정주	물주는아이	2022
11	그래봤자 개구리	장현정		모래알	2023
12	깃털 없는 기러기 보르카	존 버닝햄	엄혜숙	비룡소	1996
13	나는 강물처럼 말해요	조던 스콧, 시드니 스미스	김지은	책읽는곰	2021
14	나는 까마귀	미우		노란상상	2023
15	나는 날 수 있어!	피피 쿠오	문혜진	보림	2020
16	나는 둘째입니다	정윤정		시공주니어	2008
17	나는 빵점	한라경, 정인하		토끼섬	2021
18	나는 소심해요	엘로디 페로탱	박정연	이마주	2019
19	나를 찾아서	변예슬		길벗어린이	2020
20	나에겐 비밀이 있어	이동연		올리	2022
21	난 곱슬머리가 싫어!	로라 엘렌 앤더슨		미세기	2017
22	난 나의 춤을 춰	다비드 칼리, 클로틸드 들라쿠르아	이세진	모래알(키다리)	2021
23	날 안아 줘	시모나 치라올로	이현정	JEI재능교육	2015
24	내 꼬리	조수경		한솔수북	2008
25	내 어깨 위의 새	시빌 들라크루아	이상희	소원나무	2019
26	너 왜 울어?	바실리스 알렉사키스, 장-마리 앙트낭	전성희	북하우스	2009
27	너도 갖고 싶니?	앤서니 브라운	허은미	웅진주니어	2008
28	넌 토끼가 아니야	백승임, 윤봉선		노란돼지	2023

29	니 꿈은 뭐이가?	박은정, 김진화		웅진주니어	2010
30	달팽이 헨리	카타리나 마쿠로바	김여진	노는날	2022
31	달려!	다비드 칼리, 마우리치오 A.C 콰렐로	나선희	책빛	2017
32	뚱보 페트라	헬가 반쉬	배상희	여유당	2010
33	루시의 거미줄	김수정, 김형준		월천상회	2023
34	마음아, 작아지지 마	신혜은, 김효진		시공주니어	2010
35	마일로가 상상한 세상	맷 데 라 페냐, 크리스티안 로빈슨	김지은	북극곰	2022
36	멋쟁이 분홍 돼지	안영현, 이은주		참글어린이	2019
37	메두사 엄마	키티 크라우더	김영미	논장	2018
38	모자 달린 노란 비옷	윤재인, 장경혜		느림보	2023
39	바나나 껍질만 쓰면 괜찮아	매슈 그레이 구블러	최현경	그레이트북스	2019
40	벌거벗은 임금님	안데르센 원작, 김서정, 소윤경	김서정	웅진주니어	2021
41	벽 속에 사는 아이	아네스 드 레스트라드, 세바스티앙 슈브레	이정주	어린이작가정신	2019
42	브로콜리지만 사랑받고 싶어	별다름, 달다름, 서영		키다리	2021
43	빨강이 어때서	사토 신, 니시무라 도시오	양선하	내인생의 책	2012
44	세모 별 디디	김소미, 채소라		아이란	2019
45	실수 왕 도시오	이와이 도시오	김숙	북뱅크	2017
46	어떤 용기	박세경		달그림	2019
47	얼룩진 아이	다니엘 루샤르, 아델라 레슈나	박진영	마주별	2020
48	여기보다 어딘가	거스 고든	김서정	그림책공작소	2017
49	여섯 개의 점	젠 브라이언트, 보리스 쿨리코프	양진희	교학사 (함께자람)	2017
50	오, 멋진데!	마리 도를레앙	이정주	이마주	2017
51	완벽한 계란 후라이 주세요	보람		길벗어린이	2023
52	완벽한 바나바	테리 펜, 에릭 펜, 데빈 펜	이순영	북극곰	2020
53	완벽해지고 싶어	에밀리 림, 닐 샤프		토토북	2011

54	외동딸이 뭐가 나빠?	캐리 베스트, 소피 블랙올	노은정	비룡소	2008
55	우리, 옆에 있어요	한국장애인식개선교육센터, 소소한소통		소소한소통	2019
56	우리 아빠는 흰지팡이 수호천사	곤살로 모우레, 마리아 히론	라미파	한울림스페셜	2021
57	우리 집 대장은 바로 나!	에바 베리스트렘, 아니카 사뮤엘손	허서윤	꼬마이실	2018
58	위를 봐요!	정진호		현암주니어	2014
59	은혜씨의 포옹	정은혜		이야기장수	2022
60	이까짓 거!	박현주		이야기꽃	2019
61	조금 다를 뿐이야	오오사와 치카	김수경	푸른날개	2008
62	조금만	타키무라 유우코, 스즈키 나가코	허앵두	한림출판사	2010
63	주머니 요정	은샘	이태양	나의나무	2023
64	줄무늬 미용실	홀링(홍유경)		북극곰	2017
65	짧은 귀 토끼	다원시, 탕탕	심윤섭	고래이야기	2023
66	창밖으로 나갈 용기	괴닐 외즈쾨크, 제이훈 쉔	이난아	한울림스페셜	2022
67	춤추는 백조	로럴 스나이더, 줄리 모스태드	윤정숙	봄의정원	2016
68	코 없는 토끼	아나벨 라메르스, 아네크 지멘스마	허은미	두마리토끼책	2021
69	콧수염 공주	에브 마리 로브리오, 오렐리 그랑	박재연	토끼섬	2022
70	콧수염 토끼	전금자		재능교육	2019
71	심술궂은 무당벌레	에릭 칼	엄혜숙	시공주니어	2022
72	티치	팻 허친즈	박현철	시공주니어	1997
73	파블로 피네다:꿈을 이룬 다운증후군 아이	알베르토 보쉬&마리아 살라, 실비아 알라레스	이승숙	고래가숨쉬는 도서관	2019
74	펭귄 날다	폴 스튜어트, 제인 포터	최용은	키즈엠	2016
75	풀이 나다	한나		딸기책방	2020
76	피어나다	쿄 매클리어, 줄리 모스태드	윤정숙	봄의정원	2018
77	햄스터 마스크	우쓰기 미오	우지영	책읽는곰	2014

	제목	글, 그림	옮긴이	출판사	출판연도
78	행복을 나르는 버스	맷 데 라 페냐, 크리스티안 로빈슨	김경미	비룡소	2016
79	형보다 커지고 싶어	스티븐 켈로그	조세현	비룡소	2008

7. 죄책감과 수치심

	제목	글, 그림	옮긴이	출판사	출판연도
1	빅토르 viktor	자크 마에스, 리서 브라에커르스	심선영	고트	2021.12.23
2	가족 앨범	실비아 다이네르트, 티네 크리드 글, 올리케 볼얀 그림	엄혜숙	사계절	2004.8.13
3	거대얼굴	경자		고래뱃속	2023.3.6
4	거짓말	카트린 그리브, 프레데리크 베르트랑	권지현	씨드북	2016.9.22
5	거짓말	미안		고래뱃속	2021.9.27
6	거짓말 손수건, 포포피포	디디에 레비, 장 바티스트 부르주아	김주경	이마주	2017.5.10
7	검은 강아지	박정섭		웅진주니어	2018.3.15
8	검은 행복	윤미래, 루시		다림	2020.12.7
9	겁쟁이	김채린, 송영애		고래뱃속	2019.4.29
10	고함쟁이 엄마	유타 바우어	이현정	비룡소	2005.6.21
11	곰이와 오푼돌이 아저씨	권정생, 이담		보리	2007.6.25
12	공룡이 왔다	박주현		노란상상	2021.1.31
13	괴물이 나타났어요	구닐라 베리스트룀	김경연	다봄	2022.12.27
14	규칙이 있는 집	맥 바넷, 맷 마이어스	서남희	주니어RHK	2017.5.10
15	그 소문 들었어?	하야시 기린, 쇼노 나오코	김소연	천개의바람	2017.9.20
16	그랬구나	김금향, 정진호		키즈엠	2017.6.30
17	그림자는 어디로 갔을까?	이주희		한림출판사	2021.9.10

18	나 때문에	박현주		이야기꽃	2014.2.24
19	나는 기다립니다	표영민, 잠산		길벗어린이	2020.12.24
20	나쁜 짓이 하고 싶어	사와키 고타로, 사미스미 요시코	정주혜	담푸스	2017.10.31
21	너였구나	전미화		문학동네	2017.3.15
22	너도 갖고 싶니?	앤서니 브라운	허은미	웅진주니어	2008.10.17
23	너무 부끄러워!	크리스틴 나우만 빌맹, 마리안 바르실롱	이경혜	비룡소	2012.5.18
24	노란 별	카르멘 애그라 디디, 헨리 쇠렌센	이수영	봄소풍	2024.5.16
25	데미안	헤르만 헤세 원작, 정아원, 정아리		고래의숲	2022.5.30
26	돼지 이야기	유리		이야기꽃	2013.11.1
27	딩동거미	신성희		한림출판사	2017.9.12
28	레몬 아이	넬레 브뢰너	엄혜숙	계수나무	2021.4.30.
29	루빈스타인은 참 예뻐요	펩 몬세라트	이순영	북극곰	2014.4.19
30	모두 다 싫어	나오미 다니스, 신타 아리바스	김세실	후즈갓 마이테일	2019.6.12
31	미카의 왼손	나카가와 히로노리	김보나	북뱅크	2022.8.10
32	비밀	허은미, 박현주		문학동네	2012.12.28
33	빨간 매미	후쿠다 이와오	윤수정	책읽는곰	2008.7.14
34	사라진 저녁	권정민		창비	2022.11.18
35	사자가 작아졌어	정성훈		비룡소	2015.6.5
36	생선 도둑 토라	이시이 히로시	황진희	주니어김영사	2019.2.28
37	선아	문인혜		이야기꽃	2018.2.5
38	소녀 이야기	김준기		리잼	2013.1.10
39	슬기로운 소시지 도둑	마리안네 그레테베르그 엔게달	심진하	미래아이	2021.3.30
40	씩스틴	권윤덕		평화를품은책	2019.4.15
41	아나톨의 작은 냄비	이자벨 카리에	권지현	씨드북	2014.7.7

42	아담과 이브의 일기	마크 트웨인, 프란시스코 멜렌데스	김송현정	문학동네	2021.4.26
43	앵그리맨	그로 달레, 스베인 뉘후스	황덕령	내인생의책	2014.5.25
44	양심 팬티	마이클 에스코피어, 크리스 디 지아코모	김지연	꿈터	2012.7.20
45	어느 작은 사건	루쉰, 이담	전형준	두레아이들	2014.1.20
46	엄마가 화났다	최숙희		책읽는곰	2011.5.30
47	영이의 비닐우산	윤동재,김재홍		창비	2005.8.15
48	완벽한 아이 팔아요	미카엘 에스코피에, 마티외 모데	박선주	길벗스쿨	2017.3.30
49	용맹호	권윤덕		사계절	2021.9.30
50	이건 내 모자가 아니야	존 클라센	서남희	시공주니어	2013.8.15
51	작은 병정	폴 페렙트	조수경	시공주니어	2004.4.30
52	적	다비드 칼리, 세르주 블로크	안수연	문학동네	2008.7.25
53	정글 파티	브라이언 와일드스미스	이경임	시공주니어	2006.8.20
54	줄어드는 아이 트리혼	플로렌스 패리 하이드, 에드워드 고리	이주희	논장	2007.10.20
55	책가방	리오나, 마르쿠스	문주선	창비교육	2021.12.17
56	철사 코끼리	고정순		만만한책방	2018.12.20
57	커다란 포옹	제롬 뤼예	명혜권	달그림	2019.1.15
58	커다랗고 커다란 물고기	다카시나 마사노부, 아라이 료지	김보나	북극곰	2021.8.21
59	혼나기 싫어요!	김세실, 폴린 코미스		나무말미	2021.5.11

8. 분노/격분

	제목	글, 그림	옮긴이	출판사	출판연도
1	가시 소년	권자경, 하완		천개의바람	2021

2	감정스위치 : 화날 때	임진재, 이경언 글, 김유진 그림		감정놀이연구소	2019
3	감정 호텔	리디아 브란코비치	장미란	책읽는곰	2024
4	고함쟁이 엄마	유타 바우어	이현정	비룡소	2005
5	괜찮아, 나의 두꺼비야	이소영		글로연	2022
6	꿀오소리 이야기	쁘띠삐에		씨드북	2018
7	나 진짜 화났어!	폴리 던바	김효영	비룡소	2019
8	나 진짜 화났어!	조형윤		쉼어린이	2019
9	나, 정말 화났어	줄리아 페사벤토, 수지 자넬라	문송이	다봄	2021
10	나는 집에 가기 싫어요	소년사진신문사, 기타하라 아스카	강물결	다봄	2021
11	내 안에 공룡이 있어요!	다비드 칼리, 세바스티앙 무랭	박정연	진선아이	2019
12	두고 보라지!	클레르 클레망, 오렐리 귀으리	마음물꼬	고래이야기	2017
13	볼 빨간 아이	에마뉘엘 트레데즈, 아망딘 피우	김영신	빨간콩	2019
14	부루퉁한 스핑키	윌리엄 스타이그	조은수	비룡소	1995
15	불 뿜는 용	라이마	김금령	천개의바람	2018
16	빨간 마음	브리타 테켄트럽	이소완	위고	2022
17	빨간 매미	후쿠다 이와오	윤수정	책읽는곰	2008
18	빨간마음	최정아, 이유승		코이북스	2023
19	사르르 화를 풀어주는 파랑	이은서, 이혜영		뜨인돌어린이	2009
20	사자가 작아졌어!	정성훈		비룡소	2015
21	색깔을 찾는 중입니다	키아라 메잘라마, 레자 달반드	이세진	다그림책	2024
22	서쌩크 탈출	이영경		글로연	2022
23	소피가 화나면, 정말 정말 화나면	몰리 뱅	박수현	책읽는곰	2013
24	스트레스 티라노	김유강		오올	2020
25	앵거 게임	조시온, 임미란		씨드북	2020

26	앵그리맨	그로 달레, 스베인 뉘후스	황덕령	내인생의책	2014
27	엄마가 화났다	최숙희		책읽는곰	2011
28	올리가 변했어요!	김은주		국민서관	2014
29	완벽한 아이 팔아요	미카엘 에스코피에, 마티외 모데	박선주	길벗스쿨	2017
30	자꾸자꾸 화가 나요	톰 퍼시벌	장우봉	두레아이들	2020
31	잠이 오지 않는 밤	홍그림		창비	2018
32	종이 소년	니콜라 디가르드, 케라스코에트	박재연	피카주니어	2024
33	진정한 챔피언	파얌 에브라히미, 레자 달반드	이상희	다그림책	2024
34	친구랑 싸웠어!	시바타 아이코, 이토 히데오	이선아	시공주니어	2006
35	호텐스와 그림자	나탈리아 오헤라, 로렌 오헤라	고정아	다산기획	2018
36	혼나지 않게 해 주세요	구스노키 시게노리, 이시이 기요타카	고향옥	베틀북	2009
37	화 괴물이 나타났어!	미레이유 달랑세		파비앙	북뱅크	2022
38	화내면 달라질까?	마르틴느 라퐁, 카롤린느 라퐁 글, 알리즈 망소 그림	이은정	내인생의책	2013
39	화가 나는 건 당연해!	미셀린느 먼디, R.W. 앨리	노은정	비룡소	2020
40	화가 날 때는 어떻게 하나요?	다그마 가이슬러	김시형	풀빛	2014
41	화가 날 때도 있지	송윤섭, 백명식		킨더랜드	2014
42	화가 날 땐 어떡하지?	코넬리아 스펠만, 낸시 코트	마술연필	보물창고	2015
43	화가 날 땐 어떻게 할까요?	케이티 데이니스, 에이미 윌콕스	송지혜	어스본코리아	2023
44	화가 났어요	게일 실버, 크리스틴 크뢰머	문태준	블광출판사	2010
45	화가 둥! 둥! 둥!	김세실, 이민혜		시공주니어	2009
46	화가 호로록 풀리는 책	신혜영, 김진화		위즈덤하우스	2021
47	화난 마음 다스리기	가비 가르시아, 마르타 피네다	김동은	타임주니어	2024
48	화난 마음 안아주기	쇼나 이니스, 이리스 어고치	엄혜숙	을파소	2019

49	화난 마음이 사라지게 하려면?	기슬렌 뒬리에, 베랑제르 들라포르트	정순	나무말미	2021
50	화난 책	세드릭 라마디에, 뱅상 부르고	조연진	길벗어린이	2017
51	화내지 말고 예쁘게 말해요	안미연, 서희정		상상스쿨	2020
52	화를 참지 못하는 페르갈	로버트 스탈링	권미자	키즈엠	2019
53	화야, 그만 화 풀어	채인선, 황유리		고래뱃속	2006

9. 자존감

	제목	글, 그림	옮긴이	출판사	출판연도
1	가시 옷	김금향, 안소민		키즈엠	2017.04.28
2	강아지똥	권정생, 정승각		길벗어린이	1996.04.01
3	거울 속의 나	안 말러	조정훈	키즈엠	2019.05.10
4	거울책	조수진		반달	2018.03.20
5	고약한 결점	안느-가엘 발프, 크실	이성엽	파랑새	2017.05.20
6	괜찮아	최숙희		웅진주니어	2005.10.25
7	구멍과 나	미란		향출판사	2022.10.31
8	기린은 너무해	조리 존, 레인 스미스	김경연	미디어창비	2019.04.02
9	까만 카멜레온	이은선		책고래	2018.01.19
10	꼬마 거미 당당이	유명금		봄봄출판사	2020.10.30
11	꽃무늬 고양이 비누	소호랑		킨더랜드	2021.12.25
12	꽉찬이 텅빈이	크리스티나 벨레모, 리우나 비라르디	엄혜숙	이마주	2021.03.21
13	꾸다, 드디어 알을 낳다	줄리 파슈키스	이순영	북극곰	2015.05.19
14	나	다니카와 슌타로, 초 신타	엄혜숙	한림출판사	2011.12.20
15	나	조수경		한솔수북	2018.07.15
16	나, 꽃으로 태어났어	엠마 줄리아니	이세진	비룡소	2014.07.31

17	나는 ( ) 사람이에요	수전 베르데, 피터 H. 레이놀즈	김여진	위즈덤하우스	2021.08.04
18	나는 그릇이에요	최은영, 이경국		꼬마이실	2019.01.15
19	나는 까마귀	미우		노란상상	2023.01.30
20	나는 나를 사랑해	수산나 이세른, 마리오나 톨로사 시스테레	윤승진	상수리	2021.02.01
21	나는 나예요	수전 베르데, 피터 H. 레이놀즈	김여진	위즈덤하우스	2023.02.22
22	나는 나의 주인	채인선, 안은진		토토북	2010.05.14
23	나는 내가 좋아요	윤여림, 배현주		웅진주니어	2011.03.17
24	나는 돌입니다	이경혜, 송지영		문학과지성사	2019.10.10
25	나는 빵점	한라경, 정인하		토끼섬	2021.07.23
26	나는 코끼리야	고혜진		웅진주니어	2022.12.23
27	나는, 나는	김효찬		월천상회	2022.12.26
28	나는요,	김희경		여유당	2019.08.15
29	나를 찾아서	변예슬		길벗어린이	2020.06.10
30	나의 구석	조오		웅진주니어	2020.04.28
31	난 그냥 나야	김규정		바람의아이들	2020.02.25
32	난 나의 춤을 춰	다비드 칼리, 클로틸드 들라크루아	이세진	모래알	2021.06.18
33	난 날개가 있어	라켈 디아스 레게라	정지완	썬더키즈	2020.11.20
34	난 내가 좋아	낸시 칼슨	신형건	보물창고	2007.10.20
35	난 내가 좋아	카렌 보몽, 데이비드 캣로우	박소영	킨더랜드	2010.08.18
36	날마다 멋진 하루	신시아 라일런트, 니키 매클루어	조경선	초록개구리	2012.10.25
37	낡은 타이어의 두 번째 여행	자웨이, 주청량	나진희	노란상상	2018.03.26
38	내가 없는 , 내가 있는	조은지		비룡소	2022.03.25
39	내가 잘하는 건 뭘까	구스노키 시게노리, 이시이 기요타카	김보나	북뱅크	2020.04.10
40	내가 잘하는 건 뭘까?	유진		빨간콩	2021.07.30

41	너는 특별하단다	맥스 루케이도, 세르지오 마르티네즈	아기장수의 날개	고슴도치	2002.01.20
42	노를 든 신부	오소리		이야기꽃	2019.11.25
43	노스애르사애	이범재		계수나무	2021.05.30
44	대장 토끼는 나다운게 좋아	큐라이스	황진희	토토북	2021.03.18
45	도시 악어	글라인,이화진 글, 루리 그림		요요	2022.01.19
46	되고 싶은 게 많은 마니	솔 루이스	문주선	나무말미	2022.09.15
47	뒤죽박죽 카멜레온	에릭 칼	서남희	시공주니어	2022.06.27
48	때문에	모 윌렘스, 앰버 렌	신형건	보물창고	2020.12.30
49	멸치의 꿈	유미정		달그림	2020.02.07
50	모래 알갱이의 소원	실뱅 알지알, 베노이트 타디프	김여진	바이시클	2022.06.09
51	문 밖에 사자가 있다	윤아해, 조원희		뜨인돌어린이	2023.01.30
52	뭐라고 불러야 해?	천준형		달그림	2021.08.27
53	미스 럼피우스	바버러 쿠니	우미경	시공주니어	1996.10.10
54	민들레는 민들레	김장성, 오현경		이야기꽃	2014.04.28
55	바다로 간 고래	트로이 하월, 리처드 존스	이향순	북뱅크	2019.10.15
56	발레리나 벨린다	에이미 영	이주희	느림보	2003.08.16
57	배로니카, 넌 특별해	로저 뒤바젱	김경미	비룡소	2008.04.23
58	블레즈씨에게 일어난 일	라파엘르 프리에, 줄리앙 마르티니에르	이하나	그림책공작소	2020.10.17
59	빗방울이 후두둑	전미화		사계절	2016.06.10
60	사랑의 동그라미를 그려요	브래드 몬태규, 크리스티 몬태규	서남희	을파소	2023.03.02
61	새 그림자	김규정		보리	2023.03.06
62	셀마	유타 바우어	엄혜숙	키위북스	2022.12.05
63	수학에 빠진 아이	미겔 탕코	김세실	나는별	2020.01.07
64	슈렉!	윌리엄 스타이그	조은수	비룡소	2001.06.25
65	안아 줘!	제즈 엘버로우		웅진주니어	2000.09.25

66	어디로 갔을까, 나의 한쪽은	셸 실버스타인	이재명	시공주니어	2000.08.31
67	어린이를 위한 마음 처방: 감정편	펠리시티 브룩스, 마르 페레로	송지혜	어스본코리아	2023.02.08
68	얼굴	의자		책고래	2023.01.03
69	엄마 껌딱지	카롤 피브, 도로테 드 몽프레	이주희	한솔수북	2017.04.03
70	엄마 아빠랑 난 달라요	안 에르보	라미파	한울림어린이	2021.03.09
71	에르고	알렉시스 디컨, 미미안 슈바르츠	노은정	비룡소	2023.01.25
72	에드와르도 세상에서 가장 못된 아이	존 버닝햄	조세현	비룡소	2006.02.03
73	엠마	웬디 케슬먼, 바버러 쿠니	강연숙	느림보	2004.02.17
74	오, 미자!	박숲		노란상상	2019.10.15
75	오늘의 나를 좋아합니다	아니사 매크홀	임현경	콤마	2021.06.25
76	왕자님	노석미		시공주니어	2010.03.25
77	용감한 아이린	윌리엄 스타이그	김영진	비룡소	2017.02.24
78	용기를 내, 비닐장갑!	유설화		책읽는곰	2021.04.01
79	우리는 언제나 다시 만나	윤여림, 안녕달		위즈덤하우스	2017.07.20
80	은혜씨의 포옹	정은혜		이야기장수	2022.08.23
81	이 색 다 바나나	제이슨 폴포드, 타마라 숍신	신혜은	봄볕	2022.05.28
82	이게 바로 나야	라켈 디아스 레게라	정지완	썬더키즈	2020.10.23
83	이게 정말 나일까?	요시타케 신스케	김소연	주니어김영사	2015.09.10
84	자기만의 색	레오 리오니	김난령	시공주니어	2022.08.25
85	작으면 뭐가 어때서!	마야 마이어스	염혜원	비룡소	2023.01.05
86	작은 조각 페체티노	레오 리오니	이상희	보림	2023.03.16
87	전나무가 되고 싶은 사과나무	조아니 데가니에, 쥘리에트 바르바네그르	명혜권	노란돼지	2019.12.06
88	조랑말과 나	홍그림		이야기꽃	2016.09.05
89	줄무늬가 생겼어요	데이비드 섀넌	조세현	비룡소	2006.11.03

90	진정한 아름다움	버지니아 브라운, 발렌티나 에체베리아	한성희	키즈엠	2019.12.20
91	진짜 내 소원	이선미		글로연	2020.12.25
92	쫌 이상한 사람들	미겔 탕코	정혜경	문학동네	2017.02.14
93	착한 달걀	조리 존, 피트 오즈월드	김경희	길벗어린이	2022.03.10
94	춤추는 사자 브라이언	톰 틴 디스버리	김경희	피카주니어	2022.06.30
95	치킨 마스크	우쓰기 미호	장지현	책읽는곰	2008.03.03
96	콧수염 공주	에브 마리 로브리오, 오렐리 그랑	박재연	토끼섬	2022.11.18
97	키오스크	아네테 멜레세	김서정	미래아이	2021.06.30
98	틀려도 괜찮아	마키타 신지, 하세가와 토모코	유문조	토토북	2006.02.15
99	파랗고 빨갛고 투명한 나	황성혜		달그림	2019.01.21
100	평범한 식빵	종종		그린북	2021.02.15
101	프레드릭	레오 리오니	최순희	시공주니어	2013.12.20
102	피에로 우첼로	류지연		고래뱃속	2023.01.02
103	하루살이가 만난 내일	나현정		글로연	2023.01.17
104	하이드와 나	김지민		한솔수북	2017.01.09
105	하지만 하지만 할머니	사노 요코	엄혜숙	상상스쿨	2017.02.25
106	호랑이 씨 숲으로 가다	피터 브라운	서애경	사계절	2014.06.16
107	홈런을 한 번도 쳐 보지 못한 너에게	하세가와 슈헤이	김소연	천개의바람	2021.05.20

참고도서

- 『감정은 어떻게 만들어지는가?』 리사 펠드먼 배럿, 최호영 옮김, 생각연구소, 2017
- 『감정의 뇌과학』 레너드 믈로디노프, 장혜인 옮김, 까치, 2022
- 『감정의 발견』 마크 브래킷, 임지연 옮김, 북라이프, 2020
- 『감정의 재발견』 조반니 프라체토, 이현주 옮김, 프런티어, 2016
- 『게슈탈트 심리치료』 김정규, 학지사, 2015
- 『나는 나를 사랑할 수 있을까』 강지윤, 오후의서재, 2021
- 『나의 수치심에게』 일자 샌드, 최경은 옮김, 타인의사유, 2021
- 『내 감정 사용법』 프랑수아 를로르, 크리스토프 앙드레, 배영란 옮김, 위즈덤하우스, 2008
- 『내면소통』 김주환, 인플루엔셜, 2023
- 『내 어깨 위 죄책감』 도리스 볼프, 장혜경 옮김, 생각의집, 2022
- 『네 명의 완벽주의자』 이동귀, 손하림, 김서영, 흐름출판, 2021
- 『놓아버림』 데이비드 호킨스, 박찬준 옮김, 판미동, 2013
- 『뉴욕 정신과 의사의 사람 도서관』 나종호, 아몬드, 2022
- 『당신은 생각보다 강하다』 전미경, 웅진지식하우스, 2023
- 『당신의 삶은 충분히 의미 있다』 김미라, M31(엠31), 2021년

- 『대상관계 이론과 실제』 N. Gregory hamilton, 김진숙, 김창대, 이지연 공역, 학지사, 2007
- 『마음에서 빠져나와 삶 속으로 들어가라』 Steven C. Hayes, Spencer Smith, 문현미, 민병배 공역, 학지사, 2010
- 『마음의 여섯 얼굴』 김건종, 에이도스, 2022
- 『모멸감』 김찬호, 문학과지성사, 2014
- 『미움받을 용기』 기시미 이치로, 고가 후미타케, 전경아 옮김, 김정운 감수, 인플루엔셜, 2014
- 『분노란 무엇인가』 바버라 H. 로젠와인, 석기용 옮김, 타인의사유, 2021
- 『분노 수업』 아룬 간디, 이경식 옮김, 세종, 2017
- 『분노 죄책감 수치심』 리브 라르손, 이경아 옮김, 한국NVC출판사, 2021
- 『분노 치유』 레스 카터, 프랭크 미너스, 이봉희 옮김, 학지사, 2013
- 『불안의 심리학』 게랄드 휘터, 장현숙 옮김, 하지현 감수, 궁리, 2007
- 『사티어 빙산의사소통』 김영애, 김영애가족치료연구소, 2023
- 『상실 수업』 엘리자베스 퀴블러 로스, 데이비드 A. 케슬러, 김소향 옮김, 인빅투스, 2014
- 『상처를 치유하는 감정식당』 이서원, 가디언, 2021
- 『수치심』 황동한, 도서출판엠마우스, 2022
- 『수치심과 죄책감』 임홍빈, 바다출판사, 2016
- 『시기심』 롤프 하우블, 이미옥 옮김, 에코리브르, 2009
- 『신데렐라와 그 자매들』 앤 배리 율라노프, 이재훈 옮김, 한국심리치료연구소, 1999
- 『아들러의 감정수업』 게리 D. 맥케이, 돈 딩크마이어, 김유광 옮김, 시목, 2017
- 『아들러의 인간이해』 알프레드 아들러, 홍혜경 옮김, 을유문화사, 2016년
- 『아몬드』 손원평, 다즐링, 2023
- 『아티스트 웨이』 줄리아 캐머런, 이상원 옮김, 비즈니스북스, 2022
- 『융심리학과 정서』 박종수, 학지사, 2013
- 『이기적 감정』 랜돌프 M. 네스, 안진이 옮김, 최재천 감수, 더퀘스트, 2020
- 『이어령의 마지막 수업』 김지수, 이어령, 열림원, 2021
- 『인간 본성의 법칙』 로버트 그린, 이지연 옮김, 위즈덤하우스, 2019

- 『인간의 모든 감정』 최현석, 서해문집, 2011
- 『잃어버린 감정을 찾아서』 크리스텔 프티콜랭, 번역공동체 계절, 현자의숲, 2017
- 『자존감』 이무석, 비전과리더십, 2009
- 『자존감 수업』 윤홍균, 심플라이프, 2016
- 『자존감의 여섯 기둥』 너새니얼 브랜든, 김세진 옮김, 교양인, 2015
- 『정신분석에로의 초대』 이무석, 이유, 2006
- 『질투, 사랑의 그림자』 폴-로랑 아순, 표원경 옮김, 한동네, 2021
- 『질투의 민낯』 지그리트 엥겔브레히트, 이동준, 나유신 옮김, 팬덤북스, 2015
- 『하버드 감정 수업』 쉬센장, 송은진 옮김, 와이즈맵, 2019
- 『화의 심리학』 비벌리 엔젤, 김재홍 옮김, 용오름, 2007
- 『화, 이해하면 사라진다』 일묵, 불광출판사, 2021

감정을 이해하는 그림책 큐레이션

초판 1쇄 발행 2024년 7월 17일

지은이	그림책심리성장연구소
펴낸이	문채원

펴낸곳	도서출판 사우
출판	등록 2014-000017호
전화	02-2642-6420
팩스	0504-156-6085
전자우편	sawoopub@gmail.com

ISBN 979-11-94126-02-7 (03180)